Tipos pueblerinos, folclóricos, populares y pintorescos del Pepino

Carlos López Dzur

DEDICATORIA

A los más humildes pobladores y vecinos
de San Sebastián del Pepino
Y a sus tres barriadas proletarias urbanas:
Tablastilla, Stalingrado y Pueblo Nuevo...
Y mis colaboradores en esta tarea, especialmente,
a Manuel A. Román, Omar Ruiz, A. David Tomassini,
Joaquin Torres Feliciano, Marilyn Valentin,
Rebecca y Jose Manuel López, mis hermanos que son
como mis rejas en ese pueblo tan amado.

CONTENIDO

TERCERA PARTE / ANECDOTARIO POPULAR Y FOLCLORICO DEL PEPINO

APENDICES

PRIMEROS PUERTORRIQUEÑOS ESENCIALES

Valdría que recordara que una indagación del Tipo Pueblerino y el origen del folclor puertorriqueño nos pone en contacto con las nociones sociológicas del Dr. Manuel A. Alonso Pacheco (1822-1889), el primer descriptor del *Jíbaro* y otros más audaces en el siglo XIX, como Alejandro Tapia, que ha sido considerado uno de los *primeros puertorriqueños esenciales.*

La primera manifestación generacional del Romanticismo y el costumbrismo en la isla, con el pintoresquismo, se marca con el estímulo de **Álbum puertorriqueño** (Barcelona, 1843), en la que hay ánimo de *«presentar numerosos rasgos autóctonos que, sin renegar de sus claras influencias españolas ni de ciertos aspectos compartidos con el costumbrismo de otras regiones hispano-americanas, permitían ya hablar de una literatura puertorriqueña propiamente dicha»* (Antonio Gil de La Madrid).

Manuel Alonso Pacheco, al describir tipos y tradiciones puertorriqueñas, quiso ser minucioso ante los *«distintos motivos y en diversos días del año (de lo que) pasa en muchos otros parajes, y no merece llamarse costumbre de Puerto Rico».* [1] Estuvo muy consciente que, al hablarse sobre *«bandas de la guarnición»*, el sereno, alguacil, ahijados y otros tipos, no necesariamente se reseñaría su *hallarse* para fines de autoctonía.

Lo gracioso lo halló en definir al jíbaro puertorriqueño como al campesino, de raíces españolas o indio-españolas y aún más incluir la raza negra. Para él, fue lo más gracioso.

Al describir a una morena, su encanto lo enmudece: *«Morena que renuncio a pintar por lo graciosa»*, dice.

Cuando menos, Alonso nos da la pintura del jíbaro como *«depositario de nuestras verdaderas costumbres y tradiciones. El jíbaro es pues el garante de nuestros valores como pueblo»*. Robert Márquez, en su **Puerto Rican Poetry: A Selection from Aboriginal to Contemporary Times** (The Maple Val-Book Manufacturing Group, Inc., 2007) explica el surgimiento del jíbaro como una evidencia de la *«falta de armonía»* entre las políticas de España y las experiencias y necesidades locales (loc. cit., p. 7O) y aprovecha para apuntar el material poético disponible, si bien poco, desde los legados de los comienzos indígenas y africanos coloniales, esto es, —*Before Columbus and After, 1400–1820* y pasando hacia *The Creole Matrix: Notions of Nation, 1821–1950s*. [2]

Como apunta Márquez, la diferenciación que el jíbaro trae respecto a España es racial y lingüística. Ninguno (y sería una falsa expectativa que un régimen ideológico lo consiga, al fin y a la postre) puede evitar que otros individuos amen el paisaje, o una lengua, que otros rechazan. Una cultura hegemónica, con su clase política, pudiera censurar y vetar el uso de ciertas expresiones, frases, dialectos, palabras e ideas de origen popular, aún con la prohibición del lenguaje; pero quedan los hablantes que lo rescatan, que lo crecen en el anonimato y en una irreverencia desafiante. Para suprimir el habla, de un modo no natural, coercitivo, hay que eliminar a la comunidad de sus hablantes y a la cultura oral que diera esos cimientos. [3]

DEL LENGUAJE Y DIVERSIDAD DEL TIPO: El Dr. Guillermo Hurtado, filósofo mexicano contemporáneo y uno de los animadores del *Instituto de Investigaciones Filosóficas* de la UNAM, al comentar una observación sobre el lenguaje dicha por Jorge Luis Borges, escribió:

«Cada lenguaje es una tradición... cada palabra es un símbolo compartido. Apegarnos a nuestro idioma no es sólo como piensan

algunos, preservar una señal de identidad, sino toda una visión de mundo. Hay en las palabras y oraciones del español, como en las de cualquier otro idioma, innumerables datos para la reflexión filosófica: desde frases en las que ha quedado plasmada una fenomenología, hasta distinciones gramaticales por las que se asoma una metafísica. Las demás razones pueden parecer menos profundas, pero no son menos importantes». [4]

Según se pondera el sistema del lenguaje y el suministro de esencias que da su sabiduría a los tipos folclóricos-populares de San Sebastián del Pepino y de Puerto Rico general, se entiende por qué tanto el hombre urbano, educado, como el campesino en general, extienden su gratitud al *jíbaro aguza'o*. En el habla del jíbaro hay genio y riqueza. Utilizando, la lengua, su vigor de raíces, se mamarán las esencias epocales.

En nuestros tipos campesinos y populares, las mejores convicciones, las más liberantes y más consoladoras, han sido hilvanadas con palabras y agudeza. Agudeza no porque como el hombre poderoso y malintencionado, que cuida más lo que tiene que su alma, hable y diga lo suyo debajo de las cobijas. No es la agudeza que viene de un azar afortunado, por carambola feliz, pero decir por decir, no es la auténtica agudeza.

La agudeza del tipo folclórico-popular suele ser, en la mayor parte de las veces, abrirse, lo *soluto («Erschiossenheit»)*, sabiduría que se prohíja por el sufrimiento y por un haberse resuelto. Como el campesino y el viejo arrimado y esclavo, el sufrimiento ha formado la humildad como virtud; pero también un saber como recompensa; un saber que, por consolarse y buscar plenitud, sabe expresarse, conmoverse a sí mismo y a otros.

Obsérvese que estos dos elementos, lengua y paisaje, son dos sistemas que ofrecen un campo subjetivo de creación. A diferencia del sistema de comportamiento, la lengua y el paisaje presentan muy particulares dificultades a la intención de alguno por manipular moral e ideológicamente tales sistemas. Se puede sancionar y reprimir la conducta externa del individuo en sociedad (después de todo, esa es la función del sistema jurídico-policíaco y su agenda de *«law enforcement»)*; pero no se puede oprimir el paisaje ni el habla sin que el empeño de describir y exaltarlo vaya en contra del opresor y ocasione sus problemas más graves.

El *tipo común y corriente* puede maldecir y menospreciar su geografía física y social, el paisaje; pero no puede destruirlos. Al hacerlo, si fuera posible, se inferiorizaría aún más a sí mismo. Lo eventual (la expectativa de lo contingente) vendría contra él con más angustia.

¿Por qué el primer tipo (el que no es hombre del montón) cuenta con ciertas ventajas, o habilidades, «lore», «proto-erudición», «sabiduría epocal») para trabajar con la previsión que falta a su vecino, el segundo tipo-repetidor e inauténtico? ¿En qué ha fallado el hombre común y corriente que él no logra convertirse en peculiar?

DESVIO LINGüISTICO Y LA PICARADIA: He tenido la oportunidad de conversar extensamente con entusiastas de la cultura popular mexicana, país de un riquísimo regionalismo y un acervo gigantesco de cultura popular. Un gran problema presentado, en la discusión e intercambio de ideas con ellos, es que no entienden que la picardía y el doble sentido («albureo») de por sí, aunque sea un rasgo idiosincrático de un pueblo, no constituye una tipificación profunda y autenticadora de un individuo. La picardía y el albureo son materiales, a veces brutos, otras tantas veces residuales, de la diversidad de materiales de la que se puede nutrir un tipo folclórico-popular. Aún concediendo que todos los mexicanos son dicharacheros, albureros y picarones, esto no los presentará como peculiarmente señeros en la fase final del prototipo *folclorizado*.

A. Jiménez, quien es el más popular de los expertos en picardía mexicana y cuyo recaudo de material consistente en voces, ideogramas y artefactos de *«la ironía mordaz, el humorismo grosero, la sátira virulenta, el chiste vejatorio, la palabra ofensiva y el dibujo procaz»*, admite que *«el pueblo de México no es más grosero que la generalidad de los habitantes de otros países»*. [5]

De hecho, la evidencia más multifacética de que existe el tipo común y corriente y que éste se vincula a los tipos folclórico-populares como el receptáculo que los imita, sin serlos, es ésta: la picardía y la grosería son universales. Lo que sucede es que, aunque ese conocimiento acerca de *«vocablos malsonantes y dibujos prosaicos»,* comentarios chispeantes y escatologías, esté en un *ahí-público,* el tipo común y corriente utiliza su criterio antes de descargarlos con quien interacciona; él es sólo un repetidor ocasional, oyente nutrido por ese material, pero no su creador. Lo disfruta como quien, una vez sentado, o haciendo círculo con un chistoso, no le queda más remedio que gozar y reír de sus amenidades y repertorios; pero él, como oyente, no los sabría contar ni sazonar con gracia propias.

Esto nos llevará a concluir que ante lo eventual de la originariedad, hay dos tipos de personas que se inquietan y preveen: (1) el *tipo común y corriente,* quien es el *Dasein* que novelerea y espía interpretativamente en lo incierto y lo novedoso y, en segundo lugar (2), el sujeto, que es directo inspirador y depositario de lo adviniente, con un «fin», lleno de *originariedad* que siendo un *no-ser-siempre-todavía* va hacia ello y materializa en sí su más propia posibilidad de ser.

El segundo tipo humano tiene (en su ser) pensada la expectativa como dato de extracción preontológica. Contrario al tipo común y corriente, repetidor y novelero, que termina articulándose o gesticulándose con aversión, desvío y huída, ante la eventualidad que lo cohíbe o incomoda, en determinado momento, el segundo, la lleva a su destinación final y se vuelve uno con la eventualidad.

El quid de esta cuestión es que lo eventual, por incierto, clama por la vivencia de la angustia, única situación de la que arranca el conocimiento verdadero. El hombre del montón, el primer tipo, rechazará la congoja que se desprende de un *háberselas* con la situación difícil, el eventual golpe de lo angustioso, lo amenazante. El segundo tipo se solve con ese destino y, desde sus fuerzas interiores, querrá afrontarlo.

Con los elucidarios de vidas individuales («mitos privados»), opuestos o reactivos al *Don Nadie,* o a ese ser tipificado más vaporoso e incoherente que hemos llamado el hombre del montón, el novelero Hombre Común y Corriente, el lenguaje ganará en pasión raigal, en juegos sutiles, en matices profundos. Esa conexión con la raíz y potencia del lenguaje y del paisaje, que se alían objetiva y subjetivamente para dar su resultado, su eficiencia social, desde su tensión significante, produce el genio. Genio de la lengua y de su ahí-geográfico.

Vladimir Sangi observó correctamente que sin folclor ni la cultura espiritual ni las relaciones humanas profundas ni la faceta concreta de la literatura existirían: «*Each ethnic national literature has to have its roots. When in the history of literature you find geniuses, there are the people who reflect national themes as well as their own individualities*». [6]

CUANDO TODOS SOMOS JIBAROS: El *Lamento Borincano* del jibarito Rafael Hernández es el símbolo de ese logro, la canción popular, que cuaja en unidad los valores de etnicidad, genio individual y nacionalidad para hablarnos sobre un ser humano que todavía en los decenios del '30 y el '40 estaba siendo oprimido y menospreciado por las élites burguesas más recalcitrantrantes de esta nación.

A mi juicio, esta canción popular que hoy es uno de los himnos nacionales de la idiosincracia campesina, por contener dos de sus características, humildad y solidaridad, pudo más que el nacionalismo del Dr. Albizu Campos, en el ámbito de las ideologías. El Dr. Albizu Campos es cúspide humana del valor, lo mismo que el Dr. Ramón E. Betances y otros patriotas del Grito de Lares y el independentismo político de postguerra; pero, obsérvese que sólo un aporte popular, una canción que contenga la plena vibración de su potencia y luminosidad, basta para asentar lo que a veces el matirilogio y el tesón predicativo de grandes héroes e intelectuales no pueden. Para convencernos de que «*todos los boricuas somos jíbaros*», al decir de Angel Acevedo, poeta pepiniano, más sirvió una canción como *Lamento Borincano* que las doctrinas más formales.

Si analizamos la canción (**Lamento Borincano**) del aguadillano

Rafael Hernández es posible entrever el carácter del alma transparente que define al tipo auténtico. Es cierto que hay un lamento expresado, más ajeno que suyo; pero, al salir este jibarito de la anécdota de su hogar, llevaría todo el optimismo del que fue capaz:

> *Sale loco de contento, con su cargamento*
> *para la ciudad, ¡ay! para la ciudad.*
> *Lleva en su pensamiento*
> *todo un mundo lleno de felicidad, ¡ay! de felicidad.*

La desilusión del jibarito llegaría al anochecer pues no vendió su carga. La plaza del mercado fue un desierto. Triste situación: él ha comprendido que la pobreza de la isla es general. El sigue produciendo, pero nadie compra y esa no es su culpa. Es sencillamente una realidad. No es la inadecuación humana, su vagancia o su fatalismo.

El *a priori* no es el lamento gratuito del pueblo, porque la desdichada Borinquén no sufre por el gusto; la causalidad es una sociología de la penuria. El cantar que fue «himno de alegría», búsqueda de ilusión, se ha trocado en el canto de tristeza y solidaridad.

> *El pueblo está muerto de necesidad.*
> *Se oye este lamento por doquier...*

En el hombre esencial, el que sufre y lamenta, por el alma de la colectividad, su voz no se destina al vacío. No ha de ser el profeta que predica en el desierto y que se verbaliza con «un decir por decir», sin fundamento, o como quien no dice nada. Que a nadie le plazca hablar: tal sería la actitud del peor y, comúnmente, la ejercita el Tipo Negativo de *Don Nadie*.

El tipo folclórico-popular, si expone su tristeza, con ello instrumenta una denuncia, un proyecto desarticulado muchas veces para crear soluciones, o al menos para ser oído. Aunque, de momento o por de pronto, ninguno lo oiga, el tipo folclórico-popular validará sus dichos. Uno que expresa gratitud y que deplora el determinismo fatalista.

El hombre esencial, el tipo auténtico, como observa el Dr. Alonso, sabe que *«una mala costumbre no se quita con un sermón»*.

Además enuncia: Nunca es tarde si la dicha es buena y mejor que nada es un bien tardío.

___

Bibliografía y notas

[1] Manuel Alonso, *El Gibaro* 1842. Y cf. *Escena XII, Aguinaldos.* En este trabajo de Alonso, explica en su nota el editor, se describe la tradición de las trullas navideñas cuando un: *«grupo de personas se reúnen para un fin en común en este caso llevar aguinaldos. Se cree que viene de la palabra patrulla».* Alonso explica que: *«Las trullas de a pie se componen de gente pobre, que no por eso se divierten menos; maracas en mano y tiple y carracho bajo del brazo, caminan, leguas enteras saltando barrancos, vadeando ríos y trepando cerros, hasta que el sol les halla muchas veces a gran distancia de sus casas; pero esto no les importa: continúan su camino durante todo el día y la noche de Reyes, sin regresar de su peregrinación hasta el que sigue a este último; esto es, a los tres de haber abandonado sus Penatés».*

Otro tipo de Trulla: *«Dada la diferencia de educación, es sabida la que puede haber entre las escenas de estas trullas y las de a caballo: varían en los modales, las expresiones, etc., pero en la esencia lo mismo pasa en unas que en otras. Los versos que cantan en aquéllas con música variada y que son a veces buenos, en estas últimas guardan el mismo aire siempre, y se transmiten de padres a hijos sin alteración en las palabras».*

[2] Robert Márquez, *Puerto Rican Poetry: A Selection from Aboriginal to Contemporary Times* (The Maple Val-Book Manufacturing Group, Inc., 2007), ps. 70-75.

[3] *«If a language disappears, traditional knowledge tends to vanish with it, since individual language groups have specialized vocabularies reflecting natives people's unique solutions to the challenges of food gathering, healing and dealing with the elements in their particular ecological niche»*: Eugene Linden, *«Lost Tribes, Lost Knowledge»,* en: *Time* (Vol. 138, Núm. 12), 23 de septiembre de 1991, ps. 46-56. Cotéjese observación de Pinkola, en: *Clarissa Pinkola, Women who Run With the Wolves: Myths and Stories of the Wild Woman Archetye* (Ballantine Books, New York, 1992), p. 271.

[4] Guillermo Hurtado, *¿Tiene sentido la filosofía hispanoamericana?* (en: *La Jornada Semanal,* 22 de diciembre de 1996), p. 6. Se puede leer en la internet en: Ver

[5] A. Jiménez, *Letreros, dibujos y grafitos groseros de la Picardía Mexicana* (Editorial Posada, S.A., México, D.F., 2da. ed., 1975), ps. 8 y 10.

[6] Vladimir Sangi, citado por Andrew Wiget, *Epic Songs and Happy Gangsters: Ethnic Writings in the Soviet Union,* en: *Puerto de Sol* (Vol. 26. Núm. 2), Verano 1996, NMSU, New México, ps. 96-112.

LA VITALIDAD DEL FOLCLOR Y SU ORIGEN

Antes de que se acuñara el término *folklore* [1] por el arqueólogo William John Thomson, en 1846. para referir a las *«antigüedades populares»*, o vestigios de costumbres festivas y ritos del ciclo vital (bautizos, funerales, etcétera), fue Gottfried von Herder, alemán, quien se dedicaría por primera vez a registrar y preservar deliberadamente tal contenido. Comenzó con las *canciones populares* y tres modalidades culturales específicas que, como la música, contribuyen a la *formación del carácter*. La poesía, la literatura y la sicología que él colocara con rol práctico / de interpretración / en el escenario central de la disciplina histórica. Referimos a escritos suyos como **On the Influence of the Beautiful Sciences on the Higher Sciences** (1781) y, en menor grado, su **Critical Forests** (1769).

La interpretación es la propuesta programática sobre como la filosofía puede convertirse en un medio más universal y útil en el servicio de la gente y que él convertirá en su propuesta para una sicología práctica [2].

En este aspecto, Von Herder influye profundamente a Federico Nietzsche, quien tenía un profundo interés por la música. Apoyado en una valoración de los *ditirambos* y estructuras rítmicas de las antiguas canciones y danzas de los uvicultores griegos Nietzsche produjo una teoría, que sería su tesis doctoral sobre el origen de la Tragedia en el teatro griego. Ambos autores sabían que hay tres cosas inseparables: *mente, historia* y *valores.* Coinciden en que festejan la continuidad en el estilo campesino de valores tales como gozo de la vida, aún en medio de la vivencia modesta, danzas al aire libre y contacto permanente con la naturaleza. Esto es la vitalidad. La felicidad y la salud. Cuando Von Herder elabora su colección de **Canciones populares** (1778-79), su visión es la de compilar canciones de todas las naciones, pero, sobre todo, festejar el vehículo de la cultura que es el *Volk* o nación diferenciada, cuyo hombre es una finalidad moral. No un medio como lo es para la política.

Su obra **Canciones populares** (1778-79) es una compilación de canciones de todas las naciones, pero es también una visión de la cultura y el carácter nacional *('Volksgeist')* que no consiste únicamente en *«dictar las reglas, sino también en mejorar las costumbres»,* conforme a la lengua y la literatura de una nación. [3]

¿Qué es lo que Von Herder, Nietzsche y otros grandes estudiosos y educadores del verdadero progreso del hombre o su *padeia,* ven en los campesinos, para designarlos los nobles héroes de la lucha por la patria frente a las banalidades del progreso y la política, donde los cultos empeñan su palabra de honor? Al romper con el clasicismo alemán y el nacionalismo a ultranza, Von Herder escribió: *«Es un noble héroe el que lucha por la patria; más noble, quien lucha por el bienestar de su país natal, pero el más noble es el que lucha por la humanidad».*

Si pretendiéramos investigar el *carácter nacional* y la verdadera resistencia de quienes lo nutren y defienden, hallaremos que el *carácter nacional (Volksgeist)* por el que Von Herder tomó partido como primer analista del *Hecho Folclórico* es poseído, no por el que más sabe ni por quien más se jacta de *palabras de honor,* sino por uno que, de antiguo, es *«el que labora para los demás, gozando y viviendo interiormente, ese es feliz».* Y a éste, héroe más noble, al que llama el *«más feliz»,* [4] es a quien dirá en **Cartas sobre el progreso del hombre** que merece ser amado, recordado y reabsorbido, por ser el más feliz y valiente. Obviamente, no es el más instruído, pero tiene una *sabiduría* *originaria* que no ha sido dañada por la derrota de si mismo ante los poderosos.

———

Bibliografía y notas

[1] Adelantaría, en este ensayo, que el folclor es tan amplio que consta de, al menos seis ramas: (1) Su Narrativa y Oralidad: y que, por tanto, incluye fábulas, cuentos, acertijos, leyendas, relatos orales, chistes, etc. Otra rama que es su Poética (2) que incluye los romances, canciones, refranes, coplas, adivinanzas, dichos, etc. Se puede hablar del (3) Folclor Mágico concernido con *«lo espiritual, las supersticiones, y la misma magia».* Este se asocia a lo más remoto de su surgimiento como expresión y a lo que Heidegger llamara la narratividad del *'lógos apophantikós'* como forma fundamental del conocimiento y capaz de proveer juicios predicativos. Pero, aunque muchos exponentes de la Sabiduría Mágica son partidarios de una Fuente o Poder conferido que se llama la*intuición (Anschauung / intuitio),* como acceso a Dios y al Origen, no se cuenta en la historia con la intuición infinita, propia de la divinidad *(intuitus originarius).* El conocimiento humano es uno finito; no crea nada, intuye lo ya dado y es *'intuitus derivativus'.*

Una más reciente etapa de esta disciplina es el (4) *Folclor Social:* esto es, bailes, costumbres, juegos, tertulias, música, actividades sociales, la familia, etc. Este puede ser privativo y de vida común de una población concreta o subcultura.

También interesante como folclor es el (5) *Hecho Lingüístico:* que incluye aforismos, pregones, deformaciones del lenguaje. ocurrencias de grupos humanos, rimas infantiles y cuentos de fantasmas, rumores (incluyendo teorías conspirativas), chismes, etc. Finalmente está (6) *el folclor ergológico,* que es el más estudiado desde el punto de vista antropológico, pues, da evidencia de la cultura material, utensilios de trabajo, aperos, arte popular, la alfarería, pintura de arte popular. Incluye la recopilación de bebidas, comidas, potajes, etc.

Aunque la acepción literal del término folklore significa *«el saber del pueblo»* (folk: nación, pueblo: *lore:* saber, conocimiento), el investigador de la Universidad de Pensilvania Dan Ben-Amos, redujo la significancia al decir que el folclor es *«la comunicación artística en grupos pequeños»,*Gottfried von Herder, pionero en estos estudios, indica que la misión del folclor como disciplina es*«documentar el auténtico espíritu, tradición e identidad del pueblo»,* en su caso, el germano. *«La creencia de que tal autenticidad pueda existir es uno de los principios del nacionalismo romántico que Herder desarrolló. Para Von Herder, las clases campesinas son al mismo tiempo depositarias, vehículo y guardianes del «genio popular», que se modeló mediante el contacto de los hombres con la tierra y el clima y se transmitió de* *generación en generación, tanto oralmente como en las epopeyas, cuentos y leyendas».* Ver: F. M. Barnard, loc. cit..

[2] Es la propuesta de Von Herder en su libro **How Philosophy Can Become More Universal and Useful for the Benefit of the People**» (1765); como filosofía de la historia, dispone el desarrollo de una concepción teleológica de la *historia «as the progressive realization of reason and humanity»* — anticipándose en la propuesta a G. F. Hegel. En los cuatro volúmenes del estudio **Ideas para una filosofía de la historia de la humanidad** (1784-1791), Von Herder elabora la idea de que la naturaleza y la historia humana obedecen las mismas leyes y que, con el tiempo, las fuerzas humanas antagónicas se reconciliarán. Ver. E. A. Menze, M. Menges y M. Palma, **Johann Gottfried Herder: Selected Early Works, 1764-7**(Pennsylvania, 1992).

[3] F. M. Barnard, **J. G. Herder on Social and Political Culture** (Cambridge, 1969). Aquí se incluye un ensayo herderiano tiitulado «*Dissertation on the Reciprocal Influence of Government and the Sciences»*

[4] J. Gottfried von Herder, **Cartas sobre el progreso del hombre** (1793-1797). En el **Ensayo sobre el origen del lenguaje**(1772), subraya su carácter natural y evolutivo, y su papel preponderante en cualquier proceso cognoscitivo, así como reclamó una concepción nacional para el arte y reivindicar la exaltación del individualismo y los sentimientos como fuente de inspiración. No creyendo en la idea del progreso indefinido, vigente en su época, defendió una apreciación imparcial de hombres y pueblos, ejercicio vinculado siempre a la acción de la evolución o progreso general de la humanidad.

EL HEROE AGONICO O LA INVESTIGACION DEL SER POPULAR

Se informa en la **Antología crítica de la literatura puertorriqueña** [Editorial Cultural, 2007] que la décima popular, como las que cantara el jíbaro por constancia histórica y documental data del siglo XVII. De hecho, hay décimas anónimas que enaltecen la vida de un ex-Gobernador. Documentan simpatías y solidaridad política a figuras designadas en el marco colonial específico. Unas fueron las décimas publicadas y dedicadas a un funcionario que sirviera en la isla del 1683 a 1690.

Se trata de Gaspar Martínez de Andino. En este caso, no son improvisaciones lanzadas por 'gente zafia y canalla' / o la clase militar *per se* / ni algún clan organizado entre marinos o piratas que ha identificado a un gobernador que será cómplice. ¿Quién poetiza al Gobernador o le hace un corillo a su folclor?

HEROE CON ENTREDICHOS Y AGONIAS: Fue una conse-cuencia espontánea de empatía. Don Gaspar es el Tipo que pasa por sinsabores y requiere del alivio que brinda la empatía. Es válido que preguntemos qué tipo de solidaridad originó que sucediera esto, o que haya sido Don Gaspar el elegido. Dicho sea de este modo, un militar que, en muchas bocas, fue tan corrupto como lo fue su sobrino (Baltazar de Andino, connotado contrabandista) es designado Gobernador y Puerto Rico, pueblo con gentes de las que un investigador de la Corona, dice que es «isla poblada con gentes «*de por si muy desidiosas, y sin sujeción alguna por parte del gobierno*» lo aplaude Le dedica sus *coplas de bienvenida*. El Mariscal Alejandro O' Reilly estaría extrañado. Puerto Rico desdeñaba entonces las milicias y a casi todos sus gobernadores.

Del mismo modo, un Provisor y Vicario General del Obispado desconfía de una cantidad de sacerdotes involucrados con lo mismo, relajamiento de costumbres y contrabando, como es el caso del Padre Manuel de Mirabal en 1711. El sacerdote está asociado a la familia de los González de Mirabal, aguadeños y sangerneños (de hecho, fundadores del barrio Mirabales del Pepino originario). Es tiempo de piratería, contrabando, rezago cultural y otros males. ¿Qué ejemplos dará el nuevo gobernador? Del inspirador de coplas en nuestro folclor, el susodicho gobernador sabemos que lo hizo popular un juicio y mala fama que a Don Gaspar) le seguía desde La Habana y la utilización de una *patente de corso.*

Mencionaría que por casi 33 años se dedicó a la carrera militar y la Marina, en servicio a corso. Por tanto, existencia aventurera, polémica, osada y riesgosa. Vivió expuesto a las armas como soldado, mosquetero, arcabucero, sargento, alférez, ayudante de sargento mayor vivo y reformado, capitán de infantería, ayudante de teniente y maestre de campo, sargento mayor de tercio y teniente de Maestre de Campo. Vaya expediente de un gobernador de Puerto Rico: uno que sufrió secuestros y prisiones.

Esto lo hizo interesante en un tiempo en que los infortunios de un carpintero, metido a marinero, y secuestrado por piratas (como en **Los Infortunios de Alonso Ramírez**) fue la historia que capturó la atención de hombres de letras, militares o lectores curiosos (de México). Recordemos que así se hizo leyenda / nuestra primera novela / relato testimonial / el caso de Alonso Ramírez.

De informe dirigidos a S.M. por la gente principal de La Habana y Puerto Rico se cita que, Don Gaspar Martínez de Andino como administrador, fue «celoso, desinteresado, de gran experiencia, aplicación y digno» y no en balde, «tiene un problema con el Gobernador de La Habana por no hacerle los honores» al rango de ese gobernador habanero. Sobre Don Gaspar se cuenta que salió muchas veces en una barquilla a corso a embarazar los barcos que pasaban a Cataluña con víveres y otros que iban a Etna, tomando algunos, con que mantuvo la plaza algunos días y después tomó un Barcón y peleó con una Saetía de catalanes y franceses en que iban más de 50 hombres. Le tocó caer preso, riñas con escapada y en una ocasión fue herido. Supo retener y salvar los pliegos que traía para S.M.

Aunque fue procesado por contrabando y otros 15 cargos que se le imputan a su sobrino y cuñado Baltasar de Andino y de los que le hacen responsable, así como de su fuga, Don Gaspar estuvo algún tiempo preso pero fue indultado y perdonado por S.M. (El polémico juicio de cuatro años y medio, y la sentencia del Consejo de Indias en 1695, le originaron un mayor aquilatamiento de sus méritos. Los fiadores para su liberación y multas fueron la Infantería de Puerto Rico.

Subsiguientemente, es nombrado Gobernador de Puerto Rico en octubre de 1681 (por un periodo de tres años),y tomo posesión en San Juan de Puerto Rico de 1683. En 1686. Se le prorroga el mandato por otro periodo de tres años (por su buen comportamiento). Es sustituido por Gaspar de Arredondo en 1690 Diría que los panegíricos en versos al Gobernador y la tradición coplera anónima nace de aquí.

LA IDIOSINCRASIA DEL QUE JUZGA: La Historia geográfica, civil y política de la Isla de San Juan Bautista de Puerto Rico (1788) de Fray Iñigo Abbad es las «primera historia formal» de la isla y primera que se aventura a dar un esbozo interpretativo de la identidad nacional y su idiosincrasia. Abbad describe tradiciones por las cuales el citado O'Reilly aludió al *jíbaro* en formación como desidioso y antiheroico, o demasiado ignorante para tener conciencia de sus problemas. Tradiciones como peleas de gallos, bailes en base a trova, carreras de caballo y devociones religiosas, se tomaron como evidencia. Hay además de los panegíricos a las autoridades, bien cumplidas en ley o dudosas, otras tendencias argumentativas para desdeñar. Lo único que faltaba es describir al hombre de la isla como «jíbaro» en el sentido sugerido en la ***Relación del Viaje a Puerto Rico de la Expedición de Sir George Clifford, Tercer Conde de Cumberland***, escrita por el Reverendo Doctor John Layfield, Capellán de la Expedición. en 1598.

El historiador Mario R. Cancel explica: «*El referido texto se encuentra en la obra póstuma de Samuel Purchas* (Thaxted, c. 1575 – Londres, 1626*) titulada **Hakluytus Posthumus** también conocida como **Purchas his Pilgrimes, contayning a History of the World in Sea Voyages and Lande Travells, by Englishmen and others** impresa en Londres en 1625 en cuatro volúmenes. Purchas fue un religioso e historiador inglés que estudió en el Saint John's College de la Universidad de Cambridge quien, como Pedro Mártir de Anglería, nunca viajó a América e hizo la obra de un recopilador e intérprete. [...] en Cuba, aquellas jaurías de perros (utilizadas por los conquistadores en la Conquista) eran denominados jíbaros, concepto que equivalía a un animal que, habiendo sido doméstico, se había hecho montaraz, mostrenco y había acabado siendo un habitantes de los bosques. La noción jíbaro en Cuba sugería la cimarronería o anarquía de la altura y, en cierto modo, la barbarie como negación de civilidad: un jíbaro era un ser arisco, difícil de controlar. Como podrá verse, esa concepción tampoco tenía nada que ver con la raza o el color de piel. De lo que se trataba era de cifrar una actitud ante la vida y una forma de ser {...} Entre jíbaro y canalla, concepto que procede del italiano canaglia o muchedumbre de perros, no hay mucha distancia. El concepto tiene un origen despreciativo. Voltaire, pensador ilustrado aristocrático, usaba el concepto canalla para referirse a la masa irracional, a la gente común*» [«*¿Qué significa lo jíbaro? Apuntes para un debate*», Abril 20, 2012, en: ***Puerto Rico entre siglos: Historiografía y cultura***]

CUANDO EL JIBARO ERA JUZGADO CANALLA: Ahora bien, lo que se quiso decir entonces con la palabra *jíbaro* no tiene que ver con el ejercicio de lo que realmente se fuese, sino con lo que se hizo. O se adoptó de la habladuría... Lo que vales que se asoma el indicio crítico. A partir de este momento, destella el hallarse y habrá que cantar, una mitología, o elucidación para esclarecer. Y se toma el motivo de un gobernador... En términos del poder de la empatía, el observador directo de los procesos que viven los pueblos / los atestiguantes / los noveleros / los que escribidores que se enteran no presencialmente / han de opinar y divulgar lo que han visto del destello.

EL DESTELLO INDIGENA: La crónica y el arte sirven a la divulgación, pero hacen muy flaco servicio si no se refleja empatía. Sabemos que Gonzalo Fernández de Oviedo, quien escribió sobre el indígena taíno, el cacique Urayoán, la muerte de Diego Saucedo, causas y principios de la guerra contra Agüeybana y otros episodios en la isla, tuvo una visión negativa del indio y una prejuiciada concepción europeísta del heroísmo que lo desboca por caminos de moralismo y ficción. González de Oviedo (1478-1557) se siente superior a sus observados y no puede ser justo de ese modo.

Más condescendiente fue el andaluz Juan de Castellanos (1522-1607). Es un soldado, cazafortuna, poeta y, finalmente, sacerdote que con sus *Elegías de Varones Ilustres de Indias* (1589) busca aquilatar gentes, delinear cuadros heroicos en medio de los cuales insertar indígenas y esos tipos populares que determinan patrias y próceres. Es Castellanos uno que crea situaciones y personajes, como en la *Elegía VI*, donde resalta un perfil de Agüeybana. El hace, en ficción poética, lo más parecido a un héroe agónico.

Tres estudiosos de la jibaridad (como han sido Juan J. Berríos Concepción, la Dra. Libia M. González López y el mismo Mario Cancel Sepúlveda) coinciden en que este concepto fue construido a base de «*la concepción original léxica de jíbaro desde su probable génesis dentro del marco histórico del Puerto Rico del siglo XVIII, su plasmación literaria en el siglo XIX, su idealización simbólica hasta servir de paradigma de la puertorriqueñidad en el siglo XX».*

Desde esas tres bases, sin embargo, *«este símbolo de identidad (es) uno perecedero, una especie en peligro de extinción entre los símbolos de identidad puertorriqueña».* Cuando se defendía la *jibaridad* desde un nivel ideal, no despreciativo, se manejaba aún ciertos escrúpulos.

PARA LA INVESTIGACION DEL JIBARO QUE DESTELLA: El jíbaro indígena mezcla bien con el blanco; el taíno lo dota de hábitos montaraces y cerriles. El criollo blanco de su preferencia por las montañas, campo adentro. Se excluye el negro de las costas del crisol racial. De todos modos, la palabra jíbaro apareció escrita por vez primera en el *Diario económico de Puerto Rico,* 17 de junio de 1814, pero lo que le fue dando su contenido y atributos son las *Coplas del jíbaro,* o las décimas en lengua jíbara de Miguel Cabrera publicadas en *La Gaceta* en 1820.

Ya, a partir de los *Aguinaldos,* la mención en documentos oficiales y la publicación del libro *El Gíbaro* del Dr. Alonso, se comienza a designar con el término al campesino puertorriqueño por primera vez se aplica a los campesinos de Puerto Rico en documentos oficiales del siglo XVIII. [Enrique A. Laguerre y Esther M. Melón, *El jíbaro de Puerto Rico: símbolo y figura,* (Sahron, Conn.: TroutmanPress, 1968].

Tardará mucho más que los referidos periodos de formación para problematizar en torno a lo que el jíbaro fue como primera imagen icónica del puertorriqueño y de su folclor. La identidad que se observa, hoy por hoy, en nuestra gente cambia; pero cada proceso formativo y asumido contribuye a la inauguración de un preguntar crítico y a la meditación esencial y existencial sobre nuestro *Ser-Ahí,* y el hallarse intramundano.

La actitud crítica entre los observantes, la que se da a nivel popular, la inicia Fray Damián López de Haro (1581-1648), toledano que ocupara la Sede Episcopal de San Juan, y cuyos escritos anticiparon la prosa costumbrista en Puerto Rico y la prosigue de modo más enriquecedor don Diego de Torres Vargas (1615-1670), quien refutaría al primero. Mientras con Fray Damián poco faltara para que hiciera pasar al jíbaro en formación como un estúpido, con Torres Vargas se informaría con vena empática:

«Las mujeres son las más hermosas de todas las Indias, honestas y virtuosas y muy trabajadoras y detan lindo juicio que los Gobernadores Don Enrique y don Iñigo, decía, que todos los hombres prudentes se habían de venir a casar a Puerto Rico y era su ordinario decir 'para casarse, en Puerto Rico'. Los naturales son general-mente de grande estatura, que sólo un linaje hay que la tenga pequeña, de vivos ingenios fuera de la patria muy activos y de valor».

DE LA PRIMERA MIRADA: El *hallarse acordado* en la memoria de un pueblo apuntar a lo toponímico, enfoca la primera mirada al paisaje. Recordemos la cascada donde murió el soldado Collazo murió o una etapa donde los pobladores pioneros de lo que hoy es el Pueblo bautizaban lugares con vocablos taínos (por su etimología: *Cibao, Guajateca, Bahomamey, Yaciloa,* etc.), el hito se pretende una remembranza afectiva con lo taíno.

¿Cuán remota es la leyenda de Collazo, como para la perpetuación una memoria, relacionándola al chorro o cascada de ese nombre en el paisaje natural e insertar en el presente una empatía? Si no es leyenda de un soldado, que estaría obsesionado con la noción de algún indio enemigo, será cierto que Collazo se accidentó por causa de la irrupción de un cerdo salvaje en su camino lluvioso?

El indígena, el corsario y el negro, son otros ele-mentos inspiradores al desafío de dar empatía a la protohistoria del luto, el disturbio y el miedo en la vida nacional. Sin embargo, en la ocupación cotidiana, en torno a estas gentes, se adquirió consciencia histórica. La leyenda de Collazo. Esta ha quedado como símbolo.

En el siglo XVI, disminuye la extracción del oro que marcará para los colonos españoles la necesidad de un incremento en las actividades agropecuarias. El indígena taíno local se libera así de la exigencia metropolítica de España, pero el elemento criollo y peninsular tendrá que vérselas con una economía de subsistencia y de exportación limitada. Lo que define este momento económico –el fin del proceso aurífero y la renuncia del indotaíno a participar en ello– ha sido ya analizado por investigadores como el Dr. Fernando Picó, Walter Cardona Bonet y Juan Rivera Fontán, entre otros.

De la mezcla y admisión de la intrínseca presencia indígena quedan como legado la prevalescencia de la toponimia de Pepino, barrios y lugares como Cibao, Aibonito, Bahomamey, Guacio, Capá, Emajagua, etc. y diez sitios arqueológicos con restos de materiales por lo menos en siete barios. No en balde por ésto el interés del ilustre criollo Narciso Rabell Cabrero por la paleontología y la rica herencia del poblador prehispánico en el suelo pepiniano y sus alrededores.

Con la leyenda de Collazo, la historia de una persecución trágica, muere o se accidenta el perseguidor peninsular del indígena. En este episodio el olvido colectivo es sintomático. Es una reacomodación colectiva a fin de *avanzar-resolviéndose.* La leyenda se torna en *catharsis.* Sólo un abrirse o accesarse a esa consciencia, no el fluir del tiempo *per se,* tranformaría el mundo material y llevaría a una fase superior de desarrollo cultural y espiritual.

La preferencia por vocablos que sean útiles por su alusividad es transhistórica, porque no es un trato exclusivamente ubicado en el hallarse perceptivo. Es un avenirse en el detenerse «*junto-a*» que procura el *solver profundo* y tranquilo: «*zu kommen lassen*». Y, de hecho, en la experiencia, además del detenerse junto al paisaje, está el detenerse junto a la mujer taina, al indio vulnerable y pobre..

Tarde o no, el homenaje es bienvenido. No hay una fecha particular que, por definición, sea más apropiada que otra para insertar o engramar un mito o rescatar una esencia por medio de un vocablo y, con la designación y el nombrar, dar referencia y señal de que hubo o hay un proceso con el cual se tiene un pendiente, una irresuelta relación. Basta que sea el día en que se comprenda la deuda, o la empresa ontológica. Con el *solver profundo* del detenerse han surgido instituciones. Del trato con el indígena, provino una de las más bellas: el *gaitiao.* Compartir nombres.

A veces se me ocurre que la costumbre pepiniano de no dejar a casi ninguna persona que inspira alguna simpatía sin su apodo es una manera de marcar esa amistad que personaliza al Don Nadie para rehumanizarlo.

EL HEROE CONTRA DON NADIE: No obstante, hay la opinión a la que se aferra el loco cuando es querido. Dice que es el tipo más indicado para taladrar en el misterio porque la auténtica realidad es irracional y cuanto más irracional, más apto es él. En el loco desaparece la oposición corazón / cerebro, fe / razón, sentimiento / entendimiento. Y si de veras es un loco / o ese excéntrico / que anhela «ser-sí-mismo» en lo cotidiano, él y nadie más que él, será el héroe contra el DON NADIE / o quien lo desafía.

Don Nadie es la fuerza humana / coactiva / del mundo público que demanda del subordinado que no asuma res- ponsabilidad, ya que «*todos y nadie somos responsables del por qué las cosas se hacen como se hacen*». El héroe va locamente contra la corriente. Es parte del ser humano cuando más hambriento de ser y sedienta de luz o de *soluto* se vive su interior.

El filósofo Martin Heidegger utiliza la metáfora de *Apertura,* o *hacer cabida /* en un *abrirse a lo que destella.*

Hay personas *(Da-Sein,* que en su *ser-ahí)* se abren a ideas y recuerdos, a experiencias. A más apertura más liberad. La libertad es la salud espiritual de los héroes.

La locura, en el modo cotidiano de ser, exhibe la tendencia a esquivar la onticidad, la coseidad, la factualidad de lo meramente manifiesto; los locos apasionados / no los meros dementes /

desubicados sociopáticos / se *deyectan* para enriquecer sus vidas y sus vivencias profundas pueden ser el resultado de los modos existenciarios de la aversión, la revuelta y desvío.

FOLCLOR, MENOSPRECIO Y VULGARIZACION: Ciertamente, no sólo la literatura escrita, el teatro, por ejemplo, es la que fija el mito, privado o social, en el discurso público de una época. La literatura ayuda, pero no determina. El mito es antes que la literatura.

Es la expresión de un proceso que no necesariamente surge, como ha intentado explicarlo una teoría del folclor que da al mito y su folclor asociado un origen ilustrado. Según esta teoría, el folclor es una *vulgarización,* o naufragio paulatino, de un conocimiento; pero no es así necesariamente *(«high origen as the learned class»),* que una clase de sabios *(«Genkenes Kulturgut»)* haya visto con terror cómo otros moldean el sistema originario de un conocimiento o creencias, a tenor de requisitos nuevos, reelaborados por adeptos.

Los *personajes-tipos* (José L. Canet Vallés) son adiciones a la literatura, nacidas de la crítica-social de un autor o creador individual. Son parte de los géneros de fabulación y farsa que evolucionaron como intenciones y acciones burlescas al teatro; pero el tipo que buscaremos definir es, sobre todo, humano y se inserta en el *hallarse* comunitario.

No son de índole similar el *tipo-intérprete* del arte histriónico que, en el antiguo mundo latino, arrancara de los versus *fescenini,* que el tipo real del folclor, ya que este tipo del *Fescennium* tuscano constituyó una tradición de comediantes por sueldos en las bodas, otra instituición que lo describe y la función de tales comediantes fue el *choteo pesado*, el *vacilón agresivo: «As performers at merry-makings,* (they) *used to extemporize scurrilous jests of a personal nature to amuse the audience»* (Ronald Boal Williams).

Desde muy remotos tiempos, en la tradición literaria, carnavalesca y teatral, se ha utilizado al histrión; pero éste no se ha articulado necesariamente como persona, sino como intérprete momentáneo de un papel escénico u parlamento asignado.

El *Das Man* / o lo que de un Fulano de Tal *'se dice'* / tiene consecuencias políticas, además delas de un solverse sicológico. El mundo público-social funciona viendo al hombre lanzado al teatro del mundo, situado en la tragicomedia del existir. Este es el punto de partida la existencia, el *estar ahí* como hombre concreto; pero no haciéndolo avanzar, sino en coacción para que se nivele y sea como todos. A los *Tipos Populares,* de cualquier índole, se llega a menospreciarlos, a no ser que estos se encuentren en una zona de protección, al principio periferal, una zona todavía no devorada por ese monstruo del mundo público, desfigurador y encubridor que aún siente la reserva de empatía.

COMO SE EJECUTA EL MENOSPRECIO: La primera vez que se menciona el vocablo jíbaro es con las **Coplas del Jíbaro** (1814) del arecibeño Miguel Cabrera; pero el primer libro que define el espíritu de *provincialismo* de los puertorriqueños (y con provincialismo aludiéndose y significándose esa atadura de tierra, lenguaje y alma, que hasta entonces el boricua-criollo había sustentado sin que ninguno, excepto él mismo, hubiera reparado en su deseabilidad y ejemplaridad), se tituló **El Gíbaro** (1849).

El Dr. Manuel Alonso describiría al *Tipo Común y Corriente* de puertorriqueño y la ecología moral de la isla, con las siguientes líneas: «... *la bondad del alma, la sencillez de las costumbres, la dulzura del carácter y la hospitalidad de sus moradores... (...) vivo de genio...*»

Añadió, en su retrato del *jíbaro,* como una relativa virtud: la sensibilidad para la añoranza. Este ser, tan presto a la nostalgia cuando está ausente de los seres queridos, o tan evocador de los pequeños detalles, por su sentimentalidad, es el *Dasein* (hombre / mujer) que abunda en el país. Son sus paisanos que aprecia y respeta, pese a que también tiene defectos.

... ¿Quién es el que no desea volver a ver a sus padres, sus amigos y allegados,los compañeros de sus juegos infantiles, la

casa y los muebles cuyas señas recuerda uno tan bien cuando está ausente? ¿Quién es el que no suspira por oí aquella campana que le llenaba de tristeza a la hora de ir a la escuela y, de placer, la víspera de un día festivo?»

Gente de esta catadura es el *Compadre Pepe*, uno de los tipos más nobles que él describe en sus estampas. El Compadre Pepe fue acaso el prócer José Julián Acosta, alguien que como Alonso previó los peligros de la escribiduría y la frivolidad novelera. Ambos tendrían por lema:

`
*Lo que no pienso no digo
ni escribo lo que no siento.*

Por desgracia y en adición, hay el Tipo Negativo de *Don Nadie,* el que vale llamarse el regresivo *Hombre Común y Corriente.* Este incomoda al grueso de los paisanos. Suele ser un mal emisor de juicios y, sobre todo, malagradecido. En el romance satírico, titulado **Al Sr. José Julián Acosta,** publicado en 1879, en el **Almanaque / Aguinaldo,** están descritos los tipos que a Alonso cayeron en poca gracia durante su vida. [1]

Comenzó con la presentación de los ***Viejos Verdes*** o ***Enamoradizos:***

*¿De amores? Un vejestorio
con abdomen reverendo y canas,
¡salir ahora con piropos y requiebros a las chicas!*

Los *copleros* son tipos que el Dr. Alonso colocó entre los negativos, pobres diablos, aburridos entre las cáfilas de los *Hombre del Montón.* Mentirosos, mal consolados, a los copleros falta genio. Escribirían por vanidad y por presumir que son alfabetos y letrados en una sociedad de privilegios y de rezago para las mayorías. Estos copleros a los que burlara constituyeron una exigua parte de la pequeña burguesía presuntuosa, intelectualoide y conservadora, que se daría aires de culturalismo.

Una crítica a los poetastros maniáticos, cuya octavas, quintillas, albergan versos sin sustancia, es la siguiente:

Y maldigo a los copleros
que ni a las obras de Dios
tienen el menor respeto.
¡Que manía de escribir!
¡Qué flujo de versos impresos!

*

Aquí para todo hay Vates;
pero ¡que vates! Yo pienso
que los produce a millones
el más árido barbecho.
`Suden y giman las prensas
que ésta es la patria del Genio.

Sucesivamente, a lo largo del romance, el Dr. Alonso criticará a las prácticas y vicios normativos con tipos tales como el *Espirita, Chismoso,* subtipos de *Espíritu Público, Bailadores, Envidiosos, Cobardes, Avaros* y el espíritu de *Venganza* y *Explotación*.

El *tipo común y corriente* es uno que ya no cree en sí mismo y que necesita adoptar al Uno, al Don Nadie; al hacerlo, él miente siempre. Nada pareció al autor de **El Gíbaro** más adecuado para desenmascarar el supersticioso y el falso espíritu del *Don Nadie* que los *espíritus socarreros*. Este trozo del romance fue su descripción de la falsa procuración de la esencia epocal. Cada espíritu descrito corresponde a un inauténtico y falso poder posibilitador.

Bibliografia y notas

[1] J. L. Canet Vallés, *«Introducción a los Pasos de Lope de Rueda»* (Editorial Clásicos Castalia, 1992, Cap. 2.) Ver también: Ronald Boal Williams, *«The Staging of Plays in the Spanish Peninsula Prior to 1555»* (University of Iowa, Studies in Spanish Language

and Literature), 1935, Number 5, y W. S. Hendrix, *«Some native Comic Types in the Early Spanish Drama»* (The Ohio State University, University Studies, 1925), vol. Y.

LA HUMILDAD DEL ALMA POPULAR

Cuando se estudian los *hechos del folclor* y *tipos populares* que a menudo tienden a ser un grupo devaluado injustamente y humillado por parte de otros (que conseguido el poder con ideologías caprichosas o violencia, a falta de virtud y de humildad, unos pocos exhiben como comportamiento la noción de creerse superiores a los primeeros.

J. Gottfried von Herder al plantear el *'espíritu del pueblo'*, su relación con el progreso y bienestar de la humanidad, se interesó en la gente más humilde, a veces, inmigrantes sin estatus privilegiado o de autoridad, sin derechos de propiedad. Se explica su interés en el cancionero hebreo y en otras lenguas, como el persa y el árabe. Tuvo el convencimiento de que a medida que se trata adecuadamente con estos pueblos habrá menos hostilidad y será menos la urgencia de humillar y competir unos sectores con otros.

La conquista de la auténtica felicidad y la relación con el arte y el folclor, explicara la paradoja de la *padeia:* es decir, que el humilde es más feliz que el maestro, supera su imagen desvalorizada por otros, asume su propia humildad y desecha la auto percepción distorsionada; en tanto que el altivo será humillado, como quien muerde el polvo.

Von Herder fue uno de los primeros pensadores alemanas que se interesó en el *carácter nacional* de la literatura española y realizó una versión del **Cantar de mío Cid.** Propuso la idea de inspiración del genio, enraizado en su época y su entorno cultural, antes que acudir a pautas y modelos de la Ilustración.

Las virtudes son universales. Hay que aprender a verlas, a co-participarlas. A no imponer, con el prurito del evangelizador cristiano, su idea sobre otros pueblos, reprimiendo y oscureciendo con denegación el espíritu propio, el *espíritu del pueblo (Volksgeist).* La idiosincracia es diferente para cada nación, así como las fuerzas creativas que habitan inconscientes en cada pueblo y se manifiestan en creaciones propias, no únicamente en la lengua, creencias, folclor, sino en su cultura material, utensilios y artesanías,

La poesía y la música sirven a tal tarea, advierte Herder. Admite una unidad profunda de la humanidad, manifiestada en la diversidad. No obstante, la poesía tiene una misión didáctica y, además, política, en beneficio y aras de la convivencia, esto es, a la vez que es sicológica, lo es política.

En armonía con este discurrir en la historia es necesario el *Einfühlung,* —que es *'sentir dentro del otro',* o *ser-con-otros,* en la empatía, y dentro de ella hay dos tipos, por ejemplo: *«para entender la poesía escandinava antigua, es necesario haber cruzado el Mar del Norte y sufrir una tormenta, como él ha sufrido. Para conocer los textos de la Biblia, hay que vivir como pastores nómadas, no sirve exclusivamente la razón».*

Como las características culturales y demográficas que inciden en un país, no están exentas de cambios y mestizaje (inclusive con los elementos europeos) hay que dar atención a lo *no-nativo* o foráneo. Estudiar otros idiomas y estilos, Von Herder descarta la teoría del origen divino de las lenguas. No se puede pensar sin lenguaje, aunque una lengua no es algo artificial en el hombre, sino que es una creación espontánea y popular.

El lenguaje tampoco es solo un instrumento. Es un contexto inseparable de si que, si bien sirve sólo para transmitir ideas, también es algo más vivo y esencial: conduce a sentimientos y razón. *«La razón está unida al lenguaje, no se puede pensar sin lenguaje».* [1]

Von Herder propone la existencia de valores que más que románticos, o contemporáneos, son los universales, esto es, *«paz, tolerancia, amor a la patria, democracia, atención a la diversidad, medio ambiente y desarrollo sostenible, familia y otros»,* que son los valores *«asumidos por el sistema educativo a nivel de fines y perfiles»,*

Un campesino con intuición y genio puede ser más útil que un altanero, que aclama que le sobreabunda la razón intelectual. Es cierto que un docente debe contar con un adecuado *«saber epistemológico, disciplinario, científico y didáctico de cada materia a su cargo»,* condición que es llamada *«la formación de formadores»* y cierto que, para futuros docentes, es imprescindible la revisión profunda de las características y prácticas en que se aplica; cierto es que *«el formador de formadores es el referente directo del futuro docente».* [2]

El mejor formador / instructor de la verdad / la esencia auténtica / es un hombre democrático, representativo de su nación, heroico porque se opone a toda invasión política-cultural que venga como destructora de su cultura y *«esto es lo más sagrado que hay»* (comprender que *«cada nación tiene el centro de su felicidad dentro de sí misma».* [3]

DEL JIBARO, SU MUSICA Y TROVA: Convendría en esta sección destacar lo que en la presentación de El Proyecto y los eapítulos iniciales dimos al Dr. Manuel Alonso — un rol de evaluador que es consono a las ideas que nos presenta Von Herder. La primera vez que se menciona el vocablo *jíbaro* es con las **Coplas del Jíbaro** (1814) del arecibeño Miguel Cabrera; pero el primer libro que define el espíritu de provincialismo de los puertorriqueños (y con provincialismo aludiéndose y significándose esa atadura de tierra, lenguaje y alma, que hasta entonces el boricuacriollo había sustentado sin que ninguno, excepto él mismo, hubiera reparado en su deseabilidad y ejemplaridad), es el Dr. Alonso con **El Gíbaro** (1849).

La jibaridad es un concepto generoso, aún siendo una de las propuestas.... de un *irse-resolviendo-avanzado*. Un tipo del folclor no tiene que ser permanente porque todo cambia / ¡hasta el Jíbaro! Los campesinos existirán como administradores y obreraje para la agricultura o la industria de la alimentación per la mentalidad con la que cumplen labores pueden ser muy distintas al sujeto de nuestro folclor.

Mas entendamos algo de lo que describe el Dr. Manuel Alonso y lo que comenta sobre el *Tipo Común y Corriente* y el que ha de ser el puertorriqueño que abunda en la ecología moral de la isla. Reparo en su descripción sobre un *jibaro puro:*

> *... la bondad del alma, la sencillez de las costumbres, la dulzura del carácter y la hospitalidad de sus moradores... (...) vivo de genio...*

Añadió, en su retrato como una relativa virtud: *la sensibilidad para la añoranza.* Este ser, tan presto a la nostalgia cuando está ausente de los seres queridos, o tan evocador de los pequeños detalles, por su sentimentalidad, es el *Dasein* (hombre / mujer) que abunda en el país.

LA PERSONALIDAD REGIONALISTA: Del pepiniano humilde, pobre o ricos, hay que destacar en el carácter y una definicion que diera el entonces Alcalde Rafael Méndez Cabrero (Fey) en 1967: *«Yo me atrevería a decir que el pepiniano es un tipo especial y único. Unico en su concepto de comprensión cívica, en su carácter elevado de lealtad al compañero y amigo; en su espíritu dinámico y emprendedor para enfocar y ayudar a resolver los problemas vitales de su comunidad y de su pueblo; en su alto sentido de responsabilidad, que es patrimonio de su personalidad regionalista»* [4].

De este *ideal de pepiniano* es que vienen los cantadores y troveros, seres musicales o artesanos del verso improvisado: por ejemplo, Carmelo (Menelao) Cruz Santiago, autor del libro de décimas **Serrania** (1994), Pantaleón Chiviricui y músicos de tradición popular como Puro Juarbe, Guito Vadi, Justino Nuñez Pérez, el güirero, Jim Pérez Torres, Pepito Arvelo, Julio Edgardo Aquino (Gary) y Don Guelo.

Un inspirado cultivador de la décima es Julio Soto que describe virtudes de la mujer pepiniana y boricua que no solo son la belleza visible:

> Con dos almendras por ojos
> y una sonrisa en sus labios,
> hijas de jíbaros sabios
> colman pinceles de antojos.
> Sin timidez ni sonrojos,
> con su sonrisa halagüeña,
> la ondulante caribeña
> luce su estirpe orgullosa,
> y se me antoja una Diosa
> la mujer puertorriqueña.

Julio Soto: *La mujer puertorriqueña*.

Por último y en conclusión, sobre el alma humilde y creadora de los pepinianos, destacaría el amparo que ha dado en etapas difíciles de sus vidas a los minusválidos y desafortunados, a los retardados mentales y los envejecientes que viven en mendicidad. No es institucionalmente suficiente, pero, al menos, les ha servido a no pocos. A veces la empatía es la que inspira sus vidas para rescatar sus potenciales humanos.

—

Bibliografia y notas

[1] Von Herder, *Ideas para una filosofía de la historia de la humanidad (1784-1791)*, loc. cit. y Ieshuda Appel: «*Parashat Vaiker: laá Humildad de Moshé*», en *La Voz Judia,* en:
http://www.delacole.com/cgi-perl/medios/vernota.cgi?medio=lavozjudia&numero=427&nota=427-19
[2] Von Herder, op cit y E. A. Menze, et als *Johann Gottfried von Herder: Selected Early Works, 1764-7* (Pennsylvia, 1992).

[3] ibid. En *El perfil del Nuevo Docente* [MEDUCA-PRODE, Ciudad de Panamá, 12 de diciembre de 2005].

[4] Antonio Frontera, al citar a Méndez Cabrero en «*Pepinianos Ausentes*» (*Anuario* 2001, San Sebastián}, p. 63.

LOCOS BUENOS, BOBOS Y ZANGANOS

Desde la analítica de la *Sorge («Cura»),* con que nos aproximamos al estudio del *Sujeto Pintoresco popular* planteamos su derecho a disfrutar un espacio de interacción en la comunidad. Cuando el pueblo los recuerda y les ayuda, el ciclo se completa y la persona arrojada al mundo, sufre menos. Esta es la *«Gemeinschaft concreta y vital, que genera una verdadera praxis, con un lenguaje ganado a las experiencias sensoriales, con tipos de líderes y seguidores, héroes y sacrificio de la voluntad en pos de un interés colectivo»,* [1] al decir de Heidegger.

Los convivios entre Sujetos que muestran sus Arquetipos / el poder de ese momento convivencial del *Kairós* / y la comunidad presencial, que son oyentes y seguidores de quien les llama la atención, con su peculiaridad, combinados unos y otros, es lo que acerca a la comunidad a la demostración práctica de que el destino es siempre colectivo, cooperativo.

Sean o no excéntricos, se necesita del hombre / mujer / pintorescos, quien para aldeas o pueblos abrumados, por conflictos sociales o cualquier rigidez de normas que concierna al colectivo necesitan. Al *Incomprendido Feliz* [2] al que suele ponérsele muchos nombres, se asocia un arquetipo de naturaleza dionisíaca y, en cuanto tal, se manifiesta muchas veces como charlatán, a veces medio antipático o vanidoso, otras veces como bufón.

Tipos pueblerinos que en San Sebastián del Pepino han sobrellevado esa conducta han sido: Víctor Primo Martínez, el ex Alcalde Joaquín N. «Cucán» Oronoz, el Cura Aponte, alias la *Fiera Santa, La Carlita* y otros.

A estos TP-s se les respeta porque obviamente revelan cierto conocimiento superior de las cosas, aunque son transgresores que, con frecuencia, chocan con el mundo en que viven por sentirse libres para todas las decisiones, según la voluntad de los que entiende, y en desafío a todo lo que le plantee a control, cautelas o las formas tranquilizadoras o neutralizadores del *Status Quo* (dinero, halagos, tentaciones mujeriles, ataduras materiales o místicas).

Al *Incomprendido Feliz* suele llamársele *El bohemio,* tipo extravagante o aventurero que, en la Antigüedad, representó la deidad de Dionisio.

El *Incomprendido Feliz* puede forjarse, en medio de las aldeas, para representar la libertad de espíritu, en las formas de una persona simple y natural, mas lo indispensable de él es su esencial sentido indómito de libertad y el carácter bohemio de su trato. A él no se le compra con dinero, aunque esté en la ruina. Ni se soborna ni se le humilla, sin pagarse las consecuencias. También este sujeto de dionisíaca raigambre puede nacer en las clases altas, lo que le da la oportunidad de ser *vagabundo,* aventurero y cultivarse en las artes, en aras de conquistar otros mundo.

Pobre o rico, es esencialmente transgresor, sin perder nobleza, pues prefiere que se imagine que bordea la indisciplina y la locura que hacer daño a otros, a la comunidad en particular por la que siempre habla con su ejemplo. Y la educa.

EL HALLARSE ACORDADO: El *hallarse acordado* [3] en la

memoria puede apuntar a lo toponímico, enfocar su mirada al paisaje. Recordemos la cascada donde murió el soldado Collazo murió o una etapa donde los pobladores pioneros de lo que hoy es el Pueblo bautizaban lugares con vocablos taínos (por su etimología: *Cibao, Guajateca, Bahomamey, Yaciloa*, etc.), el hito se pretende una remembranza afectiva con lo taíno.

¿Cuán remota es la leyenda de Collazo, como para la perpetuación una memoria, relacionándola al chorro o cascada de ese nombre en el paisaje natural e insertar en el presente una empatía? Si no es leyenda de un soldado, que estaría obsesionado con la noción de algún indio enemigo, será cierto que Collazo se accidentó por causa de la irrupción de un cerdo salvaje en su camino lluvioso?

El indígena, el *corsario* y el negro, son otros elementos inspiradores al desafío de dar empatía a la protohistoria del luto, el disturbio y el miedo en la vida nacional. Sin embargo, en la ocupación cotidiana, en torno a estas gentes, se adquirió consciencia histórica. *La leyenda de Collazo*. Esta ha quedado como símbolo.

Con la leyenda de Collazo, la historia de una persecución trágica, muere o se accidenta el perseguidor peninsular del indígena. En este episodio el olvido colectivo es sintomático. Es una reacomodación colectiva a fin de *avanzar-resolviéndose*. La leyenda se torna en *catharsis*. Sólo un abrirse o accesarse a esa consciencia, no el fluir del tiempo per se, tranformaría el mundo material y llevaría a una fase superior de desarrollo cultural y espiritual.

La preferencia por vocablos que sean útiles por su alusividad es transhistórica, porque no es un trato exclusivamente ubicado en el *hallarse perceptivo*. Es un avenirse en el detenerse «junto-a» que procura el *solver profundo* y tranquilo: «*zu kommen lassen*». Y, de hecho, en la experiencia, además del detenerse junto al paisaje, está el detenerse junto a la mujer taina, al indio vulnerable y pobre..

Tarde o no, el homenaje es bienvenido. No hay una fecha particular que, por definición, sea más apropiada que otra para insertar o engramar un mito o rescatar una esencia por medio de un vocablo y, con la designación y el nombrar, dar referencia y señal de que hubo o hay un proceso con el cual se tiene un pendiente, una irresuelta relación.

Basta que sea el día en que se comprenda la deuda, o la empresa ontológica. Con el *solver profundo* del detenerse han surgido instituciones. Del trato con el indígena, provino una de las más bellas: el *gaitiao.* Compartir nombres.

A veces se me ocurre que la costumbre pepiniano de no dejar a casi ninguna persona que inspira alguna simpatía sin su apodo es una manera de marcar esa amistad que personaliza al Don Nadie para rehumanizarlo.

La sociedad tiene mirada objetora y conservadora. Quiere nivelación, juicio trivializador, ausencia de misterio. Se burla del loco y el héroe, lo descree y se ríe de él para que sea como la masa que obedece a una mecanicidad. Lo convoca a ser uno más del montón. Es por lo que «El uno / Don Nadie» / está en todas partes, pero de tal manera que ya siempre se ha escabullido de allí donde la existencia urge a tomar una decisión.

Como la sabiduría práctica es siempre superior a la mera técnica, este Sujeto hace trabajo transformador del lenguaje, cuando el lenguaje se desgasta en formas manidas, estereotipadadas y una discursividad a la que falta novedad, profundidad o la necesidad experiencias sensoriales directas, para que en el *Dasein* se exhiba la dimensión práctica, y se rompa el verbalismo y la ecolalia, o cualquier forma discursiva del sinsentido.

Cuando pienso en la incidencia de este tipo de individualidad pintoresca en el Pueblo Pepino, hay pocas; pero, ciertamente, del anecdotario localista, estudiaremos algunos.

En la literatura esoterista y la sicología junguiana de los arquetipos, este aspecto de los *Bufones Pueblerinos* y el *Incomprendido Feliz*, está representado en el arcano número 22 con la baraja de *El Loco,* asociado con la dualidad tiempo / espacio, pero, sobre todo, con la idea de combinar la sabiduría e insensatez,

Antes de cerrar el apartado, de presentación sobre este aventurero y amante de la espontaneidad, obsérvese una doble dimensión. En cuanto *Loco* y *Bufón,* se le reprocha que sea un Vagabundo (sin Norte, sin causa). Cuando se valora su Felicidad, su convicción de persona realizada, es el prototipo del *Liberador* de la *Energía Creativa.* En tal sentido, un principio de movimiento instintivo, loco, opuesto a todo sedentarismo de la conciencia, a toda acomodación del ego.

HALLARSE ES UN VIVIRSE DINAMICO: Hay una diferencia entre los vecinos que habitan en una ciudad y aquellos que parecen meramente 'puestos' allí, colocados como si fueran una pieza más de la mudanza, y como si de tal colocación factual esperasen que no ocurra nada. Gente así enfatiza que su «*ser ahí*» es siempre tan inacabado e incompleto que, en tal miopía, no les cuaja la posibilidad, apertura y proyecto. La descreen. La sufren. No descubren que en el inacabamiento es que constituye su ser.

Me cautiva la definición heideggerianas del ser y la meta: *«Ser es un todo llegando a ser lo que aún no es... El 'ser ahí' tiene que 'llegar a ser' él mismo lo que aún no es'.* [4]

Antes de una apropiación de la finitud y *ser-para-la-muerte,* antes de que la persona / o viviente / diluya el habitar y su convivir, hay que desafiar el modo auténtico de vivir (el 'ser ahí)' y traerlo a nuestro *espacio empático,* al *hallarse* interno. De no darse ese encuentro / o hallazgo con el Yo, en no sacarlo del lenguaje y del *'estado de yecto',* nunca viviremos otra cosa que los interinatos del zombi. Fantasma en pueblos de sombra.

Quiero que vean que los vecinos / gente que no proclama la totalidad / lo que no se tiene ahora, pero que el ser pretende, es la menos optimista, la más normal y aburrida. No son quienes pueblan una ciudad con alegría. De hecho, ni ven ni valoran a esos tipos pintorescos de quienes hablamos. No ven el *ser ahí* suyo, no se vinculan con su finitud, asumiéndola, ni con el ser-ahí de ninguno. No tiene por qué ir a la plaza. Ni dar los buenos días a ese pordiosero que lo interpela y que se pasa de simpático aunque es más pobre que él. Tal vez la sabiduría que el pintoresco lleva en sí, semi-oculta, y le permite sonreír, pese a su facha, es porque sabe sobre la posibilidad propia de la existencia y cómo se asumir su *'ser para la muerte'*.

Observaré que los individuos como las plazas declinan y mueren. Y cuando falta, en la comunidad, hombres y mujeres que asumen la totalidad, incluyendo la angustia como fenómeno que anticipa la finitud, *«la muerte como mi muerte, esto es, precursada, y el proyecto arrojado a su propia responsabilidad»*, a las plazas puede darles un infarto y morir de impropiedad. La muerte, que remite al *ser ahí,* a su carácter *de yecto,* de caído, es otra posibilidad propia.

Voy a dejar que un poeta describa la plaza que conoció y la parte que de ella que echaría de menos. Desafortunadamente, hoy ya no vive para describir alegrías o angustias otros espacios empáticos y físicos, donde el Yo-hace encuentro y hallazgos.

La Plaza del Pepino

La Plaza del Pepino
se llevó el progreso.
Aquella en que pasearon
nuestros buenos abuelos,
donde hilvanaron sueños
sublimes y quimeras.
Aquella que pisaron
muchas lindas doncellas
y se contaron chismes
un centenar de viejas.

Se fue la plaza vieja
y dio paso a otra nueva.
Fue orgullo de otros tiempos
de los que sólo queda
como de ella el recuerdo.

Aquella plaza vieja,
testigo de mil cuitas
y requiebro de amores,
de juventudes idas
por caminos de flores...

En bien, dicen, que del progreso,
marchó la plazoleta.
Ni los rojos ladrillos ni la vieja glorieta
quedaron de recuerdo.

¡Plaza de mis recuerdos!
¡Lugar de mi cariño!
Los viejos recordamos
que allí bailó Molina
y Don Pepe «El Negrito».

Se fue la plaza vieja,
la de gruesas barandas
que brincaban los chicos
jugando a los vaqueros
entre risas y gritos.

Aquella desde donde
en tardes pepinianas,
frente a la linda iglesia,
oían las campanas
nuestros buenos abuelos.

Víctor López Nieves / poeta pepiniano [5]

Este poema de Víctor López Nieves es por lo que dije las plazas mueren cuando su actividad declina. El texto fue escrito como *«Evocando a la original Plaza de Recreo de San Sebastián del Pepino»*, destruida en 1960 para dar paso a la actual que, aunque más moderna, a juicio de un gran sector de los pobladores es mucho menos atractiva. Publicado originalmente en *El Pepinito,* en marzo de 1961.

Confieso que este texto nostálgico sobre me lo solía a la luz filosófica de la idea de la coseidad. *«Para todas las cosas y para su misma coseidad, la Idea suprema es el origen, la causa. Esta Idea suprema, como Sol, es la luminosidad misma»;* pero el sol cuando deslumbra ciega al hombre no acostumbrado a su luz.

«El acostumbramiento de los ojos metaforiza el acostumbramiento del alma a cada uno de los dominios en que el ente se le presenta al hombre (las sombras sobre la pared, las cosas iluminadas con la luz del fuego dentro de la caverna, y finalmente, las cosas mismas evidenciándose, mostrándose tal como son, a la luz del sol). Este acostumbramiento concierne al hombre en su esencia, opera en lo más profundo de su ser».

Después entendí que su nostalgia es aprendizaje. La etapa en que mi padre se entraña como poeta. La adaptación del ser del hombre a los diferentes ámbitos del ente que le son asignados constituye la esencia de su aprendizaje.

Es interesante que es un poeta templado afectivamente por el paisaje, esto es, un *hallarse natural* que compartía con César G. Torres, el poeta nacionalista (1922-1994), Jerónimo Ramírez de Arellano (fallecido) entre los poetas locales y Juan Antonio Corretjer y Francisco Matos Paoli, entre otros nacionales o no pepinianos.

López Nieves fue pionero en el acumulo de datos sobre los hombres y mujeres pintorescos del pasado. incluyendo aquellos cuya memoria habría que datar en los tiempos de sus propios abuelos y su niñez. En el poema que reproducimos rememora a los bailarines *Molina Long* y *Don Pepe el Negrito.* En su infancia, Molina viajaba pueblo por pueblo como parte de las festividades de Fiestas Patronales y su número esencial era bailar sin descanso el mayor número de horas.

Han dicho los estudiosos del folcor que Rabelais, si por algo destaca, aun a juicio de Michelet, es porque *«ha recogido directamente la sabiduría de la corriente popular de los antiguos dialectos, refranes, proverbios y farsas estudiantiles, de la boca de la gente común y los bufones»* y que es de ese modo porque la Plaza y las calles es el gran espacio donde se pueden percibir y presenciar las formas v rituales del espectáculo *(«las que incluyen festejos carnavalescos»,* obras cómicas representadas en las plazas públicas, etc.); la plaza es lugar de los serio, pero también de acceso a la irreverencia y la parodia, formas verbales y orales, donde lo chusco y vulgar circulan entre diversas formas y tipos del vocabulario sean insultos, juramentos, o lemas populares, en tiempos de política. [6]

Para cualquier artista, sea en las bellas artes, la gráfica, el periodismo, la narrativa y la música, es importante, este tipo de viveza e ingenio. Para que ese pegamento para adhesión a lo que la vida proveer, esencias de totalidad, *ser-ahí.* Aunque los festejos del carnaval no tienen una larga tradición en Pepino (hubo uno en 1961) con actos y ritos cómicos.

Hemos sido una comunidad pequeña que jamás llenaría las plazas y calles durante días enteros, para una *'fiesta de los bobos' (Testa stultorum)* y o *'fiesta del asno';* eventos que existían como tradición en la *Risa pascual (risus paschalis).* La Iglesia siempre ha estado alrededor de la Plaza y tiene sus fiestas al aire libre, consagrada por la tradición.

Desde la Plaza es que uno se entera y siente el llamado a participar.

Recordemos que, en menor medida, que en una capital y lo que M. Batjin describe *El contexto de François Rabelais,* somos iguales que cualquier país, en cuanto necesidades humanas (de risa y soluto). Desde el estadio anterior a la civilización moderna, *«en el folclor de los pueblos primitivos se encuentra, para-lelamente a los cultos serios (por su organización y su tono) la existencia de cultos cómicos, que convertían a las divinidades en objetos de burla y blasfemia»* (ibíd.), yo quiero recordar a muchos de los tipos locales que han tenido a flor de piel las extravagancias y las destrezas para cumplir con sus rituales en las plazas y calles.

¿Acaso no son las **Fiestas del Patrón,** parafernalias híbridas de artefactos, ritos de lo sublime y festejo popular? En la vida de una Plaza, los ritos civiles de la vida cotidiana: se mezcla con el chiste, así, los bufones y los tontos se coinciden y se concitan.

———

Bibliografía y notas

[1] Martin Heidegger, *El ser y el tiempo,* México, ed. cit.

[2] El *incomptendido feliz,* el arcano de *El Loco* mística del tarot, el arcano número 22.

[3] *Existencia, Dasein, ser en el mundo,* son pues sinónimos. Si la esencia del hombre, o su poder, es la "existencia", tal esencia debe adquirirse de la *cotidianidad (Alltäglichkeit)* o dirigirse a su modo de darse tanto más común como más general. La noción de simple presencia es insuficiente para describir el modo de ser propio del hombre e inapropiada para definir el ser de las cosas diferentes del hombre. En la cotidianidad es que el hombre sabe qué se contiene o se oculta en su rebasamiento trascendente de su realidad dada en dirección de la posibilidad, y que este sobrepasamiento es siempre sobrepasamiento de algo, está siempre situado, está aquí, en su historia y solverse cotidiano. Ver José Luis Rodríguez Molinero, *El "modo de hallarse" en relación con la antropología filosófica en Heidegger,* en **Revista Naturaleza y Gracia,** España, No. 1-2, ps. 67-90.

[4] Martin Heidegger, *El ser y el tiempo.* México, § 48, p. 266.) *El ser quiere totalidad.*

[5] Víctor López Nieves (1919-1995) estudió Pedagogía en la Universidad de Puerto Rico hasta obtener su Bachillerato. Durante más de tres décadas ejerció el Magisterio en escuelas públicas de San Sebastián del Pepino. Durante el primer lustro de la década de los '50 se hizo colaborador de una famosa revista cubana que, curiosamente, tenía el mismo nombre que la antes mencionada panameña: *Guión,* aunque no existía relación directa entre ambas. A esta publicación, además de sus *acostumbradas "contestaciones"* a boleros en boga, también enviaba breves crónicas sobre el quehacer artístico que se desarrollaba en la radioemisora mayagüezana WPRA que, entonces, era tan movido como los que mantenían las sanjuaneras WKAQ y WNEL. Es posible que esta iniciativa lo haya convertido en el primer corresponsal boricua de una publicación farandulera extranjera.

Nunca dejó de escribir. Casi toda su producción poética se dispersó en diversas publicaciones: la revistas *El Sol* – órgano oficial de la *Asociación de Maestros de Puerto Rico* – y *Radio Hit,* los periódicos regionales *El Pepinito* (del cual también fue articulista), *El Gorrión, Palique* y *El Progreso* así como en los anuarios de las Fiestas Patronales de San Sebastián del Pepino. En la antología **Cantares al Pepino,** publicada por el también educador y poeta Ramón Luis Cardé Serrano (1952-2010) en 2003, aparecen tres de los poemas que dedicó a su pueblo: *Aquella plaza vieja, El Chorro de Collazo* y *Luna sebastianeña.*

Poco antes de su desaparición física, Víctor «Tito» López Nieves alcanzó a publicar un bonito poemario: **La barca de la vida** (1995) – que dedicó a Julia Ortiz Alicea (1928-1987), su amada esposa y madre de sus hijos. Abatido por la tristeza que le dejó la partida de su compañera desde el 31 de mayo de 1947, falleció en el hogar de su hijo Miguel, donde pasó sus últimos años, en el sector Miramar, en Santurce, el 20 de mayo de 1995.

Para ver más datos y poemas sobre el poeta, consultarse el website **Kool-Tour-Activa** en:

http://www.kooltouractiva.com/kooltouractiva/art/boricuas-para-la-historia/254-victor-ltitor-lopez-nieves-.html

[6] M. Batjin, *La cultura popular en la Edad Medoa y en el Renaccimiento: El contexto de François Rabelais,* cf. *Marxists Internet Archive,* diciembre de 2001

https://www.marxists.org/espanol/bajtin/rabelais.htm

LA VAGABUNDO SUBLIMADA

Por un desapego desalentador, momentáneo, asociado a su *'hallarse'*, María Juana Beníquez, maestra de música desarrolló su propia noción de evasión y de escape. Se suele decir que vagaba. Con este poema de Carlos López Dzur vamos a ilustrar esta historia.

La concertista y el coraje

a María J. Beníquez y Sophy Hernández Font

Aprendió en un piano viejo a tocar y deleitar los dioses
(la hermana de Pepe, la maestra de la Sifre).
Mire si adivinó que habría canciones en sus días,
que en la niñez aprendió oyendo
y no teniendo un piano,
por ser pobre pese a tanto talento...

[¡María Juana, compositora, alma musical
y andariega del Pepino,
ten cuidado, que el dolor es paranoia
con sus tristes acentos
y blancas y negras notas en partituras
del arpegio ingrato!
y allá a donde vas tanto, la Ciudad

se llenó de ladrones,
odiosos, racistas, envidiosos;
allá no tienes amigos].

Y deprimida está desde hace años,
Decepcionada, con un coraje
como ella misma, negro.

Le quitaron el premio del Norte.
Le robaron los sonidos del *Shabda;*
asaltaron el aplauso generoso del OM
y era más suyo que de nadie.
Le escondieron la alabanza,
la beca para el conservatorio.

Cerraron su escuelita y le dijeron:
Aún no, esto no es tuyo, no puedes ganar
lo que una niña blanca quiere todavía
Son damas de pelo fino y verdes ojos.

Espera. No compitas aún.
No necesitas la maestría
ni dar conciertos, todavía no.

Todavía no, Beníquez.
Ya tienes banda aldeana, musiquera.
¿Qué más quieres?
No busques el sonido del Madhyama
con dedos oscuros del esclavo;
sé paciente, espera y calla,
María Juana.

*

PARA ROBARSE TU LUZ SONORA

Una vez más,
a orillas del sendero final,
el fin de la canción soñada,

te redescubre el viento,
el silfo de tus montes y te ama.

A mitad de la ruta que persigues,
a ver la mar te has ido
por el Puerto de la Aguada.

Partió de madrugado a San Germán
y la vieron caminando, caminando,
con la frente sudosa y la tez de clazol
y de bagazo.

Por rumbos de terracería, barrios
cubiertos aún de niebla y cantíos,
se dirige a no sé dónde y parece que,
al caminar, vuelve y descansa.

Es la pianista negra, la maestra,
virtuosa que tuvo su pequeña banda.
Es tesoro sonoro de Pepino,
estrella en las covachas
del viejo Pueblo Nuevo.

Con Bethoveen y Mozart ella se cita
y va con manos que parecen alas
y sandalias, piano ilusorio de suspiros
y pena en Do Mayor y orquesta
con violines debajo de la falda.

Le quitaron el premio del Norte
que buscara, los sonidos del *Shabda;*
asaltaron el aplauso generoso del OM
que era suyo, más suyo que de nadie.
Le escondieron la alabanza,
la beca para el conservatorio.

Cerraron su escuelita y le dijeron:
aún no, esto no es tuyo,
no puedes tú ganar lo que es del blanco
y las damas de pelo fino y verdes ojos,

no necesitas la maestría, ni dar conciertos,
sino la banda aldeana, musiquera.
No busques el sonido del *Madhyama*
con los dedos oscuros del esclavo;
sé paciente, espera y calla,
María Juana.

Ella camina, camina y camina
¡a ver a dónde pisas, *akâza!*
muchacha danzarina por tus pasos
y oro puro, por tus dedos,
tacto del éter sonoro
y del aliento de Brahma.

Tienes hambre de sustancia primordial
y vas llorando... ¡Cleptómana divina!
De seguro que robarás vida que vibre,
¡*anima mundi!* de seguro, notas celestes
de la noche y cielos
y en jácaras de infinito plenilunio
esconderás tus botines, María Juana.

Un largo pentagrama es la escalera
y está tendida, a filo del abismo.
Emergió, según parece, del Sol
y halló tu piel de cisco y tu cabeza hirsuta.

Y tú, difusa estás, entre colcheas
y glifos de días y horas, pausada
en gozo de tambores, latigada
por indiferencia de los necios
y envidia de los mentirosos.

Ellos, que gozaron filigranas
del concierto, elocuencias
de tu música y tu genio,
te cercenan, te recluyen
en tu olvido y tu desgracia.

¡Deténte, reposa un instante,

no camines, escucha, María Juana,
aquella niña del pasado,
aquella adolescente que esperaba
con amor, obsequiarse en melodía,
con dedos llenos de gracia!

Mírala, sin temor. No huyas.
¡Eres tú, sentada al piano,
tú en concierto y reverencia por Arezzo!

¡Mírate, Beníquez,
que a todos tienes encantados!
Beben del sagrado Soma del misterio,
leche oceánica y puránica, el discurso
de Dios que sale de tus dedos,
el amor negro que hay en el talle
de Catey de tu palmera y tus senos
de manso y violáceo ciclamen.

Maestra María Juana, tén cuidado,
¡a ver a dónde pisas, *akâsa!*
La clave Sol sofoca.
La mañana pidió su ritmo más salvaje.
Se alborota. Se conjura para darte
su último aplauso, clausura de fanfarrias.

En doloroso exceso, *akasa tattva,*
está que sangra el canto de la muerte
y una guitarra de Sandalio,
exquisitamente tallada por La Yegua,
ha parido un lamento de nostalgia
y una danza de Mislán cubre
con nubes de sus ojos la niña que yo veo,
tú, al lado de la maestra que educara
tu innato don, tu magia.

Ella te halló el piano viejo,
el primero que tuviste y adivinó
que habría canciones en tus días.
¡María Juana, compositora,

alma musical y andariega del Pepino,
ten cuidado, que el dolor es paranoia
con sus tristes acentos
y blancas y negras notas en partituras
del arpegio ingrato!

¡Ay, caíste! el mundo es ya oscuro
y sordo y mudo y terco!
Ahora sí se silenció la tarde
y se fueron tus manos
por la oreja de los dioses
y el cuchillo que se cercena
lo sublimente audible
y lo inmanifestado.

2.

A María Juana Beníquez Font (1926-1978)

¡Deténte, reposa un instante, no camines más...
Te hace daño. Escucha, María Juana:
deja que hable en tí aquella niña del pasado,
aquella adolescente que esperaba,
con amor, obsequiarse en melodía
con dedos llenos de gracia!

Mírala, sin temor. No huyas.
¡Eres tú, sentada al piano, tú en concierto
y reverencia por Arezzo!
¡Mírate, Beníquez, que a todos tienes encantados!

Beben del sagrado Soma del misterio,
leche oceánica y puránica, el discurso de Dios
que sale de tus dedos, el amor negro
que hay en el talle de Catey
y tus senos de manso y violáceo ciclamen.

Maestra María Juana, ten cuidado,
¡cuida dónde pisas, *akâsa!*

La clave Sol sofoca.
La mañana pidió su ritmo más salvaje.
Se alborota. Se conjura para darte su último aplauso,
clausura de ovaciones.

¡Ay caíste! el mundo es ya oscuro y sordo y mudo y terco!
Ahora sí se silencio la tarde y se fueron tus manos
por la oreja de los dioses
y el cuchillo que cercena lo sublimemente audible
y lo manifestado.

En doloroso exceso, *akasa tattva*,
está que sangra el canto de la muerte
y una guitarra de Sandalio, exquisitamente tallada por *La Yegua,*
ha parido un lamento de nostalgia y una danza de Mislán
cubre con nubes de sus ojos la niña que yo veo!

Recientemente, Amador Román García, joven que la conoció y fue alumno suyo, me comentaba: «*Recuerdo que cuando no estaba bien y se iba a caminar. La recuerdo muy bien porque además era familia de una mujer que trabajaba en casa de mi abuela. También le dio clase de piano a unas primas mías que Vivian en Hato Arriba. Enseñó música en una escuela del pueblo de Moca y participamos varias veces en las actividades en Moca. Además era increíble su talento pues y enseñaba a tocar todo tipo de instrumento.... Lindos recuerdos pero triste enterarme de la injusticia que le hicieron. Muy merecido el homenaje que le has hecho. Una vez sugerí a un asistente del alcalde llamado (Axel) Toro que le pusieran el nombre de ella al edificio de bellas artes que nunca abrieron».* [1]

María Juana vaga por el campo

Una vez más, a orillas del sendero final,
con el fin de la canción soñada,
te redescubre el viento,
el silfo de tus montes y te ama.

A mitad de la ruta que persigues,
a ver la mar te has ido por el Puerto de la Aguada.
Partió de madrugada a San Germán
y la vieron caminando, caminando,
con la frente sudosa y la tez de clazol y de bagazo.

Por rumbos de terracería, barrios
cubiertos aún de niebla y cantíos,
se dirige a no sé dónde y parece que,
al caminar, vuelve y descansa.

Es la pianista negra, la maestra, virtuosa
que tuvo su pequeña banda.
Es tesoro sonoro de Pepino, estrella luminosa
en las covachas del viejo Pueblo Nuevo.

Con Beethoven y Mozart ella se cita y va con manos
que parecen alas y sandalias, piano ilusorio de suspiros
y pena en Do Mayor y orquesta con violines debajo de la falda.

> [En **Épica de San Sebastián del Pepino**,
> KoolTourActiva Editores, ps 160-63],
> poemario de **CARLOS LOPEZ DZUR**

La maestra de música, pianista y compositora (nacida en Norzagaray, barrio urbano de Pepino en 1926 y fallecida en 1978) María J. Beníquez Font, de raza negra, murió víctima de una caída durante una de sus jornadas de vagabundeo a pie y sufrió un problema de paranoia clínica y depresión aguda. En esa etapa, desarrolló cleptomanía porque no usaba sus dedos en el teclado y se pasaba frotándoselos nerviosamente unos con otros. Lo que desató su locura, o momento clave de su crisis depresiva, fue que se le negara una beca para estudiar una Maestría en un conservatorio de los EE.UU. Ella ganó las audiciones en presencia de Eleonor Roosevelt cuando visitó la Universidad Interamericana de San German; pero, le dieron la beca a una niña rica y mediocre, movidos hilos de influencia y politiquería. Un golpe bajo para Juana Beníquez, maestra de música de origen pobre, la mejor pianista clásica que había en el Pueblo, directora de una orquesta, compositora, pero negrita y bembona… Ella trabajó en escuelas públicas, por ejemplo en la desaparecida Escuela Sifre y, tras la negación de la beca que daba por segura, descuidó su empleo, descuidó su apariencia e higiene, la suspendieron, cayó en la bebida y caminaba como una pordiosera a pie de Pepino a San Germán, llorando por su beca. Perdida hasta las madrugadas, desmemoriada, bajo lluvia a veces.

Entre los datos que se aportan en las **Estampas de Pepino** (1950), de Ramírez de Arellano y Rubén Arcelay Medina en su **Diccionario bigráfico pepiniano** (2000), se dice que fundó su propia orquesta y una academia de música; contribuyó a fundar la *Sociedad de Autores, Compositores y Editores de Música* de Puerto Rico. Es autora de la danzas *«Te felicito»* y *«Un Preludio»*, así como del himno de la escuela superior, *«Adiós escuela»*. Fue hermana del ex-boxeador baloncelista y atleta José Beníquez (1920-) y tía de José *Tití* Beníquez Torres (n. 1950), atleta destacado pelotero de Grandes Ligas.

—

Bibliografia y notas

[1] Amador Román García, *Comentario sobre la historia y poema de María J. Beníquez Font*, 13 de agosto de 2014.

ESENCIA DE LA JIBARIDAD ANTE
EL TIPO COMUN Y CORRIENTE

En el esfuerzo de forjar sus tradiciones, las ideologías críticas y existenciales que las harán posibles y las interacciones entre las diversas gentes que vivirán la historia, con relaciones de destino a destino, se formaría el fenómeno que es objeto de nuestro estudio: la *pepinianidad.*

Esta ha nacido del jíbaro, quien es, entre los *hombres-masa* o *hombres comunes y corrientes* (si me permiten seguir utilizando la metáfora), el que mejor procura darse una identidad esencial, mediante el soluto o exploración del lenguaje y el paisaje.

Este proceso fue sutilmente captado por el poeta pepiniano Juan Avilés Medina (n. 1905), quien fue el autor del ***Himno del pueblo pepiniano:***

Somos de los llanos, somos de la sierra.
Somos de los valles, somos de la tierra
que lleva muy hondo clavada en su entraña
la feliz historia del Río Culebrinas,
las nobles leyendas de hazañas taínas
y la historia escrita con sangre de España.
Tenemos orgullo, forjamos cultura.
Labramos rencores, sentimos bravura.
Guardamos amores en el corazón.

Pero en un instante, cultura y rencores,
bravura y ternura, orgullo y amores,
se postran de hinojos a nuestro Patrón.

Estas letras poemáticas del himno de Pepino (musicalizadas por Guillermo Figueroa) son significativas por su alusión al *soluto* de las emociones. Son el detenerse *«junto-a» que procura el solver profundo y tranquilo:* «*zu kommen lassen»* y, en cuanto tales, los versos aluden a la alianza del paisaje y del sentimiento más allá de cualquier oscurecimiento por la prisa del vivir, el temor, la aversión o la revuelta.

 Cierto momento del *soluto,* en el *hallarse* del *Dasein pepiniano* es traído ante si mismo (entiéndase ante el hombre más tierno, menos ideologizado), que es el *hombre sentimental* del campo. Este es el que sabe estar *«junto-a»* toda onticidad vulgar, encubridora y contingente y, ante la *factualidad del ahí y* del *adónde,* superándola por ejercicio del genio, la agudeza y la apertura. La *jibaridad,* que es mucho más profunda que lo criollo (categoría del «hallarse perceptible», lo étnico), es la base de la evolución en la historicidad que nos interesa. Tiempo esencial del contenido pensado en el ser.

Al evocarse del tiempo su río de acontecimientos que, tras el velo, son el pasado con su reverberación en el presente, ese *«punto de unión del futuro con el pasado»* (M. E. de Montaigne) en *lo evocado* se vuelve *insistencia* y, en el mejor de los casos, sorpresa. Desde estos existenciales, la humanidad pepiniana reencuentra a los tipos folclórico-populares y que se pensaron perdidos.

Entre nuestros poetas, como es el caso de Avilés Medina, quien aludiera a las nobles leyendas de h*azañas taínas* y la historia escrita con sangre de España, hay quienes se preocupan por los lenguajes olvidados, *«esas maneras de expresión, comunicación y simbolización que han quedado a un lado».* De igual modo, otros hallarán a los tipos vivientes de sus épocas que han pensado al ser. Escribirán sobre ellos; lo añadirán a la historia.

Al evocarse el tiempo y hacerlo con insistencia, el pepiniano nutrirá el acervo por el que se clama para dar presencia a lo sido y recuperar lo que fue desdeñado. Eliut González Vélez describe el carácter tenaz de la *insistencia* del que se halla y suelve al decir:

El *Pepino Colectivo* es una personalidad colectiva y su existencia no depende ni dependerá de los continuos cambios culturales. Su tendencia a la auto preservación, el etnocentrismo, lo mantendrá en el panorama hasta la catástrofe. [1]

Para que el hombre común y corriente dejara atrás el mal sabor de boca que dejaron esos estereotipos creados en el *hallarse perceptible* en torno al peninsular (y que hablaron sobre el trato con el opresor: e.g., «encomenderos», «cogotudos», «sicotudos», «serviles», «pie de la espada blanca», etc.), él necesitó que el tiempo amortiguara sus pesadumbres y desavenencias con sus aludidos.

Este *irse-resolviendo-avanzando* hizo de todos, en cierto modo, otras personas y otros tipos. Este es el instante en que cultura y rencores, / bravura y ternura / y orgullo y amores se transmutan, se postran de hinojos (Avilés Medina). Los mitos cederán el paso a otros mitos. El gran velo suspendido delante de la eternidad, el tiempo, nos convocará al mito, otra vez por la vía de la paciencia y la procuración, que son vías de empatía.

SOLVERSE-AVANZANDO CUANDO EL TIEMPO NOS TEM-PORA: En el *solverse* de los sentimientos (que son para Heidegger más profundos que cualquier conocimiento) el tiempo, lo que nos temporiza, cada año que pasa nos roba y oculta algo muy propio, nuestro y valioso. Mientras puede que el tipo regresivo y escéptico, el hombre ordinario, no quiera procurarlo sino con los datos de una experiencia inmediata y formal, el hombre profundo llevará tal *procuración / solicitud* pensadas en su ser y la recaudará del espíritu de los tiempos (*«den Geis der Zeiten»*): «Lo *que se llama el espíritu de los tiempos, no es en el fondo sino el espíritu propio de aquellos hombres en los cuales los tiempos se reflejan».*

En Pepino se guardó memoria y se transmitió, no siempre a paso lento, o a la sorda, una serie de preocupaciones sociales. Por igual, un proceder crítico con respecto a las mismas. Lo ideológico adquirió su tradición y ese momento fue importante ya que estrechó el vínculo sentimental y folclórico que nos ataría al destino de la nación puertorriqueña.

Dejamos de ser aldea. Tradición local no significó una verdad, con esquemas absolutos, sino una aptitud de procuración / solicitud por los *solutos posibles,* lo que puede o no ser conservado, o sujeto a aversión y desvío.

La costumbre puede o no ser sujeta a rechazo. Se transmite de padres a hijos y de una generación a otras. No obstante, lo que no se conoce con certeza se vuelve fideísmo y se diluye en conocimiento de segunda mano, inauténtico y novelero. Esta fase la prepara para su disolución, porque las comunidades jamás se perpetúan ni se nutren por hechos o relaciones que se pueden superar. Por ejemplo, una nacionalidad basada en unidad y pureza de raza, o por fronteras naturales. *«Ni la raza, ni la sangre, ni el territorio, ni el idioma bastan para dilucidar el ser de una nación»* (Manuel García Morente). El ser español es la fase superada de cierto trayecto de evolución. ¡Se dejaría de serlo!

En cuanto al quehacer político-social, Pepino nació de lo que mentado en el himno de Avilés Medina es *vida con historia,* siempre florecida de esperanzas nuevas, la historia escrita, doliente:

> *con sangre de España,*
> *labramos rencores,*
> *sentimos bravura.*

EL VALOR DE LO AMENAZANTE: Aunque se siga llamando a España la Madre Patria e invocándose la hidalguía española, el pueblo pepiniano no surgió del tradicionalismo político liberal que se manifestó en las *Cortes de Cádiz* como reacción a las actitudes innovadoras de los diputados serviles. La consciencia memorante de la comunidad dijo otras cosas y desde mucho antes. Ante ciertos colonialistas, *lo amenazante* e indeseado fue que cuajó en una fecha, 1868, que levantaría ronchas; terriblemente polarizante, cuando en España surgió la *Comunión Tradicionalista*.

Este fue el movimiento de hombres que se opusieron al proyecto de ley de la libertad de imprenta, la abolición de la Inquisición y la esclavitud y que intentaron perpetuar la falsa noción de una monarquía absoluta por derecho divino bajo el lema de *Dios, Patria y Rey*, como los apostólicos durante el *trienio liberal*.

El comportamiento mayoritario de la gente de Pepino, en apoyo a la nación en ciernes, fue combatir sin tregua el carlismo, cuestionar las guerras inútiles generadas por Don Carlos y por las ambivalencias de la reina María Cristina. Una conducta que fue más actitud que guerra, o rebelión armada: un combate instrumentado en base a una desaprobación moral: la aversión a lo español en cuanto a praxis política. En dar vigencia crítica a las acusaciones, en la búsqueda y validación de una verdad, en clamar por la causa justa, aún en ausencia de mecanismos institucionales, hay expresado un combatir. Cuando se llama pan al pan y vino al vino, si a viva voz o en silencio se identifica al déspota servil, al cogotudo, al esclavista explotador, si se aplaude al empecinado, se están librando las batallas mínimas, casi anónimas de un cambio. Las escaramuzas diarias contra el colonialismo.

En los tiempos de las guerras entre liberales y carlistas, en ese Pepino diluido en la oscuridad de su pasado, ese fue la lucha más apremiante y el modo posible de encausarla. El tiempo prepararía otros caminos.

Con el anhelo de soberanía y libertad por fundamentos, se engendró por causa de la rebelión de Lares y sus consecuencias en Pepino, lo que González Vélez ha llamado «*la pepinianidad organizada*», aún cuando se expresa como «*gobierno propio no oficial*» para la *pepinianidad inherente*. [2]

«*En Lares se dio el Grito / en el Pepino el martirio*», «*no es trivialidad que Lares tuviera que bajar a Pepino para santificar su lucha; como tampoco es trivial que fueran los pepinianos quienes derramaran la sangre para sellar el parto nacional de la nación puertorriqueña y la continuidad de la lucha por soberanía».* [3]

En este proceso, Pepino es símbolo de *nación personalizada* y colectiva. En Lares se dieron la solicitud y la procuración de libertad por ochocientos o más hombres armados, casi todos campesinos que, al mando del general Manuel Rojas, se lanzaron a la búsqueda de armas y refuerzos a Pepino, el 24 de septiembre de 1868. Lo que sucedería, después del fracaso militar en Pepino, tendría un impacto nacional. En las esferas del símbolo, centrado en la consciencia y sus clamores, eso bastaría para definir un futuro y un nuevo hombre.

Del *«fiel diseño / para copiar un buen puertorriqueño»* (descrito antes de 1849 por el Dr. Manuel Alonso) y, en particular, de las características con que anticipara su actitud pública:

... alma de ilusiones anhelante,
agudo ingenio, libre y arrogante,
pensar inquieto, mente acalorada...
  · · ·
y en su amor a su patria, insuperable,
este es, a no dudarlo, fiel diseño...
ya no podría haber dudas.

El poeta Eliut González lo expuso en estos términos: *«Todo boricua es lareño / y pepiniano conspicuo».* Lares y Pepino son la concreación de una hermandad espiritual borincana. Este es momento histórico desde el cual se forma, la sustentación de nuestro ser; donde ser sujeto significa existir en cuanto trascendencia (Heidegger).

Como Ortega y Gasset, Heidegger planteó que al *Dasein* (hombre / mujer) le caracteriza un querer *«adelantar su destino a la manera de un proyecto de vida»,* siendo la raíz del ser trascendencia y *«ser (es) trascender»,* el proyecto de vida se vuelve factible e imprescindible. Ser es siempre, en su mejor destino, un *irse-resolviendo* por la libertad, ya que la esencia de la verdad es la libertad.

Antes del fenómeno de Lares y su culminación en Pepino, la propuesta de libertad, el sueño de soberanía, pese a su carácter de *familiaridad (Vertrautheit),* fue una ocupación circunspecta y ordinaria, diluida en una multiplicidad de referencias, esto es, en ansiedades, miedos, desalientos o distracciones, rupturas o perturbaciones, en que el anhelo o referencia a una destinación y autenticidad sucumbiría por causa de las referencialidades de un ente (inclusive humano) que es ante los ojos *(«Vorhandenkeit»)* y que no quiere su esencia, la entrega a la responsabilidad de su peculiar ser y a lo que a éste le va, o le es profundamente relativo como Existencia *(«Existenz»).*

LA JIBARIDAD, PRIMERA MITO-POETICA DEL FOLCLOR: En mi planteamiento hermenéutico sobre la *jibaridad,* considerada como el primer mito del folclor que pasa de lo privado a lo público y de lo público a lo privado, es necesario que la caracterización que lo hizo posible sea el fenómeno que, en su *Lección XXVI,* Heidegger llamó el *destellar («aufleuchten»).* Este destellar es lo que permite la visión de la sustentación.

Es el jíbaro descrito con las características espirituales que Alonso le adjudicara y no por los atributos meramente físicos (color moreno, barba negra, mediana talla, etc.) que mencionara, quien se convertirá en el primer interrogado, el hombre preeminente y ejemplar, que contiene el *objeto interrogado («Befragte»):* el hombre mismo, la esencia, porque es como *Dasein, «el ente que hace la pregunta»* y *«busca la respuesta»,* la más importante y original de todas las preguntas: *¿Qué es mi ser?* La fisonomía del ente jíbaro alude a virtuales accidentes del *«ser ante los ojos»* (*Vorhandenheit:* palabra con que el traductor de Heidegger, José Gaos, alude a el hombre conducido relativamente, pero no responsable y esencialmente a su ser).

Para decir que el *jíbaro* es el punto de partida colectivo del *Da-sein* que indaga en lo esencial y entrega tal enseñanza a su país, a su mundo intramundano y circunmundano, es necesario que el interrogador entienda que ser y ente son distintos, pero no están separados. El ser hace que los entes sean entes; pero los entes son por el ser.

En conclusión, la *jibaridad* es el mito más generoso de los puertorriqueños. Hoy por hoy, es reconocida como el punto de arranque de la identidad. El ser del jíbaro nos hizo entes que pueden reclamar su destinación o poder-ser en la libertad y en la verdad.

Sin embargo, el tipo regresivo de éste puede desentenderse del objetivo señero, la verdad de la existencia, y adoptar sus mediatizaciones. Como ha dicho Francisco Romero en su libro *La filosofía de la persona* (1935), en su búsqueda del sentido y participación en la historia y la sociabilidad, él se *«enmasca», «justifica»* y *«adquiere consciencia»* de su persona, su individuo espiritual, puede irse por diferentes vías. Y Jordi Corominas en su concluye: *«No todos los grupos sociales han percibido o perciben del mismo modo al ser humano y las cosas, ni comparten las mismas emociones ni los mismos deseos. Los grupos sociales se caracterizan precisamente por compartir un mismo régimen de esquemas intencionales, una misma tradición o acervo de recursos simbólicos... El bien y el mal dependen en esta dimensión (de los esquemas intencionales) de cada grupo social. Estos esquemas intencionales están destinados a elaborar una selección entre los bienes y los males elementales que se han de preferir o sacrificar».* [4]

————

Bibliografia y notas

[1] Gonzalez Velez, **Pepinianidad**, Parte I y II.

[2] Ibid.

[3] Ibid.

[4] J. Corominas, *La universalidad de la reflexión ética mesoamericana,* loc. cit.

LA MISTICA DE LA TIERRA

La mística de la tierra, o más bien, la atadura espiritual de hombre y tierra, es un motivo importante en la literatura regionalista de Pepino. Por igual, tiene un rango filosófico en los planteamientos de pensadores suramericanos, especialmente, bolivianos como Frank Tamayo, Humberto Plaza, Guillermo Francovich y Fernando Diez de Medina.

La reflexión sobre tierra, lengua y hombre, como diálogo histórico, es *«una de las formas, quizás la más alta, de la simpatía cósmica»* (Octavio Paz). No importa cuán pequeño sea lo que se llame patria o terruño, la tarea de tal comprender y la empresa ontológica por delante suele ser más infinita que lo espacial en cuanto mero lugar. Francovich ha llamado esta apertura o destello en el hallarse el *subconsciente cósmico* que se forma en la psiquis *«por acción de lo telúrico, de lo metereológico, por esa labor permanente y profunda de lo cósmico que nos envuelve por todos lados con sus influencias físicas y químcas, inconsciente que crea en nosotros la luz del sol o de los astros, las sombras de la noche, el frío, el calor, los detalles del paisaje, el espacio».* [1]

No se aludirá al foclor sin pensar que las esencias localistas, pintorescas y distintivas de los seres epocales, son posibilidades concretas que lo han particularizado a lo universal. El tipo popular empuja lo posible y lo imposible un poco más allá del apocado hombre común y corriente. Es este último quien se escandaliza y lo tilda de macabro, extravagante y matoide.

Por lo regular, quien rechaza la cultura popular maneja un discurso histórico y hegemónico de clase, en el cual la modernidad urbana sobrepuja para hacerse dueña de la noción de verdad, orden y progreso. Es decir, en el imperio del tipo común y corriente, la fe está puesta en los mecanismos de control ideológico y no en las gentes que se expresan míticamente, apasionadas por su propio modo de percibir y ambicionar («mito privado»), el querer que libera, pues querer es crear (Nietzsche). La relación que existe entre el Tipo Común y Corriente, quien prefiere la *estancia-no-en-sí-mismo («Selbst-staindigkeit»)* y su discurso histórico, es de tipo formal.

El sujeto que se afana por aclarar y consolidar su poder-ser-total-propio es más caótico, menos formal. Heidegger dice que «*un concepto ontológico de sujeto no caracteriza la mismidad*». [2]

Ser humano es el elucidario del *solverse* en la existencialidad del *haberse-resuelto-avanzando;* pero a fin de serlo, los hombres más apasionados desafía los esquemas de la historia que han tendido a idealizar la seguridad y la comodidad. Las ideologías mayoritarias no postulan la submisión a la angustia. Creen que el Estado, vivir en contrato social, redime, o quieren que lo haga. No significamos que el desarrollo histórico haya que entenderlo como estructura que paraliza el conocimiento de las esencias y que todo contenido social que por las ideologías se activa, es irrelevante; pero es evidente que «*la forma es más persistente y menos móvil que el contenido*». [3]

LA CURA: El esfuerzo que las ideologías ilustradas ejercen para darse un conocimiento sobre la diversidad geográfica, étnica, o acerca de costumbres y paisajes, no se libera muy fácilmente de sus prejuicios e ínfulas de control, pero acelera procesos de conciliación. La historia debe comprenderse como escatalógica (esto es, plural y múltiple). Las ideologías son la tiranía de la historia o, cuando no, filosofemas mayoritarios que traicionan la mismidad / o *identidad («Selbstheit»),* que es la estructura de la *cura.*

LA IDENTIDAD: Es un *ahí-real* y objetivo, en el que se suelve el hombre común y corriente y desde donde quiere perpetuarse ideológicamente con un lenguaje que evada los elementos de la *pasión* y de la expectativa misteriosa (lo eventual y amenazante) que se manejan en el lenguaje poético y en los visos de lo extrambótico, los cambios desconocidos.

LA IDEALIZACION: Las ideologías que se apoyan en la identidad y en los conceptos sustancialistas del yo (es decir, formas aperceptivas de la experiencia y las ontologías de lo manifestado) se empeñan en reducir todo plexo de significatividad a relaciones de producción y de control. El *tipo idealizado* **y** apetecido por las ideologías es siempre el que se identifica con lo que circula como corriente o flujo por los tendidos (o cablerías) que la ideología instala.

El *lugar común* es la fuente de previsión para estos seres que absorben los enunciados ideológicos, sin querer llevarlos a un más allá más resuelto, menos formal que el status quo. Si bien la forma y estilo de vida, mores y costumbres, cuajadas por un *statuo quo,* tienen un carácter activo para su contenido básico, así como una estructura orgánica, el contenido es el conjunto más amplio de elementos y procesos, porque sobre esa forma que apresa el contenido vigente se desatan conflictos. Las formas de la violencia y el control no evitarán que el contenido se amplíe hasta ese punto en que, por desgaste y oposición, se rompa el equilibrio y el status quo, ideológicamente impuesto, desfallezca ante lo nuevo.

Esta amplitud es la que enfatizamos como necesaria al Soluto de la existencialidad, lo humano y su carácter epocal. De hecho, pese a todas las rémoras y estorbos ideológicos, el contenido determina las formas.

Del lugar común a las máscaras: Uno de los problemas es que, por la relación impropia del hombre con su paisaje, nicho ecológico y lengua, el hombre / mujer crean máscaras y con ellas festeja la noción excluyente de las identidades posibles. Inducidos por ideologías, las clases sociales en sociedades donde el trabajo se ha estratificado y jerarquizado han convertido a los procesos de producción en manzanas de discordia y han fundado una forma antihumana de identidad y de persona, esto es, una equívoca y empobrecida consciencia.

Las ideologías han oscurecido la comprensión humana más allá del aspecto social.

Desde esta perspectiva ideológica, las máscaras puede entenderse como lo que Carl Gustav Jung llamara la *persona*, «*oriented toward society, or more precisely, toward the expectation of society that an individual may have*», «*the persona is a more or less accidental or arbitrary segment of collective psyche*».

Agregaría Jung que, fundamentalmente, la persona o máscara de persona no es real:

> *It is a compromise between the individual and society as to what a man should appear to be. He takes a name, earns a title, represents an office, he is this or that. In a certain sense all this is real, yet in relation to the essential individuality of the person*
>
> *concerned it is only a secondary reality, a product of compromise, in making which others often have a greater share than he. The persona is a semblance, two-dimensional reality.* [4]

EL FOLCLOR DESENMASCARA: No en balde, en las tradiciones del folclor, la persona (tal como la explicara Jung) suele ser un motivo de choteo y desenmascaramiento. La persona es digna de una mofa que, en esencia, es la protesta a sus máscaras a través de las máscaras mismas. En cierto momento de la vida cotidiana, a alguno, lleno de agudeza, se le ocurrió definir a una persona de poco valer o mérito como moharracho, vocablo que proviene de dos vocablos árabes, *muharray* y *muharrab*, aguzado. ¡Pues las acusaciones más aguzadas para echar pullas a las personas con autoridad y que, sin embargo, son tenidas como personas engañosas, risibles y con poco mérito, se las apropió el pueblo llano al inventarse el episodio público de los diablitos!

Tanto en Puerto Rico, como en Cuba, hay tal tradición de gentes que se visten de diablitos en procesiones y carnavales. En Cuba, solían ser los negritos los que, vestidos de moharracho, el Día de Reyes andaban por las calles haciendo piruetas. En Perú, subsiste un baile en el cual unas pandillas de indígenas se disfrazan como diablitos. En el mes de diciembre, en el Departamento de Antioquia (Colombia) se celebran *fiestas de diablitos.*

CARNAVAL QUE CHOTEA: La esencia de muchos de estos carnavales de máscaras es dar contenido a la protesta contra las formas de control, la hipocresía de los grandes potentados, la desigualdad social que permea las ideologías controladoras. 37 En Pasto, Colombia, donde se celebra el Carnaval de Blancos y Negros, mediante esta fiesta se manifiesta el llamado a la conciliación étnica, porque el negro se siente oprimido; pero el uso de una máscara lo iguala, aunque sea por unos días del mes de enero, con el opresor. En Potosí, Bolivia, la fiesta de *Renovación de Curacas* (autoridades campesinas), celebrada después de Reyes, invitará a reflexionar sobre las viejas tradiciones del cacique indígena, contrapuesta a la de los potentados criollos. *Curac* es la palabra en quechua que designa al hijo mayor como heredero del ejercicio de la toma de decisiones y, en Perú y Bolivia, son alusivas a los deberes del ama de casa del sacerdote.

Los tipos populares-folclóricos se sienten cómodos y libres en el ahí-sido y habérselas, existencial y ecológico, donde recula y se cohíbe el hombre del montón. Cuando ellos sienten la raíz de su propio ser, individualizado, y ellos mismos han sido alimentados por la tradición en que nacieron, el genio se libera. Saben el poder alusivo y gráfico de la mascarada y del lenguaje aguzado e irreverente. Festejan, sobrepujándose hacia la meta del ser y, en algunos casos, manifiestan el carácter de duendes, el gesto extravagante, el arrebato dionisíaco y o abandono lujuriante que, en la Antiguedad, se asociaba con las ménades.

El tipo común y corriente, en su más generoso hacer, reduce el folclor y el bagaje de lo autóctono a una forma estética, con su fondo filosófico-histórico. A él gustaría que lo que tilda como elemento pagano en las fiestas religiosas de la cristiandad fuese un elemento de frívola irreverencia, un ridículo exótico; pero no es así. La esencia del tiempo pensada desde el Ser es agónica, lleva en sí el conocimiento de la angustia; por tanto, el diablito blanco (la máscara) del indígena que, en un carnaval suramericano o mesoamericano, se utiliza para un ritual que es también purificación, acusación, distanciamiento y reconfirmación del ser en los márgenes de tolerancia que brinda la fiesta pública.

El tipo folclórico-popular concibe que en su ser le va la vida. El primero utiliza el espectáculo histriónico que se tolera en sus calles y plazas y el *lenguaje como* ideología (i.e., el principio de su tolerancia). Los más privilegiados entre ellos, como instrumento de dominación: yo te permito que te burles de mí en una mascarada, pero no te lo permito en el plano de la acción directa contra mi esfera de poder social y mi control de los medios de producción.

En San Sebastián del Pepino, como en cualquier otro pueblo de la isla y del mundo, la primera tipificación adoptada al influjo del *Uno ideologizador,* es la noción de identidad. Cada nicho ecológico-geográfico caerá en una fórmula, con un valor descriptivo-taxonómico, que permita su control por una ideología hegemónica de la clase dominante que emitirá sus juicios en torno a ella, juicios que pueden ser históricamente plausibles o equivocados.

Lo que importa es que el *emisor de juicios,* como co-participante del fenómeno mental que enjuicia, ponga en su trinchera de persona, otra faceta colectiva de la existencialidad, orientada a lo social. Si tiene los datos básicos del hecho debe entender que existe el folclor, subcultura dentro de grupos mayoritarios, y los individuos que lo representan pueden introducir en la dinámica de la personalidad y de grupo la noción de *apariencia democrática* (Kurt Lewin) y entender las expectativas de las escatologías que son consecuencia directa de la sicología del poder y los grupos dominantes.

Este grupo mayoritario, gente del montón que optará por lo ideológico de las hegemonías, es el inventor de las tipologías y de las clasificaciones, aunque no entendará el valor trascendente de sus mensajes. Este grupo deslindará y clasificará simplemente lo que como grupo no quiere sea, lo que él espía como previsión para no naufragar en lo incierto del destino, o de lo eventualmente angustioso. Toda ideología de grupo estructurará una especie de autodefensa ante lo eventual y escatológico, lo montruoso de la historia que no debe darse.

———

Bibliografia y notas

[1] Guillermo Francovich, *Pachamama* (Editorial La Colmena, S.A., Asunción Paraguay, 1942), p. 52 y ss. Y para definir la *originariedad* del hallarse americano, o encontrar su ser epocal y más ímtimo, así como para definir la esencia de lo autóctono y la adecuación del pensamiento europeo a la realidad hispanoamericana) ya ha sido utilizado por el filósofo Ernesto Mayz Vallenilla en su ensayo *El problema de América: Apuntes para una filosofía americana*, en la revista **Episteme**, Anuario de Filosofía, 1957). Y contestar: ¿Por qué el poder se ejerce más por el lenguaje cotidiano del *hallarse ideologizado* que por cualquier otro?: una pregunta el profesor Luis Alfonso

[2] Martin Heidegger, op. cit., p.320

[3] V. Afanasiev, *Fundamentos de filosofía* (Editores Mexicano Unidos, S.A., México, 1990), traducción Hernán Juárez, p. 163

[4] Gustav Jung, op. cit.

DE HERDER A HEIDEGGER
Y PRE-ESTRUCTURAS EMPATICA DE FOLCLOR

Con Von Herder, tenemos al primer filósofo pre-romántico que formula una concepción optimista de la historia. La concepción de *viris vs, hómines, dominadores con virtus vs, siervos bajo el humus* de su propia inferioridad, dejaría de ser porque la humanidad se superará a sí misma. Y la naturaleza, dejará de ser un instrumento de opresión y pillaje, para dar paso a una oportunidad de *«unión con la humanidad».* [1]

La decadente *virtus* que aludía a la fuerza bruta o voluntad para realizar un trabajo será alusión a dones compasivos y de creatividad. La humildad no sería la modestia resignada del idiota, sino *«el entendimiento claro y objetivo de quién se es realmente, pues, reconoce sus virtudes y debilidades, respecto de él, de otros y de Dios».* [2]

Ahora bien, en la sociedad de hoy, a pesar de que no se han superado problemas como la pobreza, la inequidad y exclusión, viejas amenazas a la paz, la seguridad y los derechos humanos, quedan desafíos relacionados con dos experiencias humanas, la de ser auténticamente humildes y la de ser el que humilla y oprime al que lo es. [3]

Para Von Herder, el único estímulo de la sociedad sería el humanitarismo; *«si a este concepto (humanitarismo) se le diese todo su vigor (...) y se infundiese en nuestro corazón y en el de los demás como primero e ineludible deber, se desvanecerían los prejuicios políticos, religiosos y de categoría y posición social, este último el más estúpido de todos».* Este plan suyo fomentaba la enseñanza del humanitarismo como meta del progreso del mundo. [4]

Dejar de hacer sentir a otros como los rebajados, avergonzados, despreciados, donde ya no existe el VIR que discursa que se debe vejar, zaherir, pisotear, hasta que muerdan el polvo a aquellos *'homos' / 'siervos'; cuando* no ensalzan al Hombre Superior, al Jefe, al Héroe. Quienes no lograron su riqueza por la via de la violencia o el trámite ilícito son débiles y desechables. Esta es la mentalidad que el fascismo legara y ante la que él propuso la enseñanza del humanitarismo como meta del progreso del mundo.

Es también requerida una estética que sea «ciencia de la aîsthesis, de la intuición; la lógica, la ciencia del *lógos*, del concepto, como propuso el idealismo kantiano, pero, que entienda que la *intuición (Anschauung)* no da el conocimiento divino, en su plenitud, sólo crea el momento inicial, uno limitado, progresivo que no crea nada, intuye lo ya dado, siendo mera *intuitus derivativus*.

Von Herder se adelantó a Heidegger al decir que hay una comprensión realizada a través de vivencias (*'stimmungen'*) y mediada lingüísticamente, que no se expresa de manera temática, es decir, a través de la objetivación, misma que Heidegger, en su libro **Ser y tiempo,** describiera como *«pre-estructura de la comprensión».* [5]

El concepto de *Genio* herderiano o recursos inspirativo del alma es el verdadero yo del ser humano. *«Es espiritual e inmortal, pues cuando el cuerpo se destruye en la muerte, el alma abandona sus restos miserables y emigra hacia un más allá donde recibirá premios o castigos según su comportamiento en la vida anterior»,* decía Platón, en tanto que, el teólogo y filósofo Von

Herder, atreviéndose a decir menos, apostaba por lo menos al concepto de visibilidad y de progresión dentro de la naturaleza. [6]

Von Herder es el gran inspirador filosófico de los *Naturphilosophen*, portavoces de la noción de una especie de voluntad interna de la materia que la lleva a organizarse, incidiendo en las especies, fisiología y a la escala de los seres, con funciones vitales.

Destacaría, como Heidegger, que la visibilidad de las Ideas depende de la luz que las ilumina. En cuanto ésto, el ser de la Paideia herderiana y heideggeriana, se funda en el ser del desocultamiento, el ser de la Verdad. La Paideia, como formación o *Bildung*, es paulatina, mas es indispensable (para liberarse de sombras oscurecedoras de su experiencia histórica) que haya el reorientamiento o direccionamiento del alma. Un encuentro y desenvolvimiento del ser en el mundo. El fundamento ontológico es posible en el Cuidado o «Cura» *(Sorge),* que son existenciarios [Existenzialien].

PAIDEIA EN PLATON: Lo mismo es para Platón. La **paideia** instruye al alma en tránsito. *«La Paideia es un encaminamiento del hombre hacia una transformación radical de todo su ser. Es esencialmente un pasaje, una transición»*. Para el carácter de Idea de Bien / Platón utiliza el término de *agaqou idean. To agaqon* fue traducido como el Bien, y el Sol, que es señalado como la causa de todas las Ideas, metáfora del Ego investigador y Luz que las hace visibles, Seguido el razonamiento, la *Idea Suprema,* la Idea del Bien, es el antecedente platónico de Dios.

HERDER Y LA IDEA SUPREMA DEL BIEN: *«Es el antecedente platónico de Dios o la Cosa primordial, la causa de todo lo que es bueno en su comportamiento y de todo lo que es bello».* La Idea del Bien es la que hace posible la visibilidad de las Ideas. Y aunque criticó aspectos del proyecto poético de Herder, el mismo le sirvió como antecedente al suyo. [7]

———

Bibliografia y notas

[1] Del latín *Virtus,* derivado de «*vir*», que significaría varón (por ende, virilidad) en Roma se produjeron dos clases de varones muy diferentes entre sí, uno que corresponde al señor, el guerrero, «el hombre libre, el que no es propiedad de nadie, y sí en cambio propietario de tierras, ganados, hombres, mujeres y niños». Este es también al que se le llamaría héroe. El latín '*homo*' se correspondía con el esclavo, del que era prácticamente sinónimo. El cazador-devorador es el *Vir Sapiens,* no *Homo Sapiens.* Cuando el héroe, o *Vir Guerrero,* depredaba toda clase de bienes, entre ellos, los de otros *viris*, estos se convertían en *hómines.* La 'virtus' (de donde procede el término 'virtud') refiere el conjunto de comportamientos del *Depredador Heroico* y perder tal '*virtus*' el riesgo de descender a la condición de *homo* o *servus.* La *virtus* es el código de conducta del dominador, y la *humánitas* el código de conducta del dominador.

Entre griegos y romanos, la misma raíz que virtud (de 'vir') consagraba la virilidad a la devoción a los placeres Venus inspira. Cf. **Diccionario Manual de Sinónimos y Antónimos de la Lengua Española** *Vox.* © 2007 Larousse Editorial, S.L.

[3] Es indiscutible que, como revela Eveline Lindner en sul libro «**Making Enemies: Humiliation and International Conflict**» (2006), la guerra sicológica ha puesto al fenómeno de la naturaleza emocional, como lo es la humillación, en el panorama con papel central. «La bomba nuclear de las emociones (la humillación) es génesis de los conflictos entre estados y grupos sociales que derivan en la violencia extrema». Lindner es fundadora y directora de *Human Dignity and Humiliation Studies* de Columbia Universtiy y de la *Red de Resolución de Conflictos.* La médico-psiquiatra, autora y profesora, ha visto el papel que la humillación juega en el desarrollo de conflictos entre grupos: el genocidio de Ruanda, las matanzas de Somalia, la guerra palestino-israelí o las guerras yugoslavas, por dar unos ejemplos.

¿Qué condiciones son necesarias para que se deje de humillar al pobre, al campesino o los carentes de propiedad, por lo que siguen bajo el esquema: *«VIRI» / PROPIETARIOS DEPREDATORIOS VS. «HOMINIS»* / SIERVOS HUMILDES? Von Herder adelantó una idea: fortalecer una sociedad que valore el pluralismo cultural, la diversidad y la creatividad, es necesaria. «Una sociedad compuesta por todos los hombres de todas las partes del mundo, en la que la poesía, la filosofía y la historia serían el triángulo de luces que irradiaría a todas las naciones, las religiones y las razas. Precisamente, la sabiduría, la fuerza y la belleza son tres principios fundamentales de la Masonería». El fue iniciado en el masonismo en 1766 en la Logia La espada (Riga).

[3] Ver: **Parashat Vaikrá - La Humildad de Moshé,** loc. cit.

[4] Saulo Fernández Arregui, op. cit.

[5] Pedro Álvarez Lázaro, loc. cit.

[6] James Michael Landes en su tesis de Maestría, titulada *«From Genius to Poet: Herder's Genius Aesthetic as Background to Heidegger's Concept of the Poet»* (University of Kansas, 2009) explica que Von Herder fracasó en su proyecto de formular su propio proyecto poético en torno a un Genio estético. «What appears to many as an irrational turn in Heidegger's thought is actually, in part, a consequence of a quite rational attempt to avoid the problems that Herder encountered». No obstante, se opuso a la idea ilustrada de la razón, porque el hombre es un organismo completo y no se le puede fragmentar sino que es unitario y es necesario utilizar articuladamente. «La poesía, como el arte en general, no es de un autor individual, sino que es el Espíritu del Pueblo que cargado de la sangre del pueblo explota en el Espíritu del Poeta». Ver: Pedro Álvarez Lázaro, S. J. (Universidad Pontifica de Comillas), «**El programe educativo de J. G. Herder (1793)**», en: **La Masonería Escuela de Formación del Ciudadano. La educación interna de los masones españoles en el último tercio de siglo XIX**, Madrid, 1996, pp. 78-79, y wikipedia.

[7] «Para todas las cosas y para su misma coseidad, la Idea suprema es el origen, la causa. Esta Idea suprema, como Sol, es la luminosidad misma; pero el sol cuando deslumbra ciega al hombre no acostumbrado a su luz. «El acostumbramiento de los ojos metaforiza el acostumbramiento del alma a cada uno de los dominios en que el ente se le presenta al hombre (las sombras sobre la pared, las cosas iluminadas con la luz del fuego dentro de la caverna, y finalmente, las cosas mismas evidenciándose, mostrándose tal como son, a la luz del sol). Este acostumbramiento concierne al hombre en su esencia, opera en lo mas profundo de su ser». La adaptación del ser del hombre a los diferentes ámbitos del ente que le son asignados constituye la esencia de su apredizaje

EL FOLCLOR Y LOS *ESPACIOS DE EMPATIA*

En el proceso de construcción socio-cultural de los pueblos, se habilita una persona o grupo de ellas cuyo quehacer espontáneo, se confunde con el *patetismo* y *ridiculismo.* Diversos factores se cuelan al folclor social con sus rasgos y desfiguran su valía. Propondré una definición asociada a esta (persona / o grupo) en vistta de que se mal utilizan las terminologías. Mi intención es que se haga una referencia más precisa a lo que atañe el *tipo popular,* localista, pueblerino, o. en algunos casos, a los que son intensamente *'pintorescos',* y que se inserte a todos, sin sospechas, adecuadamente, a su justa dinámica social.

Como razón básica es identificarlos, quererlos e integrarlos a la cultura, dispusimos que el homenaje comiences rememorándolos.

(1) No se ha logrado formar un pueblo, en concordia y paz ideales, porque seamos simpáticos o buenos por naturaleza. No hay comunidades en regocijo total. Ningún pueblo es tan simpático que haya eliminado la aflicción y las contradicciones y San Sebastián del Pepino no es la excepción. Pero les anticipo que hay un hallazgo sociológico esperanzador. Todo es cultura arrancada de las dificultades materiales y retos. La cultura es inseparable de las condiciones históricas en las que los seres humanos desarrollan su vida material. También existen, desde siempre, las relaciones de dominio y subordinación que son las

que rigen el orden económico y social y desde ahí determinan, en cada etapa, la vida cultural de la sociedad.

Ahora bien, el hallazgo es éste: La herramienta con que la psiquis humana dispone para expresar los flujos de sentimientos positivos en la vida se llama *empatía.* Una comunidad, por mas grande o pequeña que sea, está sujeta y bombardeada por problemas sociales, desde los prejuicios cotidianos a la conducta violenta de grupos o individuos particulares. Todo ello obstaculiza el disfrute y expresión de lo empático.

(2) Simplemente como tipos en las tres categorías, a cada uno de los mencionadas corresponde una *convivencia cotidiana* con su espacio antropológico, contradictorio, irracional y vital. Pero porque «*el mundo se hace para la conciencia, para cada conciencia»,* estos sujetos son estudiables y, por ende, reconocibles.

Al referirlos como *tipos* no indico que hay tal cosa como un hombre genérico, más bien, al decir de Unamuno, lo que existe es «*el hombre concreto de carne y hueso». «el que nace, sufre y muere, sobre todo muere»,* mas, en la mayoría de los casos, es un hombre atrapado por el encubrimiento y la nivelación, características del mundo público.

De este *'hombre concreto / cotidiano'* se opina desde cierta distancia y medianía que hace difícil comprender su auténtico *quien,* o su persona. Quienes opinan *noveleramente* ante el *Tipo* (cualquiera sea) lo fabulan a través del «*se dice que»* hasta convertirlo en un *Don Nadie /* esto es, su 'quién' impersonal, el *Neutro* Se o *el Uno [das Man].*

Esta es la teoría básica con la que desarrollaré el tema de los *tipos* (pintorescos, folclóricos y populares) tal como se valoran desde la plataforma de la *publicidad [die Öffentlichkeit],* o lo que se dice sobre ellos y, en realidad, oscurece las cosas de su cotidianidad al pretender presentarlos. Es un enfoque heideggeriano al tópico.

Así, pese a lo encubierto de sus vidas o al ajetreo que ocasione la presencia de algunos de ellos en la calle, no son presencias del todo aprehensibles como cosa sabida. Ni sus personas son tan accesibles a cualquiera. La riqueza de un *personaje de pueblo* puede pasar como lo más opaco o a la distancia para la mayoría de sus compueblanos. Esa es la tragedia de vivir como DON NADIE / o, mucho peor, este es el TIPO COMUN Y CORRIENTE. Este es el equivale a un 'quien' entre el montón de quienes que solicitan la atención de los otros y se le asigna un mote y, a final de cuentas, es uno de que no se llegará a conocer su verdadero nombre, edad y procedencia, pero su estampa sobrevive en la cotidianidad con un *apodo*.

Y la cantidad de empatía / simpatía /aceptación / compasión / que se le asigne, es tan variada como la interacción social que desplieguen... Por ejemplo: pasado el tiempo, ¿quiénes han sabido / o recordarán / el nombre de **Tato, el verdulero,** que se ubicaba con un carrito de madera frente a *La Esquina Famosa*, actualmente, la *Farmacia Central* y, por 25 años, en su actual local, *La Placita de Tato? ¿Hasta cuando se recordara a Don Toño, también verdulero y el mondador de naranjas?* Murió a los 86 años en 1983. ¿Sobrevivirá la mística de personajes, otrora populares, o se evocaran detalles realmente humanos, de *Guilimbo,* Don Lion, *Brooklyn, La Carla, Matineé, Pablo Ratón,* el limpiabotas, Rita *la pordiosera,* Wilson, *Macuca,* los Pilla de Pueblo Nuevo, *Divo, Pachanga,* el *Cuida-Carros,* Ana *La Boba, Cuatro-Deos, Toño, el Feo,* Martin Pérez *(El Rey de las Novias),* Miguel *Cheveca,* Ray *el Correcaminos,* Millán y las muchachas?

De los tipos pintorescos y populares comprendemos que son epocales, mueren y se llevan sus secretos, dejan sólo su nombre en paulatinas dosis de vigencia y memoria pueblerina que apenas se recordará, según haya sido el interés del curioso. A veces, por idealizarlos de alguna forma, construimos abstra-cciones con ellos.

Decimos amarlos. Identificamos al pueblo con el personaje; pero un tipo pueblerino no es un *logos,* sí es un proceso viviente / humano.

Los tipos pintorescos / jíbaros de ayer y entes adaptativos pueblerinos en espacios urbanos de hoy / son numerosos, miles y miles. Están dispersos en casa pueblo e incontados. Son *epocales,* cambiantes y efímeros, frente a las narices de *Don Nadie.* Mueren al cabo de su tránsito en la generación que lo atestigua y repara en ellos. Como toda persona, ellos tienen su momento y sus cinco minutos de gloria.

Erramos al pesar que son pocos porque no les conocimos, aunque fueron coetáneos. Quizás y, por fortuna, supimos sobre sus memorias, reaccionamos a sus nombres como una referencia lejana y de *oídas,* mas jamás les dimos una ocasión para que coincidiéramos en *espacios empáticos* comunes. Ellos existen en la comunión mutua de sentientos. En su defecto, son chismes de pueblo. Fantasmas.

No tenemos que conocerles a todos. La mayoría pasan con bandera de tipos pueblerinos y pintorescos. Fallecen o se van del pueblo, se esconden o se transforman y van desapercibidos con su propia anonimia. Total, a no todo el mundo le gustara que su vida privada sea la comidilla del día para el observador ajeno. Sin embargo, considérese un vecino afortunado quien conoce a uno y se da tratos con dos o tres de cada clasificación. Los lapsos de vida que se exploran, *unos-con-los-otros,* en el solverse de un pueblo, son exploraciones de aventura y como tales se disfrutan.

Mancomunará el acercamiento, con los humildes, no ya habiendoseles visto desde lejos, sino con asomo directo a sus almas. Distinguir su mito de su sociología viviente. Imagínese, o mejor sea, verifique este momento en la vida del verdulero Don José, alias **Cheche**, o **Ché-Ché,** cuando reacciona a quien le dice: *«Te doy cuatro pesetas por ese gajo de guineos».* Su voz de protesta, como la más ruidosa trompeta (siendo que él promociona el gajo a dólares) es un pregón de la incoherencia. Cheche, analfabeto y campesino hasta el eje, no es tan listo para entender que la oferta equivale a lo mismo. Es literal, ingenuamente terco en lo que dice: *«El precio es un peso».* No aceptará porfías con el detalle, sin enojarse. *«Pero te doy 4 pesetas».*

No. No hay trato.

En su diversidad esta es una gente sorprendente. A veces, ante la pregunta del por qué se mantuvo célibe, puede que alguno de ellos diga que el matrimonio «*da farfallota*».

Ocurrencias como tales tuvo la pordiosera **Rita** o Ana Morales, La Boba. Esta es gente entusiasta que reconoce a ídolos de las competencias deportivas, sigue el deporte. Surgen cuando la calle está más dura y echan mano a la sabiduría del folclor de antaño. Lo innovan en su «irse-avanzando» resolutivo porque el tiempo material-tecnocrático (Heidegger) no se detiene. Y hay que vivir.

En cada pueblo de la isla esta gente es recursiva, con habla sinceradora, pese a sus escrúpulos, ingenuidades y anacronías. Ante la humillación o las burlas, sacan su cuero duro, inteligencias múltiples que no les sospechamos, como quienes les atestiguamos. Son reflejos en el espejo oblicuo de la otredad. Mensajes de la empatía cuando nos exhorta a comprender, apiadar y consolar. Su sentido del humor puede ser caustico, pero siempre sincero.

EL PORQUE DEL ESTUDIO: Ofrezcamos homenaje a todos, reconociendo su rol en el folclor social y en la llamada *ergologia*. Una manera original de entrar en el tema de la *identidad* de los pueblos es familiarizarnos con el *folclor social* y su sentido histórico-material. La *ergología,* en sentido amplio, derivada etimológicamente de los vocablos griegos, *ergon, acción, obra, trabajo empresa*, y *logos,* palabra ... y eso han sido prácticamente todos los tipos admirables. Gente de acción y trabajo.

Algunos fueron los *aguadores* cuando no había acueductos. Entonces, se le vio como imprescindibles, aunque después su función se diluyera y se dijera que son meramente anacrónicos, ¿Quiénes fueron los *faroleros,* cuanta fue su importancia cuando no había servicio de electricidad? Los cargadores (con mercancía puesta sobre sus hombros y a pie) cuando apenas había *carreteros,* o vías expediitas de transporte para determinados caminos, los carboneros cuando no había el servicio de gas fluido, los *sastres* cuando el surtido era escaso en las tiendas y la norma fue la artesanal y propio / los *hamaqueros* / primera cama de la familia pobre... en fin, no siempre hubo almacenes modernos, pero si gente con una tarea peculiar de servicio. ¿Y qué tal cuando no había servicio de electricidad, o refrigeración, y ciertos alimentos había que entregarlos a domicilio, de mano a mano? De ahí los *repartidores de leche* y así ciertos combustibles: el carbón... Ahora puede parecernos claro la relación de esos tipos con la gratitud.

¿QUE ES UN TIPO POPULAR (PUEBLERINO?): Para fines prácticos de este libro, se designa Tipo popular a gente que es admirada, se ha ganado el cariño de sus compueblanos y que por ello goza de popularidad o aceptación que les sobrevive hasta mucho después que han muerto. Es como los ya descritos dentro del folclor social: gente útil y trabajadora que han sido pioneros de alguna novedad. U oficio con actividad edificante. En este grupo ni pordioseros ni enfermos mentales, son los aplaudidos. Desde el punto de vista de la ergología, el hombre popular es que es útil y se orienta a fin de procurar la adaptación a las condiciones de su productividad y la tarea, que permitiría histórica. dar un servicio dentro de limitaciones de su circunstancia histórica.

Wenceslao Ortiz Sánchez, marieño pero *pepiniano* de adopción, no es meramente el verdulero **Don Tato,** hijo de un antiguo agricultor. Ante una crisis de las tantas en la agricultura, el partió a Brooklyn Nueva York en el decenio de 1950. Sirvió en las Fuerzas Armada. Estuvo en Alemania. Regresa al pueblo de Pepino en 1962. Es un luchador para entonces, que intenta sacar adelante un negocio de verduras y cafetería. Se movió entre vicisitudes en La Plaza del Mercado.

Observa Manuel Román, en unas notas publicadas en la revista **Siglo XXI**, que cuando *Don Tato* «comenzó una libra de ñame se vendía en 15 centavos, ahora cuesta 90; un plátano costaba 3 o 5 centavos; en estos momentos se vende en 35 y 40 centavos...» Obtuvo un local, compro su propia guagua, se movía en «*casi 50 años con las verduras*» entre el *Supercolmado Aquino* de la Avenida Emérito Estrada y la Calle Pavía Fernández. *La Placita de Tato* fue su mayor logro y su testimonio de trabajo. Con esto se indica que verdulero no significa falta de ambición o de fajarse con iniciativas de micro-empresario. *Don Tato*, con las verduras y la venta de sancocho, hace historia para el Tipo

Popular del pueblo.

En general, el *tipo popular* ha sido capaz de alguna *'osadía'*. O cualidad, socialmente significativa. Se les admira / acepta por razones que no partidarias. Se les admira por recursivos. Ni sectarias, sino civiles / empáticas. O espirituales, culturales y sociales. El tipo popular puede que tuviese su gran ideal, algo profundo por lo que anhelara ser héroe, o lo mejor en aras de realización y prestigio. A lo mejor se ha conocido en su vida, que atesoró grandes sueños. O soñó en grande como Don Quijote después de viejo y pobre. Puede que encarnara el espíritu de su aldea y que se tronchara el arquetipo de su anhelo. Cada ser humano anhela ser un reflejo de su propia vida y de su propio yo, pero en escalada ascesional / aunque no se pueda con la prontitud anhelada.

¿QUE ES EMPATIA?: Digamóslo como la introducción porque es la base de mi indagación. También referida como «*the Power of Outrospection*», visión y proyección hacia afuera de lo que nos compensa o gratifica, la empatía dinamiza los sentimientos que nos permiten ampliar la creatividad, patrocinar armonía, vernos sin dolor y como consoladores aunque estemos sufriendo y rediseñar las prioridades. La actitud exotrospetiva es diferente a ser simpáticos; pero ambas actitudes se auxilian y colaboran ant los problemas, tanto personales como políticos, y facilitan un cambio social fundamental.

Ser empático es como estar en los zapatos del que sufre, en plena conexión, sentir con la gente, porque se ha logrado conectar con él mismo; «*I believe that empathy – the imaginative act of stepping into another person's shoes and viewing the world from their perspective – is a radical tool for social change and should be a guiding light for the art of living... 98% of people have the ability to empathise and step into the shoes of others. But few of us use our full empathic potential*». [2]

La empatía disuelve los enojos y da paz. La empatía está en el corazón de quienes somos y, por tanto, en el fondo de nosotros mismos. El psiquiatra Dr. Roman Krznaric ha dicho que es una «*cualidad transformadora y esencial*» que podemos desarrollar en cualquier siglo porque nuestros cerebros están cableados para esa conexión social: *«our brains are wired for social connection: empathy is at the heart of who we are».*

Este siquiatra aprovecha la nocion de empatía, / *empátheia*, ya acuñada por Howard Gardner, para trascender de lo subjetivo-introspectivo y depresivo a cambios sociales fundamentales y nuevas conecciones sociales. Por eso su libro ***Empathy: A Handbook for Revolution*** se conveiría en un manifiesto o guía práctiva, sin abandonar la noción de que existe una inteligencia interpersona, que posibilita que percibamos los estados de ánimo del otro, aunque no exija que los comprendamos. Por eso los bobos sanos, zánganos y tipos populares de una cultura de humillación y pobreza, *deben concebirse como poseedores de «una diversidad de inteligencias que marcan las potencialidades y acentos significativos de cada individuo, trazados por las fortalezas y debilidades en toda una serie de escenarios de expansión de la inteligencia»* (Gardner).

TRASCENDER EL HALLARSE PERCEPTIVO MEDIANTE EMPATIA: Aplicaré las ideas del psiquiatra Dr. Krznaric e ilustrar con personajes de este pueblo cómo se puede incentivar la empatía para mejorar nuestras relaciones en todo orden. Tenemos un cerebro empático, al que debemos habituar a que responde de ese modo a las aventuras de la vida. No en balde, éste es el nuevo tipo de aventurero espiritual que debemos buscar cuando nos perdamos en la Isla de Calipso, o vivamos las experiencias de Odiseo, el extraviado del mito. Tenemos que conecta con los demás en formas maravillosas y ocasionar cambios sociales, donde combaten muchas veces el rechazo, la falta de compasión, el olvido y ausencia de altruismo.

Y los tipos populares, folclóricos, es gente que ha vivido este proceso de conectividad y, conste, que advierte que con la empatía también se puede manipular a la gente... Los pueblos o comunidades que tienden a sufrir mucho bajo condiciones de subordinación y opresión, miseria y enfermedades, no da mucha gente simpática, filantrópica; pero si produce ese porcentaje de gente empática, esos pobladores que se llegan a querer: los Tipos descritos.

En muchos países que destacan por ser conservadores, sociedades cerradas, la empatía está en crisis. En otros, se abre espontáneamente. Aquí me propongo ejemplificar la experiencia histórica de Puerto Rico. De un modo u otro, los tipos recordados con cariño o ribetes de notoriedad en nuestros pueblos hablan de cómo se manifiesta o se pierde la empatía comunitaria y, por tanto, la memoria histórica.

Elaboro una monografía sobre gentes que en San Sebastián del Pepino han configurado sus espacios de empatía, evocación de nostalgia y *epocalidad*.

A estos suele llamárseles *Tipos folclóricos, pintorescos y populares.* Es gente que se aceptan como un sello de marca, como si dijeran: «*Hecho / o sucedido en / Pepino*». Ellos mismos crean o comparten los '*espacios de empatía*', es decir, momentos de interacción cariñosa, aceptación, identificación y admiración, por las memorias que evocan en la comunidad y que se reciprocan, en cuanto son los individuos que han marcado al pueblo con su sabor, manera de ser particular y la necesidad con que se reacciona colectivamente al vínculo.

La tarea de ir recogiendo datos acerca de nuestros *Tipos folclóricos, populares y pintorescos,* es más fácil cuando nos adelantamos a proteger ese tesoro, de aquí a los próximos cien o 200 años pensemos en nuestros espacios de empatía cultural y evoquémosla con nostalgia ya que es la *epocalidad* que desaparece, o va perdiendo la influencia ante los prestigios del progreso o la tecnología, como sucedió ya que no hay aguadores que nos vendan el agua a domicilio y ellos mismos hayan sido los que cavaron pozos, o la acopiaron de ríos, chorros o manantiales, para llevarla al pueblo, cuando no había acueductos...

INTRAHISTORIA QUE SE PIERDE: ¿Quién por con nostalgia o gratitud recuerda a carboneros, carreteros, pregoneros, lecheros a domicilio, colchoneros, faroleros / *serenos* cuando no había luz eléctrica? ¿Cuánto han variados los *decires*, refraneros, trovas, costumbres y cultura de jíbaros auténticos? … antes orgullosos de sus aportes, en las artesanías y la música, ¿quiénes les recuerdan ya? ¿Y distingue la paja del grano?

Y hay tipos folclóricos, vibratorias resonancias espirituales del *jíbaro* y el *campesino ancestral.* porque aunque más pobre unos que otros, en conjunto, que exploraron los valles y las alturas de tierra adentro, y por dinámica cultural crearon tradiciones, movieron su afecto y dones de alegría, e.g. su música, sus décimas, lo jolgorios o bailes en que se compartían / el jaleo, pese a la pobreza de los albores del Pepino, y merecen que se les estudie y recuerde. Forjarán nuestros referentes.

Considerarla en este contenido, el hito de sus bailes, esquinas calientes, el *compadrazgo,* las devociones, o lo se aprendió del taíno y el africano, que muchas veces evadimos incluirlo en nuestro diálogo cultural de de pueblo. Cultura aquí es más que dones artesanales, que son muchos en el *pueblo de los hamaqueros.* Tener algunas silletas extras (los tures) para ser hospitalarios y, en su descanso, fumarse sentado en ellos o en la hamaca unos cigarros, ahora me parece significativas gesticulaciones.

En ese tiempo, antes de 1800, casi todo campesino anduvo «*descalzos de pie y pierna»,* (p. 18) como dice Méndez Liciaga, pero ya se tenían unas 150 pequeñas haciendas y dos hatos. Ese primer campesino es más un criador de vacas, novillos, cabras, cerdos, mulas y caballos, es el ganadero que renaciera con el *Club Altrusa* y se festeja en la *Tradición de la Novilla y la Dama Titina.* Y en ese entonces produjo una de las primeras costumbres y fiestas colectivas: las corridas de caballo… pero 30 o 50 años después de 1820 y los deslindes de tierra de 1825 con nuevos inmigrantes a las puertas, la agricultura se impone y con la organización de latifundios y, por ende, nuevas maneras de trato entre vecinos con tecnologías de trabajo. Ahora sí se sabría quién es quién en Pepino y, sobre todo, quien entrará humildemente a los espacios de empatía porque es generoso, servicial, simpático y bueno. El pueblo llano será juez.

«*¿Cómo me tratas?… Así te trato».*

Con la última emigración venezolana y cuando ya El Pepino de 1828 tiene más de 8,632 pobladores, se tiene que entender el impacto y evolución que causa en el pueblo una nuevamente economía, con una élite de inmigrantes pudientes y 615 esclavos a su servicio. Hay 16 extranjeros y 112 emigrados al Pueblo. Se engraman diferenciaciones racistas, no necesariamente censales. Se distingue entre pardos y morenos. ¿Qué se quiere decir con 670 *pardos,* a diferencia de los 40 *morenos? ¿*Importan?

La gente de esos tiempos acogerá en el espacio de empatía que les corresponda. Lo que si es, económicamente significativo, es que van desapareciendo los bohíos de paja en la zona urbana. Se vive en casas. Donde abunda el bohío es en el campo, donde hay tantos bohíos como casas / 557 a 540. Del campo procederán casi todos los *pepinianos* que viven arrimados, compran en el Casco Urbano y tarde o temprano se convierten en *ventorrilleros.*

En este libro explico que, entre los tipos descritos están unos que se determinan por el interés social de lo que hacen, otros, por el asomo progresivo de lo urbano. Unos que vienen de la *Tradición del Folclor de Campo* y otros hay que son pintorescos y en transición, que revela la pobreza económica y lo que sicológicamente deforma, individualidades que va en picada y se vulgarizan; en ocasiones se tolera y no desaparece.

El folclor cambia con todo, resiste hasta donde puede, deja huecos de nostalgia; pero cada uno de los individuos que se estudian aquí se compete fon su peculiar estado de empatía, su propia narrativa y oralidad, en cuanto a lo que le acontece.

_____

Bibliografía y notas

[1] En el texto Del acontecimiento, en **Contribuciones a la Filosofía** (1936-38), Heidegger se interesa en definir al hombre histórico occidental, analiza la crisis de los '30, el destino político alemán y los temples afectivos que inciden sobre las relaciones de «destino a destino». Admite una «necesidad de un pensamiento pensante» sobre la historicidad del destino nacional, ya que el destino mundial arriesga a convertir a todos los hombres en *apátridas.*

«Muy pronto la televisión, para ejercer su influencia soberana, recorrerá en

todos los sentidos toda la maquinaria y todo el bullicio de las relaciones humanas».

Este peligro está asociado a la técnica como *«forma de la verdad, que reposa en el olvido del Ser»* y está también asociado a las ideologías, que se niegan a pensar. *«Ninguna época ha sabido tantas y tan diversas cosas del hombre como la nuestra. Pero en verdad, nunca se ha sabido menos qué es el hombre».* Cuando al hombre piensa su destino, filosóficamente, como actor creador, se prepara para disolver las ideologías.

[2] El Dr. Roman Krznaric es un filósofo cultural y miembro fundador de *The School of Life,* residente en Oxford. Ha enseñado en la Universidad de Cambridge. Es quien desarrolla los conceptos de empatía en libros como ***The Wonderbox: Curious Histories of How to Live*** (Profile Books, 2012) y ***Empathy: A Handbook for Revolution*** (Random House, 2014).

La inteligencia intrapersonal o la capacidad de un sujeto de conocerse a sí mismo: sus reacciones, emociones y vida interior, es la base para su convivencia comunitaria. Como Gardner, Krznaric concluye que cada persona tiene por lo menos nueve inteligencias, habilidades cognoscitivas. que *«trabajan juntas, aunque como entidades semiautónomas. Cada persona desarrolla unas más que otras. Diferentes culturas y segmentos de la sociedad ponen diferentes énfasis en ellas».*

Entr atestiguantes del espacio empático (noveleros que rondan a los menos favorecidos cognitivamente) se acusa una mayor inteligencia social que entre otros individuos marginales. Los tipos folclóricos y populares serán los qie se comunicarán bien y serán líderes en sus grupos. *«Entienden bien los sentimientos de los demás y proyectan con facilidad las relaciones interpersonales»* (Gardner).

LA HISTORICIDAD DE LOS TIPOS

El folclor no se produjo para el mucho o poco uso de su contenido. o para ser moda de apogeo, o fenómeno naciente. No está en competencia con otros modos de conocimiento, Ciertamente, hay etapas de acoso del acervo humano que se objetiva con el folclor. La decadencia del folclor es tan interesante como los pulsos de su sobrevivencia. No es posible hablar de la muerte del folclor como no es posible hablar de la muerte de la historia. Entre los tipos folclóricos en Pepino que pueden ser todavía investigados / recordados / porque fueron *'jíbaros bragos'*, mencionaría algunos de quienes investigué algo de su oralidad:

* Guilimbo, *el brujo*
* Don Lion, *el Levitante*
* Moncho Prieto, *el Carretero*
* Toño *La Jalda*
* Pantaleón *Chiviricui, el rimador*
* Don Guelo
* Pregoneros y jibaros
* Cheche

Un ejemplo al punto y a quien ya mencionamos es el verdulero Cheche. De este Miguel A Cardona, planificador en el sistema universitario de San Juan jubilado, también de San Sebastián, nos dijo: «*Hablando de Cheche... su nombre era José Crespo, oriundo de mi barrio Aibonito Beltrán, hijo de Don Tomás y Doña Chila, hermano de Flor, el carnicero, se mudó ya de adulto a Tablastilla… Mi papá recuerda que, siendo Cheche jovencito. su mamá lo mandaba a buscar una lata de agua al pozo… El se molestaba y le gtitaba: 'No voy…', pero a insistencias le gritaba…'Mamá. para que te chaves te voy a llenar un dron'.*

DE LOS TIEMPOS DE SAN FELIPE Y LOS SOBREVIVIENTES: El profesor Víctor López Nieves tenía una teoría sobre el por qué todavía en 1950 (quizás hasta 1960) en San Sebastián sobrevivían una profusión de gente humilde y pintoresca, casi todo de origen campesino. Daba la fecha de 1928, cuando el Huracán San Felipe arrasó con la industria cafetalera en Pepino y, además, rebautizaba a esos grupos como *«Los hijos de San Felipe»*.

Durante el año y en los sucesivos se dieron eventos que marcaron el pueblo. Uno fue la muerte de Narciso Rabell Cabrero, ex-Alcalde, Director Escolar y paleontólogo pepiniano. En su momento, Rabell concibió y echó planes para un Pepino Moderno, Progresista y ético, esto es, con una moral política superior. Murió cuando aún prevalecían localmente los disturbios ocasionados por *Turbas Republicanas,* El *Corral de Electores* (para robo del voto) y asesinatos políticos. Reincidencia del caciquismo, sumados a los efectos de la Depresión y la miseria en el pueblo.

«En aquel entonces, las carretas de bueyes son el medio de transportación. Las calles eran caminos vecinales que cuando caía un chubasco o aguacero se convertían en ríos de bajes o, peor aún, fangales. En aquella época, la vida era muy dura» (**Testimonio de Horacio Hernández,** 1995, desde Altadena, California). [2]

En 1932: otro huracán, San Ciprián, arrasó con cafetales y fincas de frutos menores. Con esto en mente, se puede proceder al análisis fáctico de lo fue *hallarse-con* y *vivirse-en* una epocalidad como aquella. Claro está, había enfoques optimistas. Rabell Cabrero decía [y lo cito de entrevistas que me diera uno de sus hijos, Rabell-Fernández, en el decenio de 1975 al recordar a su padre]: *«Un pueblo puede perder la vergüenza y sobrevivir; pero pierde el optimismo, tras la vergüenza, y sólo le queda morir».* [3]

También Francisco Alberty Orona habló con optimismo: Con la influencia de los EE.UU. llegará un desafío y una tentación, cuya intensidad nunca antes se experimentara: un anhelo / desafío por el progreso al que él definió poéticamente al decir que será la juventud (la que):

> *abrirá las puertas*
> *de un mañana promisorio*
> *tornando la semilla en sementeras...*

(«Mirada ausente», en: Cantares al Pepino, p. 2)

El progreso se convierte en un ideal muy propio de los jóvenes. El mañana («ir-avanzando») dará más que *«lo sido»*, o ya acontecido. La desigualdad en la distribución de la riqueza, ese viejo fantasma, tiene que ser superada. Estos márgenes de libertad de acción a la vista son mayores que los que antes hubo con España y su vulnerable autonomía. Vendrán, sobre todo, los jóvenes a probarlo.

Es apresurado describir categóricamente la idiosincrasia del pepiniano, pero dos momentos han cursado en la historia puertorriqueña y se ha tenido por sus pruebas de fuego. Uno fue el movimiento separatista de 1868 y otro fue la presencia norteamericana y lo que, tras aprobarse los estatutos Foraker y Jones, se les planteara.

Decía Alberty Orona que el pepiniano, en su fluir de existencia, es añorador y ensoñador. Es capaz de evocar *«tiempos idos»* y *«quimeras ilusorias»*; pero, a la hora de los vendavales y las pruebas intensas de lo real, el pepiniano verifica lo que tiene, *«poco arraigo»*, en beneficio de la verdad de su ser.

En su texto **Añoranzas,** a este proceso cognitivo de su añorar, lo dispuso como un resultado filosófico: *«Trastocar ilusiones en verdades».* [4]

Es el poder del trabajo lo que produce esperanzas de vida placentera. Pepino es *«progresista y alerta»* (Ibíd.). ¿Qué quiso decir con ésto? ¿Qué implicación social tiene? ¿Cuán alertas ante lo irremisible de las expectativas?

Con esto se infiere cómo incidiera una ideología de importación *«americana»*. Futuro y progreso se han asimilado y la resignación a la miseria no es admisible. Ya nomás. Obviamente, en la historia social de San Sebastián hay mucho dolor. ¿Fue una parte de ese dolor el *«olvido de su grandeza antañal»* (frase de A. Rafael Seguí), que se evoca y añora, entre nuestros poetas del pasado y el presente?

Pero el desafío cimero es lo dicho por Alberty Orona: *Ha llegado la hora de trastocar las ilusiones en verdades.* Esto es posible.

El pepiniano concibe una herencia sobre la cual fundamentar sus valores; se *«ha forjado un prototipo» regional»* (Eliut González). En lo más pobre de sus días y arduo de su vida social, es un pueblo trabajador que Luis Fernando Martínez evocara con los individuos que mencionó colectivamente en un texto. Ellos son hoy una parte del imaginario social de lo pintoresco, pero, que en su tiempo, fueron la sociología viviente del trabajo.

En su poema **A mi pueblo,** esos jornaleros o empresarios miseriosos y que representaron la vida cotidiana del Pepino de 1900 hasta final de 1930, son:

> El aguador, el lechero,
> el revendón, carbonero
> (que) empiezan ya a desfilar
> y a la Plaza de Mercado
> de su sueño despertar.
> La gente comienza pronto
> su diaria actividad y allá,
> en la sierra, se oye
> al leñador laborar.
>
> Larrache, el sacristán de la iglesia,
> las campanas toca ya
> y Chalo con su batea
> de mallorcas bien repletas
> comienza ya a pregonar.
>
> Los garrafones de leche

se escuchan ya vaciar
y Catalina, la Negra,
la cande la va a juntar.

Mulas, caballos y vacas
empiezan a pulular
y el sonido de sus cascos
son notas de actividad.

(Luis Fernando Rodríguez, en: ***Cantares al Pepino,*** ps. 94-96) [5]

El pequeño agricultor, el hatero, el trabajador de la caña y el Ingenio azucarero *La Plata,* revendones, dulceros, carboneros, aguadores, lecheros, criadas, costureras, parteras y maestros, tenderos, carniceros, ventorrilleros etc. tales son los productores de la vida material del Pepino del 1900 a 1930. Estos como personajes tienen su presencia en la incipiente literatura del siglo XX. Como clase y familias privadas, sostuvieron a su prole contra viento y marea, porque muchas veces, como sucedió en el Siglo XIX, el gran hacendado y el comerciante próspero los menospreció y aún les negó sus beneficios económicos, sociales y políticos. Este grupo, ciertamente proletarizado, poseyó más bondad y valores que recursos para vivir. Siempre fueron los más sufridos.

Si de algo carecieron fue de educación formal o destrezas para adaptarse al nuevo orden que vendría, a riesgo de hacer ya innecesarios sus empleos. Según avanzó el proceso de cambio, la educación que se fue adquiriendo fue ya una que identificó *«capitalismo, democracia, progreso tecnológico, educación pública y obediencia a las leyes»* (de los EE.UU.) con el propósito de americanizar, asimilar, completándose el desmantelamiento de las *«costumbres de ayer»,* las *«Costumbres del Pepino del siglo pasado»,* diría Mariana Rivera Alers de Rivera.

Un interesante texto del profesor y poeta Jerónimo Ramírez de Arellano, ***Del pretérito,*** describe algunos aspectos materiales del escenario pueblerino. Evocó los años del ex-Alcalde Manuel Méndez Liciaga (1884-1964), vividos en un pueblo de *«pretérito glorioso», «naturalmente bello».*

Ese «*viejo Pepino*» de los 30s todavía conservaba la virtud de la solidaridad.

Si juzgamos que el sentimiento de solidaridad es el factor cohesivo de las ideologías, al faltar ésta, la pepinianidad, la puertorriqueñidad y las virtudes unitarias del ser que nos dio el sentido de autoctonía e identidad, se tendría como riesgo que tal pepinianidad se viniera abajo.

Para el jíbaro, como para los troveros populares puertorriqueños, en campo y pueblo, la toma plena y creadora del lenguaje ha sido parte de su libertad. Se ha dicho que, afianzado en sus raíces hispánicas y taínas, el jíbaro cantó y, aún canta por tradición, sus coplas, décimas, *seis chorreao,* aguinaldos y villancicos. Como buen *cuentero* y decidor de historias *(«story-teller»),* fue el narrador de los cuentos de *Juan Bobo.* Creó la danza, celebró sus fiestas de batey y sus baquinés. Su proceso creador se volvió su artesanía y tradición.

La solidaridad como pepinianos fue el arma secreta, el ancla de salvación, en el proceso de sobrevivir como pueblo, a partir del 1900.

En conversaciones con Marina R. de Rivera y su hijo Alberto Rivera en la década de 1970 (para la preparación de esta monografía), ambos coincidieron en dos hechos: los principales problemas que tuvo el Pueblo de Pepino al despertar a los desafíos del siglo XX y adaptarse al nuevo régimen que impuso los EE.UU., fueron la salud pública y la educación.

Para Doña Mariana Rivera Alers, educación y salud «*van de la mano y una no sabe qué debe ser primero; cuando falta la educación, por desconocimiento, se cometen errores que afectarán la higiene, la salud y la personalidad; cuando no hay salud, sea por el hambre o por el malvivir, la educación no entra al estómago ni a la cabeza*». [9]

En poema suyo, en el que el deseo es «revivir del pasado cuanto guarda», aún del siglo XIX (ella vivió 18 años en tal siglo y fue una de las pocas niñas con acceso a la educación, pues provino de la próspera familia de la época, los Alers), señaló ese problema fundamental: en Pepino faltaba un sistema de instrucción, la democratización y masificación de la educación pública. No obstante, a su juicio, Pepino hubiese servido de modelo por la virtud colectiva de su fineza y bondad.

Al envejecer, a la edad 86 años, escribe el poema *A mi Pepino,* con la aflicción de cómo han cambiado las costumbres y la calidad moral del pepiniano:

> ¡Cuánto tiempo ha transcurrido
> que ya llegué a la vejez vejez
> causándome pena ver
> en *Costumbres del Pepino*
> *de fin de siglo pasado,*
> modelo que fue tomado
> de personas que en verdad
> no poseyendo instrucción
> sólo tuvieron bondad!

(**Mariana R. Rivera Alers**, escrito en diciembre de 1967, e incluido en: **Cantares al Pepino,** ps. 83-85)

Si bien es absurdo, inútil y contraproducente, regresar en forma acrítica al pasado, como fuga de un presente caótico, hay que considerar que no se puede perder la fe en la historia sin caer en varios peligros: la pérdida y el equívoco. El conocimiento de la historia funciona como motor de cambio cuando no se suscribe a los llamados discursos canónicos y legitimadores del poder. La batalla contra lo nuevo es una guerra perdida y lo nuevo debe pasar, necesariamente por una revaloración del pasado, no por un retorno de él.

Con olvido, en un sentido hermenéutico-existencial, miento una actitud que M. Heidegger, describió de este modo: la *imposición provocante* (Ge-stell) de la técnica que conduce al hombre a extravío, a la autodeterminación fatídica, al olvido de su esencia. En los riesgos de la manipulación técnica del mundo, de sus maquinarias y sus aparatos, se oculta un modo precedente del desocultar y el producir, con el peligro de llevar a la fatalidad, al desarraigo. [6]

Con la entrada al siglo XX, el líder puertorriqueño oportunista y burgués en general y, en particular, el de cada pueblo de la isla en posición de poder, quiso desautorizar lo precedente pero: «*A menor nivel intelectual en las colonias, mayor sumisión*» (O. Parga, Jr.).

OLVIDO CULTURAL E INGRATITUD: El progreso es peligroso cuando el hombre individual o colectivamente idolatra, o se apega a una mercancía u objeto mercantil y el sujeto deviene en objeto. La apariencia encubre la esencia del fenómeno.

El olvido incluye, de este modo, el sentido de no actuar sobre conceptos que son la expresión sobre el Ser-mismo y la toma de conciencia de la propia existencialidad. [7]

Olvido es un desagradecer al ya no ser endopático, actitud que nos pide el procurar de los demás y ayudarles a ser libres en su cuidado (*«Sorge»*). Olvidar es, pues, lo contrario «al recuerdo que se interna en la historia... como el único camino transitable hacia lo inicial», no como historiográfico, o lo meramente pasado, sino como «*pensar rememorante que piensa a la vez en el ser que esencia (lo ya sido esenciante) y en la destinada verdad del ser... y cómo desde esa determinación el ser abre un ámbito de proyección para la explicación del ente... y a un pensamiento para la reivindicación del ser*». [8]

———

Bibliografía y notas

[1] *Los tipos folclóricos de Pepino y la cultura popular e histórica,* en: http://carloslopezdzur-carlos.blogspot.com/2010/08/los-tipos-folcloricos-de-pepino-y-la.html y *El folclor y los espacios de empatía»,* en: https://www.facebook.com/notes/carlos-l%C3%B3pez-dzur/el-folclor-y-los-espacios-de-empatia/10151715366829380.

[2] *Testimonio de Horacio Hernández, 1995,* desde Altadena, California. Pertenece a su libro aún inédito, y que obtuve por cortesía y amistad de su autor. Su título es *Recuerdos: La gente de mi pueblo,* Capítulo 1; ver también Andrés Méndez Liciaga, *Boceto histórico del Pepino* (1ra, edición 1924; segunda edición (Ediciones Ateneo Pepiniano, San Sebastián, 2004), ps. 88-89, 108, 128-129, 141, 170.

[3] Carlos López Dzur: *Entrevista con Dr. Rabell Fernández,* en su hogar.

[4] Francisco Alberty Orona, en: Ramón L. Cardé Serrano, *Cantares al Pepino* (1ra. edición, San Sebastián, 2003), ps. 1 y 3. Ver también: nota de Eulogio Cardona-Beltrán *Premio Literario para Alberty Orona,* en: *Palique,* Año III. Núm. 21. Enero-Marzo 1980, ps. 7 y 22.

[5] Luis Fernando Rodríguez, incluido en: Ramón L. Cardé Serrano, *Cantares al Pepino,* ps. 94-96.

[6] *Entrevista con Mariana Rivera Alers, viuda de José Rivera Muñiz.* La entrevista fue realizada en mi casa en San Sebastián en 1973. Doña Mariana, nacida en 1882, estudió sus primeras letras con una maestra privada en Pepino, de origen aristocrático, María de Jesús Arteaga e hizo estudios superiores, posteriormente, en el Colegio de Isabel Suárez en Añasco. Publicó en 1969 un libro titulado *Añoranzas sagradas.* Citamos varios poemas suyos en este trabajo, tomados de la antología recopilada por Ramón L. Cardé Serrano, *Cantares al Pepino* (1ra. edición, 2003), p. 83.

[7] Martin Heidegger, *El ser y el tiempo* (Fondo de Cultura Económica, México, 1951), con prólogo y traducción del alemán de José Gaos, ps. 300 y 310; además, Michael Sauval, El olvido del ser, según Martin Heidegger, en: http://www.sauval.com/articulos/olvidodelser.htm y Carlos Eduardo Peláez, *Heidegger y algunos textos sobre estética,* en: http://www.utp.edu.co/~chumanas/revistas/rev28/pelaez.htm;

[8] Cf. vid además: Alberto Carrillo Canán, *Poesía, lenguaje e interpretación en Heidegger,* en:
http://serbal.pntic.mec.es/cmunoz11/carrillo.html
y I. M. Bochensky, *La filosofía actual* (FCE, Mexico, 1997), p. 16.

PARA LA INVESTIGACION DEL HEROE NEGRO, O EL JIBARO IGNORADO

Juan J. Berríos Concepción se pregunta: «*La evolución de la imagen del jíbaro puertorriqueño, imagen patriarcal, como símbolo de identidad nacional, ha sido una que tuvo su punto máximo de expresión en el siglo XX en Puerto Rico*»'; no obstante, el negro fue excluido de tal jibaridad etnocentrista e hispanófila. Entonces, más fundamental es la interrogante de Cancel que ya incluye el ahí-geográfico del '*hallarse*' (ruralismo de la montana vs. costa), lo mismo que indagará sobre la negación de lo negro:

> «*Lo que me parece interesante de todo este juego es la relación que se pueda establecer entre el interior y los bosques, con la animalización que implica el retorno a la barbarie que se sintetiza en la concepción de lo jíbaro. Recuerden que el interior montañoso central, seguía inexplorado a fines del siglo 16, hecho por el cual el mismo estaba marcado por el misterio. La pregunta es: ¿cómo se convirtió un insulto en el signo respetable de la Identidad Nacional puertorriqueño?*»

De aquí la importancia que daré a un despertar de orgullo y presencia del liderazgo afro-descendiente en San Sebastián en el contexto de lo pueblerino. Destaco las figuras de **Don Ramón Padró Quiles** y su hermano, **José** y, para ser aún más justos, incluyamos a la esposa de Don Ramón, la famosa **Miss Correa,** a quien el compueblano Joaquín Torres Feliciano, en carta personal del 21 de diciembre del 2014, describe como «*la eterna maestra del primer grado, desde los años 40'. De ella, su hija Güin, aprendió mucho más de lo aprendido en la Universidad de Puerto Rico sobre educación elemental. Esta fue la familia que mejor supo lidiar con el racismo criollo del Pepino popoff, incluyendo los demás prietos y prietas que vivían en la negación del 'negreo' y 'estirándose la pasa' con pinzas planas de metal y enroladas en los beauty parlors iniciales de los 40's y todos los 50', según Güin (María Luisa Padró Correa) me decía... La mamá se llamaba Luisa Correa. Ramoncito, hijo de Guin y nieto de María Luisa (Mrs. Correa), se casó con una de las hijas del conocido comerciante, Polo Castro, y hermana de Manoli Castro*».

Entre los aportes de Don Ramón está una Historia del Pepino. Este es un detalle interesante que Torres Feliciano ofrece en su carta: «El libro que publicó don Cheo [José Padró Quiles, el ex-Representante por el Distrito San Sebastián-Moca en 1938: *Historia de mi pueblo,* 1950] lo escribió desde el principio hasta su fallecimiento Don Ramón. No fue Don Cheo. Sin embargo, cuando la muerte agarró a Don Mon, el libro iba por la mitad. Entonces, el pobre Don Cheo no sabía que hacer, pues no tenía esa destreza y se afligió; pero un mes luego, Nito Cortés [ex-Alcalde del periodo de 1940 a 1944] le dijo: '*Sígalo usted, Don Cheo, y si no puede terminarlo, en confianza, yo le ayudo*'... El asunto fue que Don Cheo le dio seguimiento sin más ayuda. Y si ves el libro, notarás la diferencia entre lo escritor por uno y lo escrito por Don Cheo... Toda esta información me la ofrecía Güin, la hija de Don Mon, en conversaciones telefónicas antes de su fallecimiento, a principios de los 80s, si bien me acuerdo».

TENER UN MITO GENEROSO POR GUIA: En el comienzo, un mito es el punto de arranque. La ideología velada. o admitida con toda fuerza, de la *jibaridad* es el mito activo y más generoso de los puertorriqueños. Hoy por hoy, es reconocida como el punto de arranque de la identidad.

El *ser del jíbaro* nos hizo entes que pueden reclamar su *destinación* o **poder-ser** en la libertad y en la verdad. Sin embargo, el tipo regresivo de éste / el jibaro / puede que se desentienda del objetivo señero, la verdad de la existencia, y en cambio adoptar sus mediatizaciones.

Como ha dicho Francisco Romero en su libro **La filosofía de la persona** (1935), en su búsqueda del sentido y participación en la historia y la sociabilidad, la persona puede «*enmascararse*», «*justificarse*» y evadirse de «*adquirir consciencia*» de su individuo espiritual, por diferentes vías. Y Jordi Corominas en su artículo **La universalidad de la reflexión ética mesoamericana** concluye:

> … *No todos los grupos sociales han percibido o perciben del mismo modo al ser humano y las cosas, ni comparten las mismas emociones ni los mismos deseos. Los grupos sociales se caracterizan precisamente por compartir un mismo régimen de esquemas intencionales, una misma tradición o acervo de recursos simbólicos… El bien y el mal dependen en esta dimensión (de los esquemas intencionales) de cada grupo social. Estos esquemas intencionales están destinados a elaborar una selección entre los bienes y los males elementales que se han de preferir o sacrificar…*

Desde el punto de vista de la hermenéutica existencial, lo esto implica que la *jibaridad* es una superestructura clasificativa, filosófico-cultural, que ha sido creada por el hombre común y corriente, a partir de sus previsiones ante lo contingente y los asomos del miedo. El ser del jíbaro prohijó entes que temen y entes que son temidos; entes que aman y entes que temen el destello del amor.

Como el Dr. Alonso adujo en su diseño verbal o escritural del *modelo puertorriqueño*, se trata de un «*humano, afable, justo, dadivoso»,* que puede manifestarse a su vez *«en empresas de amor siempre variable»* y afanarse *«tras la gloria y el placer».*

No significa que siempre ha de ser de ese modo, variable y desorientado; significa que el ser de la jibaridad evoluciona, padece y fluye en un *irse-resolviendo-avanzando* y se expresa en un *ser-no-siempre-todavía.*

Aún surgida de la emisión de juicios de la burguesía criolla, la ideología del jíbaro se asienta sobre un largo proceso histórico y, por tanto, se desprende del reconocimiento objetivo. Es una observación en torno a un tipo de compleja naturaleza, el jíbaro, que fue llevando la continuidad del ser epocal boricua y *«lo preguntado, lo interrogado»* acerca del su criollez y sentimientos ante el peninsular y, aún más allá de 1868, cuando ocurre el parto de la nación (Lares / Pepino), al presente.

Los poetas Carmelo Aponte Feliciano y Eliut González Vélez han valorado la experiencia del Glorioso Septiembre de 1868, *«lucha que nace en Lares / y se consagra en Pepino»* y, de algún modo, en su obra, está comunicada tal efemérides señera porque, a partir de ese momento, el puertorriqueño comprendió, más allá del término mediano y vago lo que quiere decir *ser.*

Lo que es y será y por lo que sufre es por lo que tiene que cumplir y aun lo prosterna y desafía. Esto es lo que significa ser tragado por el *Monstruo* de *Don Nadie.* Ese es uno de los mitos que, como sociedad, encarnamos.

Este es el hito conducente a la comprensión profunda del ser de la nacionalidad, no como había sido hasta entonces: homogeneidad lingüística, pero sin organización estamental propia. Un participar en la historia, pero cuyo fundamento, el destino, había sido demasiado esquivo y vago. Ante la finitud de la temporalidad y la comprensividad vaga del ser, transida de opiniones, el historiarse propio de la existencia hacia la muerte y *filosofemas* creados por el *trato cuidado («Dasein Sorge»),* la comunidad se *solvía,* yendo hacia muchas direcciones con otros entes desconocidos, o en ocultamiento progresivo y así, aunque vinculados por destinos comunes, olvidaba lo que tuvo pendiente como avance (para *irse-resolviendo*) y que, empero, reclamaría ser liquidado y despachado.

\

HOMENAJE A LOS HERMANOS PADRO QUILES

Hagamos un homenaje a Don Ramón Padró Quiles por ser uno de los Tipos Populares olvidados. Junto a José Tirado Cordovés, creó el primer centro recreativo obrero, en nuestro pueblo: *La Alianza Obrera* en 1902 y, más tarde, *Amantes del Progreso* (1904). Fue asambleísta municipal entre 1920 al 1924. Secretario del Comité Local del Partido Reformista en 1948. Cultivó la novela corta, el cuento y la poesía. Escribió una crítica contra la esclavitud y el colonialismo; reaccionó a la imposición del inglés como idioma de enseñanza en las escuelas elementales. El poema alude al Terremoto del 18 de octubre 1918 y los daños producidos en la Escuela Whitter, la primera construida bajo la administración estadounidense en 1903.

«*La Jardinera*» alude al trabajo literario de Padró Quiles. Un jardín, si, pero de ideas. **Don Ramón** [1] está aliado a su hermano, José, ex-representante a la Cámara, en el propósito. Don Andrés Méndez Liciaga admiraba a ambos. Un ejemplo de afinidad sin egoísmos de clase y sin distingos de raza.

RAMON PADRO QUILES: Aunque tendremos oportunidad de pormenorizar en torno a los distintos tipos populares, en este hay una cualidad valorable en cualquier tipo popular. Los tipos de esta categoría se enaltecen como permanentes invocadores de progreso, defensores de su gente y poseedores del temple conductor por caminos de honradez y fidelidad.

No es necesariamente Odiseo, el héroe griego, al que tomo de modelo.

Mejor habló de Don Ramón Padró, virtuoso por tener todas las dotes que bien aplicarían por igual a su hermano José.

Era un invocador del progreso
Multiforme sabiduría del Polytropos.
Del lugar del negro en las escenas luminosas.
Del lugar del pobre en el cénit del Alba.
Era el pregonero de la *Alianza*.
Un buscador del *Hallazgo Afortunado*
y al Pepino, le dijo Hermano herrero
como quien dice: hermaion
y a todos puso la herradura
que no hiere, alas en las sandalias.
Estuvimos en inframundos miserables
esclavos, casi difuntos de la Hispania,
cadáveres ultramarinos de una colonia
en riesgo de entrar en otra nueva
y el nació, hijo de Laureano,
con don de psicopompo,

Nació, así como Cheo, con la virtud
de guiar ciegos o muertos,
con afán de ayudar a ver caminos
e ir con vida por ellos.

Por eso van a verlo los descamisados,
los de pies rotos, espinados,
hijos de los cañaverales.

quienes apenas tienen el fuego de la hornilla
y están hambrientos y perdidos
como Odiseo en la isla de Calipso.

Y él sabe que Calipso es Borinquén,
 tierra de los jibaritos, tierra que necesita
de él que en La Jardinera de su sabiduría
 tiene ingenio de artesano y civismo pulcro
cuando demonios de negación asoman
 y el botín quieren para sí.

Estos sí que son quienes roban
sin ninguna perspicacia; dejan a un pueblo
pobre, clamando, desposeso.

2.

A Don Ramón, negro bendito,
en el Comité de la Unión, allá por el '14,
lo reconoce el gremio zapatero:
Laureano, Cheo, dueños de gallos
y pescadores de tortuga, no son
quienes esconden de veras monederos.
Son honrados.

En cambio, si llevan
en el morral un pétaso o sombrero
y una vara de heraldo.

En el centro de la Plaza Baldorioty
o en el foro de *La Alianza Obrera,*
es cuando dicen: Todo boricua
que sea como Odiseo
y adquiera en la colonia, voluntad
contra el hechizo
que no libera la consciencia del olvido.

La poción que Circe dio a beber
no produjo cansacio, sed
por retener lo extraño ante el sí mismo,
vivirse entre dos mundos, pero ausente
de la autoctonía / las querencias /
la fiel Penélope, y el Pueblo mío,
la familia.

3.

Pero: el Pepino sabe y él más que otros,
él, zapatero, secretario de la Unión
y militante despierto cuando el obreraje duerme
el tiempo muerto de zafra es angustia
y, entre vacadas se esconde
quien más tiene, sean Echeandías
Rodones, Caballeros u Oronoces,
cabreros todos, de piel blanca
y astutos pensamientos...
un Odiseo autodidacta,
espía nocturno, observa
como un guardián a las puertas
y a la patria la estudia sin miedo
y lo invoca a adquirir una mente liberada.
Este es Don Ramón acerca y lo persuade.

4.

Veo que no tiembla.
Luz lo sostiene porque invoca el progreso,
el lugar del negro en escenas luminosas,
el lugar del pobre en el cénit del Alba.

Es pregonero de la Alianza.
Un buscador del Hallazgo Afortunado
Es el Hermano que, desde la Asamblea municipal

del año 20, conjura al Terremoto
que nos condujo al miedo.
¿Qué tiene este Mon Padró?: preguntan
sus vecinos, porque saben que está
llamando a casa, proponiendo el camino
y se ha juntado, con Cheo y Liborio, José Vélez,
Juan Abad, con Gabriel Pumarejo y Antonio Nuñez,
con ellos va y son iconoclastas y temidos.
Examinan la noción de socialismo
y de lucha clases…

En la secuela colonial, la Itaca criolla
del Cimiento, van al hallazgo afortunado
de la patria. Las brujas están por maridaje,
y pretendientes ladrones, graduados
invasores, *«Nosotros, a casa*
ahora que el Alma se cree Viuda
pero seguimos vivos».

[Del libro ***Épica de San Sebastián del Pepino,***
Ed. 2013]

LOS GIGANTES A VENCER: Ahora, rehuyéndose con el principio heroico la oposición social de lo racional vs. lo irracional, en afán de superar las *«oscuras fuerzas tendencias latentes en un mundo de misterio»* y sacar de ese tejido luz, hebras de Ariadna, evítese ser las víctimas, Se trata de vencer a La bruja Circe, en cuanto simboliza las fuerzas del encubrimiento y la nivelación, características del mundo público, que amenazan y socaban la conducta del ciudadano y de sus vecinos en el acarreo de los tiempos de desasosiego.

CIRCE COMO REMORA AL REGRESO: Circe obstaculiza la lealtad, el regreso a lo propio y al hallazgo afortunado de la patria como sucede en el poema citado y en la épica de Homero. Simboliza las fuerzas del encubrimiento y la nivelación, características del mundo público, que amenazan y socaban.

Cuando el monstruo de la Invasión de 1898 llegó y se impuso anular toda estructura de sustentación que le quedara al borincano, en la *'Itaca criolla del Cimiento'*, la familia Padró supo a quienes aliarse.

Por su estrecha amistad con el ex-Alcalde Rabell Cabrero, Don Ramón fue capaz de discernir y compartir historias tomadas de la literatura clásica y para esto aprovecharía su acceso a la biblioteca privada de Rabell. Hay un sentido heroico en las visiones de participación cívica común a ambos. Previo al momento de la amistad, el jornal promedio para el 1898 (época de los españoles) era de $0.37 al día. Después de la invasión era de $0.35 al día con los niveles de supervisión a $0.50 al día. El horario de trabajo en la mayoría de los casos comenzaba a las 6:00 a.m. y terminaban al ponerse el sol.

En tiempo de zafra se les exigía comenzar a las 2:00 am. Ni obreros adultos niniños, pese a ser utilizados para trabajar en las fincas a $0.10 diarios, tenían calzado. Los zapateros de entonces remendaban. En los días de aquella toma de consciencia y de clase los principales comerciantes, quienes decidirán como te vistes, te ves y lo que vales, eran J. Oharriz, Pedro Martiarena, Marcial Moreno y Juan Pedro Laurnagaray. Juan Bautista Cabrero tenía un tienda de lencería femenina y Joaquin Oronoz Rodon fundaría temprano en el siglo, la **Oronoz y Co.**

En ese Pepino finisecular, había muchos hijos de Circe que prefirieron irse. No se sentían parte de la Itaca criolla.

En esta encrucijada, el ideal de aceptación social / la alianza bienhechora y regreso a las raíces se mata o se deteriora. El hombre fracasado deja de existir y causar estupor y repudio cuando hay empatía. La empatía puede más que lo 'se dice' demagógicamente. Ellos si creyeron en un Teseo espiritual al solidarizarse y abrazar a los desclasados.

* **SE DICE QUE**... La perspectiva *se dice que* desautoriza al ser anhelante hasta convertirlo en un DON NADIE / esto es, un 'quién' impersonal, el "se" o el *uno [das Man],* que si nació pobre será aún más desgraciado. Un loco. No obstante, todos los tipos pueblerinos son seres anhelantes que no quieren ser ignorados en el mundo público y más importante, en el mundo del poder-ser-si-mismo. Lo arduo en esta prueba es probar la calificación. O eres un héroe con todo lo agónico de la ljucha o te entregas a Circe, sin batalla. Todos anhelamos encarnar lo heroico, pero no todos están aptos a cuajar lo mejor / ser el héroe.

Teseo se prueba. Este arquetipo es lo esencial / y tiene requisitos. De los que un hombre de los quilates de Ramón Padró Quiles visualizaría esto son algunos. En el poema que yo le dedicara transluce de su ideario:

* Ser compasivo
* Tener ingenio de artesano y civismo pulcro
* Doña María Luisa Rodriguez Rabell (**Doña Bisa**) y **Don Chucho Rabell,** hijo del ex-Alcalde, recordaron las ofrendas y regalos que, por amor a los pobres, Ramón Padró recaudaba en una tienda que tenía en los bajos de la residencia de Hernán Sagardía.
* «Adquirir una mente liberada» que invoque progreso y sabiduría.
* Ir en pos de un *Hallazgo Afortumado* / la puerta de la patria / tener afán dirigente, *«guiar ciegos o muertos»,* a ver ver caminos e identificar a demonios o peligros cuando asoman como demonios de negación y todo beneficio lo quieren para sí, *«dejan a un pueblo pobre, clamando, desposeso».*

Martin Heidegger llama a esta coyuntura un *«hallarse acordado» («gestimmtes»),* familiarizado o abierto del Soluto. Es indispensable para identificar los Cimientos, el proceso dialéctico de su quehacer, comprenden la lucha de clases y por eso superan los miedos. Este es el por qué las comunidades, en la medida que desarrolla su memoria histórica, se observa una secuencia amorosa de sus héroes y características identitarias que siempre han de admirarse. Los héroes se respetan por guías servidas y porque compadecen a los caídos en su esfuerzo por vivir y luchar. En algunas instancias, mientan los aspectos de realidad de una etapa en que el hombre negro, como el aborigen en los albores del coloniaje, padeciera, etapas de rechazo y humillaciones inmerecidas.

LA VOZ Y MOMENTO DEL PREGON: El Dr. Jorge Medina, profesor de Murray State University, adujo: «*El pregonero... se ha convertido en la voz nacional heroica del típico vendedor puertorriqueño que, a través de su humilde canto, promueve su producto para que las personas lo compren... Cada pueblo en Puerto Rico tenía sus pregones. A través de estos dichos populares que cantan los vendedores de verduras, dulces o golosinas, agua, gas, helados y otros tipo de mercancías, los pregones anuncian el paso del vendedor que, a ciertas horas, se acercaba a los hogares puertorriqueños para vender lo que tenía... Los pregones son las más espontáneas manifestaciones orales. Son los instintos rítmicos que, innatos al borincano, lo llevan a dar colorido a su lucha diaria en este modo: pregonando mercancías en rimas*».

Cuando medito sobre estas cosas no puedo evitar que surge en mi mente la estampa de Rey Castro, alguien descrito por el Lic. Ramon Edwin Colón, como '*exageradamente colorado*' y a quien le decían **Ray Castro.** Aunque emocionalmente sospechoso, era un hombre útil, afanoso y fajón, en la medida de lo que mentalmente le era posible. Era un pregonero tartamudo. Un vendedor gago enfrentándose a todo como un héroe.

«*Llevaba a la escuela sobre su cabeza en una bandeja rectangular de aluminio (los sabrosos dulces de coco), pregonándolos con mucha dificultad y gaguera con su singular grito de venta: 'Duuulces de coco, el que se co, co, co, come uno se come oootro'*». [2]

Puede que en esta lucha por la vida nunca estuvo solo. Hallo al que brinda empatía. Colón Pratts aprovecha para aludir al «batallón de muchachas y muchachos, de casi la misma edad, con enormes panzas, que su madre insistía que estaban llenas de lombrices»; pero, según Ray, su clientela auquelloa muchacho@s eran los más pobres.

Cuando recuerdo a Ray, también medito en la sociedad, con mirada objetora y conservadora, que quiere nivelación, juicio trivializador, ausencia de misterio. Se burla del loco y el héroe, se lo descree y se ríe de él (Ray) y otros para que sea como la masa que obedece a una mecanicidad. Lo convoca a ser uno más del montón. O uno sembrado en lo profundo del ridículo. Es por lo que «El uno / Don Nadie» / está en todas partes, pero de tal manera que se ha escabullido de allí donde la existencia urge a tomar una decisión. Y el ridículo viene muchas veces por invitación e incitación. Por ejemplo, recuerdo cuando a Ray se le pedía que se hiciera el muerto. Y obedecía, echándose al piso en posición fetal. Para mas dramatismo de la chanza, se le requería: 'Pero con ataque', y añadía un frenético episodio de histeria y gritos, que parecía que lo estaban matando o golpeando.

Tal espectáculo Rey Castro era capaz de hacerlo por una peseta. Y la duración de su 'ataque' de terror la fijaba al levantarse y decir: *"Ya, ya, ya"*, a cobrar entonces la peseta.

A menudo sabía administrar sus emociones y arranques de iracundia. Mas ciertamente, ante su fobia a las abejas, salía corriendo abandonando sobre el piso todo lo que vendía en su trayecto de ambulante: dulces, chicles, comics. Llegué a presenciar sus escapadas ante una temida incursión de abejas y avispas.

El *hombre fracasado* deja de existir y causa estupor y, mas la *empatía* lo salva del repudio. La empatía puede más que 'lo se dice' al solidarizar y abrazar a los desclasados, enfermos y bobos gregarios. Rey Castro es encarnación de los bobos buenos, y ciertamente fue autosuficiente, no un privilegiado ni mantenido, aunque tenía la buena cepa genética y familiar de los canarios. A Pepino tocó conocerlo cuando transitara por los modos existenciarios de la aversión, la revuelta y desvío.

* La perspectiva *SE DICE QUE* desautoriza al *ser anhelante* hasta convertirlo en un DON NADIE / esto es, un 'quién' impersonal, el *se* o el **uno** *[das Man]*, que si nació pobre será aún más desgraciado. Un loco.

No obstante, todos los tipos pueblerinos son seres anhelantes que no quieren ser ignorados en el mundo público y más importante, en el mundo del *poder-ser-si-mismo*. Lo arduo en esta prueba es probar la calificación. Todos quieren, pero no pueden porque para ser aptos o el mejor / el héroe / hay requisitos.

Don Nadie es la fuerza humana / coactiva / del mundo público que demanda del subordinado que no asuma responsabilidad, ya que *«todos y nadie somos responsables del por qué las cosas se hacen como se hacen»*.

El héroe va locamente contra la corriente. El héroe es la parte del ser humano más hambrienta de ser y sedienta de luz o de *soluto*.

La metáfora de *Apertura,* o hacer cabida / en un *abrirse* a lo que destella. Hay personas (*Da-Sein,* que en su *ser-ahí*) se abren a ideas y recuerdos, a experiencias. A más apertura más liberad. La libertad es la salud espiritual de los héroes.

Los *locos apasionados* / no los meros *dementes* / desubicados sociopáticos / se deyectan para enriquecer sus vidas y sus vivencias profundas pueden dar por resultado de los modos exitosos en desafio a existeniarios de la *aversión,* la *revuelta* y *desvío*.

La sociedad tiene mirada objetora y conservadora. Quiere nivelación, juicio trivializador, ausencia de misterio. Se burla del loco y el héroe, lo descree y se ríe de él para que sea como la masa que obedece a una mecanicidad. Lo convoca a ser uno más del montón.

Es por lo que *«El uno / Don Nadie»* / está en todas partes, pero de tal manera que ya siempre se ha escabullido de allí donde la existencia urge a tomar una decisión. Afortunadamnte, el Don Nadie puede es disoluble. Lo descubren los hombres y mujeres mas apasionados. Aquellos que se pueden caracterizar por su empuje optimista. Los esperanzados.

Algunos de los requisitos del este tipo están plasmados y encarnados en carácter de los hermanos Padró Quiles. En el poema, describí su ideario: En ellos por compasivos, tener ingenio de artesano y *civismo pulcro,* querer su memoria histórica: *«adquieron en la colonia, voluntad contra el hechizo que no libera la consciencia del olvido y una mente liberada»* que invoca el progreso y sabiduría.

- Ir en pos de un *Hallazgo Afortumado* / la puerta de la patria / es ir por el Hallazgo Acordado.
- Apartado del pesimismo es que se logra nutrir el dirigente, *«guiar ciegos que confunden la senda, y van q la muerte sin*caminos e identificar a demonios o peligros cuando asoman como *demonios de negación* y a quienes cada beneficio lo quieren para sí, *«dejan a un pueblo pobre,clamando, desposeso»*. Martin Heidegger llama a esta coyuntura un *«hallarse acordado» («gestimmtes»)*, familiarizado o abierto del Soluto.

Este es el por qué como las comunidades, en la medida que desarollan su memorias histórica, llevan una secuencia amorosa de sus héroes y *características identitarias.* Respetan a sus guías y compadecen a los caídos en su esfuerzo por vivir y luchar. En algunas instancias, mientan los aspectos de racialidad de una etapa en que el hombre negro sufría el rechazo y humillaciones inmerecidas.

———

Bibliografía y notas

[1]   R. Arceley, ***Diccionario biográfico.*** Ed. cit,, p. 43

[2]   Ramón Edwin Colón Pratts, ***Lezna: Atisbos de cotidianidad puertorriqueña*** (Mariana Editrores, 20], ps, 152-53.

EL HOMBRE PINTORESCO
O DE LOS INCOMODOS JUGLARES

El investigador y poeta Fidel Sepúlveda Llanos (1936-2006) contribuye a que identifiquemos, valoremos, preservemos y difundamos *«el uso y beneficio social de las diversas mani-festaciones que constituyen nuestro patrimonio cultural, en especial de aquellas referidas al patrimonio inmaterial, y en la comprensión del rol protagónico de las personas y comunidades en la identificación y significación de lo patrimonial como acervo y construcción social colectiva, integral y dinámica que, cons-tituyendo una herencia de generaciones que nos han antecedido, son valoradas, apropiadas, vividas y enriquecidas por las personas y comunidades en el presente, con vocación y voluntad de proyectarlas para el futuro y para las nuevas generaciones».* [1]

La *Paideia* [en griego παιδεια, educación] que este sujeto exhibe en sí es su *'Bildung'*, o lo que adquiere como formación libremente en cuanto puede y es el *'amañamiento'* que Heidegger definiera como el acceso a la esencia misma del alma (Ethos), para una etapa de formación, con su *solverse cotidiano.* Ha de darse mañas para sobrevivir, adquirir su gramática parda o luminosa. Desde este fundamento de la condición humana se vive y pervive

Hay, pues, una educación sinceramente sentida y buscada y que, por tanto, se hará el mensaje que él o ella da, aunque carezcan de la plena y rigurosa Paideia (παιδεία) como los 'cultivados' y 'civilizados'. Este sujeto que llamaremos el *Tipo* / con rol folclorizador / tiende a ser un viej@ / sabi@ / por los años vividos / y retrógrad@ por su aferramiento nostálgico y la testarudez con que teme a la torsión ética que lo descalificaría. En cierto sentido, es el anciano que no quiere envejecer hasta no ver todo lo quiso ver y si lo que hizo bien cayó en buenos oídos.

Esta es la definición de *'sabios pueblerinos de antes'* que nos dieran varios pepinianos octogenarios a la fecha de mis entrevistas para mi libro sobre las *Partidas Sediciosas* del '98. Además, ante la técnica occidental que constituye la época en que *«reina el máximo olvido y oscurecimiento del ser, es decir, el máximo peligro para el hombre»,* el *Tipo Sabio, 'el de antes, porque ya no hay como los de antes',* se incomoda. No cabe. Sufre.

Resumiría aquí lo que hasta ahora dijimos sobre el espacio empático donde el hecho y la persona del folclor surgen. El *espacio empático* es imprescindible, como sitio natural y cultural de aprendizaje y formación, del Tipo humano o el evento que se *focloriza.* Para que haya folclor, de cualquier tipo, el espacio empático provee un diálogo, un atestiguamiento público, una crítica constante de la novelería, en que no falta un choteo verificador, pero que nunca llega a ser escarnio. Se alimenta de cierta complicidad y tolerancia de la persona, aunque haya comicidad y/o excentricidad en sus posibles anécdotas y evento folclórico que lo asocia.

A menudo el espacio empático / formativo / de los *atestiguadores* / crece y asocia a otros. Novelerea equívocamente como si quisiera recrear sus fronteras y predominar sobre la persona que es tipo pueblerino, metiendo a todos en el mismo asunto. Entonces, los parentezcos son evocados en el espacio de empatía y aplicados arbitrariamente con quien no encarna un *Personaje Típico.* Por ejemplo, **Ñito Cubero,** carpintero, buen guitarrista en sus ratos libres, persona seria, era popular por ser sobrino de *«Don Funda»,* el padre del Gringo Cubero, a quienes hay asociadas anécdotas de intenso folclor. Mas no califica por esencia con una categoría pintoresca propia del folclor. [2]

Entre los pepinianos asociados a folclor, se ha alegado que está **Sinforoso Vélez Arocho.** Mas haber sido «el primer soldado recluta puertorriqueño del US ARMY y combatiente en la 1ra Guerra Mundial», no le hace personaje folclórico ni pintoresco. No reclamaba 'heroicidades'.

Dice el Dr. Torres Feliciano: *«Ni él mismo hablaba sobre haber sido el 1er soldado en servicio de los EE.UU. en Puerto Rico... Un gran hombre y buen vecino nuestro en Tablastilla, vivio casi 100 años y nadie le conocía como personaje tipico del pueblo»* [op. cit.].

Otro compueblano que sólo compartía, dentro del espacio empático, la tendencia a folclorizarse y ser choteado con un apodo humorístico fue **Anacleto** (Cleto) **Arvelo,** a quien se le nombraba como **Cleto Cuatro Esquinas.** *«No era personaje típico del pueblo. Era comerciante con tienda de todo tipo de mercancía en la calle donde vivía Hernán Sagardía, exactamente donde William Quiles tenia la farmacia. Era un hombre serio y bon-dadoso».*

Que Anacleto Arvelo estableciera una tienda, en cada una de las cuatro esquinas del pueblo fue la razón del bautizo como *Cleto 4-Esquinas.* [3]

Es característica del espacio empático llevar un registro dialógico de lo que fue primero y tenderá a desaparecer, i.e,. la carreta y la persona del carretero. A la carreta la sustituye el camión de recogido o carga o la guagua de pasajeros.

En este renglón, habría que considerar a uno de dos italianos que se hicieron populares en el Pueblo de Pepino. La novelería centró su curiosidad en la persona de **Eleuterio Bottari,** alias *Don Bottari,* quien desde el primer decenio del siglo X, fue *«el primer chofer de carro público en Pepino, viajando ida y vuelta 3 veces al* día hacia Lares *(tiempos en que la carretera era terrible y cuando llovía, se inundara). Se tardaba el día en esos 3 viajes»*, contaría el padre de uno de sus pasajeros (Torres Feliciano, loc. cit.). Lo único que haría foclórico a Bottari, padre de Calín y Luisa, sería su origen italiano y marcar una transición revolucionaria en el transporte. Su carro fue el primero en ser visto en pueblo y campo en nuestra aldea. **Don Eleuterio Bottari** inicia la etapa en que habría que verse la carreta como un transporte en vías de extinción en la vida comercial y social. [4]

El espacio empático perpetúa la memoria de otro italiano, quien bien juzgado no fue hombre peculiarmente folclórico; tampoco el único extranjero que conviviera en el Pueblo. Este fue **Pietro Ferrante,** ganadero y agricultor, amigo de Don Cecilio Echeandia, quien también se dedicaba a lo mismo.

En la finca de Ferrante, *«se manufacturaban dulces de frutas que cosechaba y disecaba, enlatándolas con mieles de varios sabores; y quesos blancos que exportaba a USA y a Europa».* Es descrito como *«un tipo de buen semblante y muy gregario, así como su hijo Bambino».* [5]

La moral de trabajo es cualidad que se valora en el espacio empático y que trasciende hasta el hecho y anecdotario folclórico. Consideremos el caso de **Chalo La Mancha,** pregonero y dulcero que, con artesa bien decorada sobre a cabeza, al vender sus dulces pregonaba: *«¡Llora, llora nene pa' que te compren dulces sabrosos!»* El manufacturaba su propia mercancía. Vestía muy bien.

Torres Feliciano le describe: *«Era un tipo alto y blanquirojizo, místico y luminoso».*

También, como curioso dulcero y pregonero, fue el hijo de Polo Castro, maestros de Pepino. Ambos, padre e hijo, tenían espíritu de vendedores. Los dulces que vendía Rey Castro se los compraba a su padre. Contrario a los arriba mencionados, donde el buen semblante y la actitud emocional iba pareja a destrezas sociales de convivencia, Rey Castro mostraba cierta retardación mental, explosivos ataques de histeria al pensar que se le quería engañar con el pago de la mercancía o el temor a las avispas. El

Pepino le recuerda como *Rey, el Bobo de Polo Castro.* Y ni bobo ni disfuncional lo era. En condiciones normales, sin tensión, era muy simpático y se enamoraba a lo adivino de niñas escolares.

SABIOS AMAÑADOS: Repasaré ahora el concepto heideggeriano de *amañamiento.* Dice Heidegger que *«el ser descansa sobre una profunda vocación ética en la medida en que aspira a auspiciar el surgimiento de una nueva relación con el ente en su totalidad».* O, lo que es lo mismo, a crear un estado de situación y nuevo *Ethos* que renuncie al afán de dominación, inautenticidad y competencia, que aumentan su zozobra [6].

Nos referimos al espacio empático no sólo como *«el lugar de residencia esencial del hombre, es decir, su Ethos»* (Heidegger), sino como el donde se prueba la calidad de persona que se es, el marco para su análisis de conciencia. *«El rasgo esencial de la existencia humana en su anhelo por tocar la dimensión originaria del Ethos».* La humildad es necesaria en este estado formativo. Existe el que falla. Se despotencia y desvalora. Esta es la historia de **Nico Chavito.**

Desde éste espacio empático del Tipo, es que sufre las implicaciones éticas de su comportamiento y la presión de la facticidad social, su pobreza y su éxito, la intensidad de su aceptación y su rechazo por la comunidad en que ha nacido. En el *ethos* de la culpa sufre; por la *depotenciación de la subjetividad moderna «que cuestiona la soberanía que ésta se atribuye a sí misma»,* que genera los vicios y las ofertas tentadoras, [7] sabrá si el alma que forma su *paideia* es humilde.

En la peor, de las acepciones, la del sujeto seco, merecedor de verse bajo el humus, el espacio lo prueba. Hubo un *serenatero* en el Pueblo de Pepino que como tal fue aceptado: pero el *Serenatero y rotulista* **Nico Chavito** manifestó *«una torsión de la ética»* en su vida. Un retrotraimiento que no pudo echar luz sobre la existencia del ser, amenazado por las drogas, al punto de situarlo contrariamente en el habitar deseado, que fue el espacio empático.

Dejó su historia, malamente amañada en el *ethos,* en una frase: *«Este es un pueblo cagao. Yo no quiero que me entierren aquí».* Conté su historia en un cuento que resume su vida [8].

Sobre Nicolás González es que la carta de Joaquín Torres, en mi Archivo, alerta: *«Nico Chavito, casi a las puertas de la muerte, cuando le dijo a su esposita 'dominicaina': 'Aqui, en esta tierra de cocodrilos y salamandras, no me entierres. Hazlo en Aguadilla, a los pies de aquellas mareas; aunque me arrastren los marullos y las orcas mas humanizadas me acariciasen el culo».* [9]

En este enfoque heideggeriano sobre la esencia del folclor es útil conocer 'qué' estaría implícito en el término *Bildung / Formación* / tal como Heidegger lo utiliza y lo primero es el 'acto formador' *(ein Bilden) que «imprime, o impone, a la cosa, un carácter o rasgo, según el cual ella se desarrollará, pero al mismo tiempo, conforma, constituye, a esa cosa, en relación a algo que se llamará o erigirá en el 'modelo' (Vorbild)»* y, a partir, de este modelo comprensivo o de portación, se exhibirá públicamente la verdadera *Paideia* que el Sujeto Pintoresco ha anunciado con su conducta, ya que es movido por un acto formativo que *«atrapa y transforma al alma misma para hacerla apta a esta percepción de las cosas tal como son».* [10]

Y las cosas del mundo, en cuanto a cómo son, y la forma concreta que incide en éste / sujeto incómodo / el incómodo retrógrada en nuestro tiempo es esencia de todo ente sometido y submitido a voluntad de poder y oscurecimiento de su ser. Por esta razón, digo que los tipos incómodos / estorbos anti-metafísicos en una sociedad que no quiere juglares y nadie que capaz de mentar la *ausencia de ser,* a ellos se les relega al olvido.

Se suele culpar la ignorancia y los rezagos materiales.

* QUE NO HAYA CARRETAS NI BURROS: Al fin, advendría el tiempo en que que el folclor rural, sin carretas ni burros, ni sombreros de paja, tendría que hacer su presdencia. De eso se encargaron tres motivados hombres de futuro, impulsores de progreso, fueron Juan Almeyda Eurite, Antonio Sagardía Torréns y Manuel Rodríguez Cabrero.

Con ellos se espera que nazca una burguesía urbana que se articula al modo de la administración norteamericana.

Se implora por dar la velocidad simbólica del nuevo

capitalismo. La magia del transporte.

• LOS PIONEROS DE LAS GUAGUAS

Junto a Antonio Sagardía Torréns y Manuel Rodríguez Cabrero, Juan Almeyda estableció el primer servicio motorizado de guaguas entre Pepino y Aguada, al fundarse *La Transportación*. Incorporó la guagua *La Carmen* a la firma. Más tarde, el Dr. Cancio añadiría servicio vehicular a través de La Reforma. El viaje de ida y vuelta costaba 25 centavos.

Ejemplifiquemos esta tensión o incomodidad, pero con pepinianos que si han entrado al corazón colectivo y honraron el Ethos y la Estética de la Sabiduría Popular.

——

Bibliografía y notas

[1] Fidel Sepúlveda Llanos, *Patrimonio, identidad, tradición y creatividad.* Centro de Investigaciones Diego Barros Arana, Dirección de Bibliotecas, Archivos y Museos de Chile (DIBAM). Santiago. Chile, 2010 y El valor de la solidaridad en la cultura tradicional. 1987 *Arte-vida, folklore, identidad latinoamericana.* Revista *Nuevamerica.* N °12. Buenos Aires. Argentina. Valoro a la persona 'pintoresca' / al hombre con cierto folclor / como portadora de crianza o básica formación sea todavía un alma no preparada plenamente para verter la esencia del conocimiento. Tiene el sentido común e intuitivo peculiar a cada individuo, pero es un alma en transformación. Una que huye o teme a la visión técnica de la realidad porque sabe que ésta lo anularía, sistemáticamente. El alma iconográfica de relatos y figuras que él representa chocan con la estructura de creencias dominantes que él sostiene. De ahí que les ronde el crítico para quien el término «folclor» tiene sentido peyorativo y no le reconoce un espacio empático. Ni conceda a esta persona o a lo que sabe / su folclor / valor estético y educativo.

[2] *Carta personal del Joaquín Torres Feliciano.* Archivo 2013.

[3] Homenaje a *Anacleto Arvelo / 4 Esquinas,* en: Carlos López Dzur, *Épica de San Sebastián del Pepino* (San Sebastián, Ed. KoolTourActiva, 2013), ps. 137-142. Ver texto en la red

http://carloslopezdzur-carlos.blogspot.com/2009/06/gustavo-arvelo-md-fueron-muchisimos.html

[4] Sobre el primer chofer del Pepino, el italiano Don Bottari y la pintoresca hija suya, la bella Luisa Bottari, incluyo estampas en varios de mis libros. Ver: *Como una amazona,,* en la red:

http://carlos92701.tripod.com/bottari.html y el cuento en la edición de *El Pueblo en sombras,* ed. cit., ps 34-40, con el titulo *Luisa y Chilín.*

Además: *Carta personal del Joaquín Torres Feliciano.* Archivo 2013. En una de estas escribe sobre Ferrante y Bottari: «Me parece que los dos italiano vivieron como cualquier parroquiano accesible en los espirales de la época. Uno triste, pobretón, y resignado, y el otro en las cosechas del éxtasis que le traía la fortuna. No sé cuan especial pudo ser cualquiera de ellos para tener el privilegio de ser enlistado en ese rollo de personajes iconográficos del *'pueblito cagao'* que refirió Nico Chavito, casi a las puertas de la muerte, cuando le dijo a su esposita 'dominicana': *'Aquí, en esta tierra de cocodrilos y salamandras, no me entierres. Hazlo en Aguadilla, a los pies de aquellas mareas; aunque me arrastren los marullos y las orcas mas humanizadas me acariciasen el culo».*

[5] Ibid.

[6] Para el exitoso amañamiento, a fin de entrenarse en la sabiduría que lo amaña, se aprende a jugar con el advenimiento. Según Heidegger, *«Ereignis es al mismo tiempo un Ent-eignis.* El advenimiento, adviniendo y para poder advenir, se sustrae». Vivir sabiamente es advenir y sustraerse. El terreno de la sustracción es la ética, el habitar del hombre en medio del ente en su conjunto, en cada época histórica, en cierta disposición afectiva fundamental y. en particular, la que se corresponde con su *Espacio Empático. «El advenimiento de la disposición afectiva fundamental propia del nuevo Ethos proviene del destino del ser y no puede ser forzado por el hombre».* Cf. *Teoría humanista de Rogers,* en: *El Rincón del Vago,* en:

http://html.rincondelvago.com/teoria-humanista-de-rogers.html

[7] Juan Carlos Tealdi, Director, *Diccionario Latinoamericano de Bioética* (UNESCO y Universidad Nacional de Colombia, 2008), cita de Mónica Cragnolini (Argentina) y de Javier Luna Orozco (Bolivia) sobre el concepto de consentimiento comunitario. *«La realidad ampliamente diversa de los grupos que conforman las sociedades humanas, de acuerdo con características genéticas propias de su raza, idiosincrasia, cultura, religión, lengua y medio geográfico en el que habitan es, de por sí, un tema que debería llevar a un análisis mucho más profundo de las nociones de consentimiento que han venido aplicándose en la práctica médico-asistencial y en la investigación. Aceptar únicamente la definición médico-legal de consentimiento informado (...) es una definición limitada que no da lugar a considerar esa diversidad»* (p. 223).

«De Lévinas en adelante se observa «una urgencia para pensar la alteridad de una manera más radical». «En esta línea de pensamiento, en la que el otro es extranjero, es necesario pensar conceptos como hospitalidad, amistad y comunidad, algunos de los modos actuales de mentar la alteridad. Hospitalidad es un término que remite a Lévinas, y ha sido retomado por Jacques Derrida... En Lévinas el rostro es la huella del otro, que inhabilita la posibilidad de ser pensado en relación con un yo (sea por identificación, homologación o apropiación» (ps, 22-25).

Ver el pdf.en:

http://www.unesco.org.uy/shs/fileadmin/templates/shs/archivos/DicoPar
tel.pdf

[8] Vea C. López Dzur, su cuento sobre Nico Chavito en el libro *El pueblo en sombras* (Editorial Palibrio, Indiana, 2014, ps. 174-179). Cf. leer versión en la red en:
http://carloslopezdzur-carlos.blogspot.com/2008/09/nico-chavito.html

[9] *Carta personal del Joaquín Torres Feliciano*. Archivo 2013

[10] Martin Heidegger acuña el término *ética originaria* en la *Carta sobre el humanismo,* pero se niega a dar pautas morales o de conducta al «negarse a escribir una ética» o plantear la adquisición de una formación en términos del *amañamiento* y la estancia. Asimismo, explica que, por acto formador, «*se debe pensar la esencia del lenguaje a partir de la correspondencia (Entsprechung) con el ser, concretamente como tal correspondencia misma, esto es, como morada (Behausung) del ser humano"*, con la consecuencia de que, en todos lo casos, «*ya se trate del propio Dasein, del mundo, del ser, de la palabra o de la técnica, es el paradigma sujeto-objeto el que debe ser superado. La superación del humanismo es simétrica a la superación de la metafísica: el hombre no es un sujeto, ni el ser un simple objeto».* Vid. Luis César Santisteban Baca, *La ética del "otro comienzo" de Martin Heidegger* en: *Diánoia,* vol. XLIX, no. 53 (noviembre 2004), ps. 71-92.

Heidegger declara que el advenimiento de la disposición afectiva fundamental propia del nuevo *Ethos* proviene del destino del ser y no puede ser forzado por el hombre. El tránsito hacia ese nuevo Ethos, u *Otro Comienzo,* es asimilado a la torsión o superación *(Verwindung)* de la metafísica, como un mero dejar atrás el estado de cosas que ésta representa.

—

SER POPULAR ES UNA COSA SERIA

Se designa *tipo popular* a gente que es admirada, se gana el cariño de sus compueblanos y que por ello ganan su *«popularidad»* o una aceptación que les sobrevive hasta mucho después que han muerto. Es: Gente útil y trabajadora que han sido pioneros de alguna novedad. U oficio o actividad edificante.

En este grupo no caben los llamados tipos pintorescos ni folclóricos. Ni pordioseros ni enfermos mentales. Este grupo es sólo de gente que ha sido capaz de alguna 'osadía'. O cualidad, socialmente significativa.. Se les admira / acepta . por razones que no sean partidarias ni sectarias, sino civiles / empáticas. Espirituales o culturales.

Por ejemplo: a *La Carla* / homosexual / travesti / si se le aceptó como primera travestí. Mas él fue homosexual en una época de rechazo y homofobia generalizada, era un joven que se daba a respetar. Trabajador, servicial. Tenía la confianza de toda la comunidad.

TIPOS POPULARES: De los más conocidos en Pepino son:

* **DON MINGO O MINGO EL FAROLERO**: *«... era el que se encargaba de prender los faroles cuando no había luz eléctrica en las calles».* Última persona en ejercer ese oficio. Mingo por llamarse Domingo. Tiene la faceta de la servicilidad, la ergología del costumbrismo en retirada y lo pueblerino

* **DON MILLIN,** alias de Emilio Scharrón Rodríguez (1900-1976). En el barrio Hoya Mala ningún pepiniano brilló en el siglo con tantas luces de virtud y trabajo. Don Emilio fue agricultor, carpintero, barbero y músico. Dio a la comunidad una familia musical que son el orgullo nacional; los mejores guitarristas y, por botón de muestra: Rafael Scharrón Alicea (n. 1932), Eladio Scharrón González (n. 1956), guitarrista clásico y ganador de la *Beca Musical Reynolds* para completar su doctorado en música en la Universidad de Rochester (New York), Mario Scharrón Alicea (n. 1926) y Mariana Sharrón Alicea (n. 1937), nacida con el tale4nto de la composción son parte de ese legado.

* **DON PEPE ESTELA:** Uno de los primero orfebres de Pepino. Arreglaba relojes, pulseras. Hacía ojales a la ropa y otras reparaciones.

* **EL MAESTRO PONCE**: Alias de José Toro Torres, nativo de España. Tenía colocada y ondeante la bandera roja y amarilla del Partido Socialista español, cada domingo antes de ir a misa, y esto ante el hecho de que, en ese tiempo, estaba prohibido el uso de la bandera puertorriqueña. Nunca hablaba de su vida privada; pero, al parecer, pefdió un hijo en la Guerra Civil española. Sus horas de asueto las pasaba leyendo u oyendo música clásica. Administraba una firma distribuidora de periódicos. (Ver más datos: Bernardino Bosques Rodríguez, en *El señor español,* op. cit. ps. 91-96).

* **DON PERICO:** *«Bajo de estatura y de piel blanca casi fría».* Ojos grises y melancólico. A los 50 años parecía mayor. *«Nunca se le vio sonreir en público».* También de origen español y apodado *Don Perico,* casi con las mismas características, Pedro J. Jaunarena Oharriz, nacido en 1885, en Iturren (Navarra), administrador de *Laurnaga y Co.*

* **NARCISO RABELL CABRERO** (1873-1928): Además de sus méritos como Alcalde y farmacéutico, lo que le hizo de un liderazgo popular, el pueblo como comunidad empática destaca que fue músico, padre de nueve hijos ejemplares, impulsor de la

re-construcción planificada del poblado tras el Fuego de 1906, promotor del primer acueducto y la primera planta eléctrica. E impulsor de la enseñanza publica. Comprender la dimensión humana y comunitaria de este pepiniano sería la evidencia mayor y fuente inspirado para una definición de su tipo.

El siglo XX, después de las pesadillas del anterior, nos dio la imagen y la pauta.

Se ha publicado un excelente estudio titulado ***Narciso Rabell Cabrero (1873-1928): Naturalista y Servidor Público Pepiniano — Biografía y Notas Genealógicas***, cuyos autores son el Dr. Ángel Nieves-Rivera y el Prof. Edgar Maíz López. En su momento, don Narciso fue llamado el «hombre de ciencia de Puerto Rico en los Anales de la Academia de las Ciencias en Nueva York por sus aportes y la colaboración con el equipo de científicos nor-teamericanos durante el tiempo de exploración y la redacción del *Scientific Survey of Porto Rico and Virgin Island* de la Academia de Ciencias de Nueva York. El propósito de dicho reconocimiento por parte de la Academia de Ciencias de Nueva York fue indagar lo que *'las nuevas posesiones'* ofrecían en cuanto a recursos naturales y sociales, y aunque en principio se hizo una labor de bien, al final lo que valió fue la filosofía política del control. [...] Aparte de hacer y estudiar sus propias colecciones, produjo publicaciones científicas, escritos y desarrollo sus propios químicos y fármacos (e.g., Tabonucol)... ¿Fue NRC conocido? Lamentablemente no, sólo los pepinianos, su familia y algunos especialistas reconocen su obra».

El Dr. Ángel Nieves-Rivera explica en una reseña del libro: «Uno de los propósitos principales de este libro, es el dar a conocer su vida y obra hasta donde se nos permita. Su vasta aportación ha sido más extensa porque se han extraviado documentos y colecciones, las cuales su paradero se desconoce. NRC es un ejemplo a emular por las nuevas generaciones ya que corrió la buena carrera y a pesar de las adversidades siempre tuvo su norte definido desde el principio de su vida. El legado que hizo Rabell Cabrero para San Sebastián y los investigadores científicos fue que ya las colecciones científicas las había hecho, facilitándoles el lugar de trabajo a los especialistas, e.g., el Salto Collazo y río Guatemala. Conocía a los dueños de los terrenos y lidiaba con los campesinos que colectaban dichas piezas tanto paleontológicas como arqueológicas».

* **ANDRES Y MANUEL MENDEZ LICIAGA:** Como dijimos en torno a don Narciso Rabell Cabrero, la plena superación del Don *Nadie* público de la publicidad, de la *medianía de la cultura,* o *'el se dice que',* no es una cuestión de la popularidad ganada en base al grado de autoridad política en las urnas. Esta es una competencia por la conquista del Ser-Alguien en los espacios de empatía. Estos dos hermanos, hijos de Avelino Méndez Martínez y nietos de Francisco Méndez Acevedo, fundador de la Junta Revolucionaria *El Porvenir* de San Sebastián en 1868.

* **ANDRES MENDEZ** (1884-1943): Si Alejandro Tapia y Rivera es el *Padre de la Intelectualidad y la Cultura Institucional* puertorriqueña, ese es el papel equivalente de este pepiniano, autor del **Boceto histórico,** historiografía pionera de su lar isleño. Gracias a su libro, conocemos la comunidad antes de 1925 y la vida política de 1913 a 1918.

El nos dio el medio de vehiculizar un quehacer periodístico de modo más consistentemente que cualquier otra publicación antes de **El Regional** y **La Vanguardia.** En ambos semanarios se ventilaron las precupaciones cívicas y política de su generación y de conciudadanos que fueron claves en la historia de Puerto Rico, entre ellos: Pedro Ángel Cebollero, Luis A. Domenech Hernández (1891-1923), Miguel Cancio y otros. Advierto que esta es la época de profusión de logieros, no de la tradición finisecular que habíamos conocido con el maestro Lino Guzmán, sino en la nueva etapa amaericana de la *masonería de la obediencia.* Ver las notas sobre la *Logia Redención* en Pepino.

* **MANUEL MENDEZ,** alias **Don Manolo,** y la botica *La Central* que solía ser sedes de tertulias. Las actividad comunitaria y dinámica de tal tertulia está descrita en el libro **El corazón del monstruo,** en donde explica:

«En los primeros decenios del siglo XX, poquito antes del '20, aquilatándose en plena Depresión, don Manolo Méndez Liciaga abrió La Central, una de las primeras farmacias de Pepino. Allí, Francisco Rosado y Don Manolo, establecieron una tradición: reunir en las noches a los viejos y los jóvenes, montar el diálogo, recontinuar lo que, espontáneamente o por necesidad, tenía que darse para que se organizara el futuro, se creciera consciente y moralmente y la responsabilidad individual y colectiva diera frutos». [op. cit.]

* **ÁGUEDO VARGAS LABAILLE** (1868-1955): En el espacio empático pueblerino destaca por tres cosas que llenan necesidades afectivas en la comunidad: consolar a su gente en el momento de pérdidas (en el entierro y sepelio digno de los más pobres). Como un artesano para remediar a los deudos de fallecidos estableció una de las primeras agencias funerarias, donde fabricaría sus propios sus ataúdes; sostenía la creencia en la reencarnación y propandizaba a Kardec, el doctrinólogo espírita, a través del *Templo Espiritista Luz Divina* y por su amor a la niñez trajo al pueblo la primera *Máquina de Caballitos,* algunos tallados y agregados por el mismo. Fue padre de una familia localmente querida que incluyó al futuro abogado Celestino «Tino» Vargas, Moisés (el Hermano Moisés) y otros nueve menos conocidos.

A Don Águedo Vargas, otrora llamado el *Padre de los Pobres* en Pepino, nada lo obligaba a dar servicios, a regalar ataúdes para el entierro del más pobre; llenarse de misericordia cuando veía la necesidad de su pueblo. Lo menciona porque es un signo de amor pepiniano. Lo admiro. Desde las vísceras de su alma, fue protector de la dignidad de Pepino en el sepelio de su gente más pobre y, como creyera, en el *viaje hacia lo Eterno,* la Ultratumba.

En mi esquema representa, un hombre popular y pintoresco, oficiante del folclor mágico. Fundó uno de los primeros Centros Espíritas en el Pepino, y siendo que se acordaba del *Pepino Niño*, hizo artesanalmente una maquina de caballitos, a cinco centavos, para divertir a los más pobres durante las *Fiestas de Patrón* y Navidades... Su buscar fue su Hacer con el Ser y Dar con el Ente, lo visible... [1]

Diría lo mismo con mis percepciones de personas como Don Aurelio Méndez Martínez, Don Víctor Primo Martínez, Narciso Rabell Cabrero, los Méndez Liciaga... Yo los llamaría 'padres del Hacer y la búsqueda', en el sentido ontológico de la *Épica pepiniana*.

* **EL DOCTOR FRANCO:** En la comunidad fue querido uno de los contertulios de *La Botica,* el Dr. Franco. José Ángel Franco Soto nació en 1875 y murió el 9 septiembre de 1959. Hijo de Ángel Franco Ortiz, también médico y oriundo de Sábana Grande, José Ángel fue novelista. Cursó las enseñanzas primarias y secundarias en su pueblo natal, Mayagüez y Maricao.

En el Colegio Janer, de esta última población, siguió los estudios del bachillerato y tuvo por condiscípulos a varios puertorriqueños que devendrían con distinción a desempeñarse en las esferas políticas, profesionales e intelectuales del país. Estudió medicina en España para 1896 y, a su regreso, ejerció por veinte años su profesión en San Sebastián.

La Guerra Hispanoamericano lo sorprendió como representante de la *Cruz Roja* hasta 1911 cuando ejercería en Mayagüez. En 1902, Vélez López lo representó en la reunión en que quedó fundada la *Asociación Médica de* Puerto Rico (**QB:II:**14, 16, 141). Fue ayudante del Dr. Salvador Carbonell en Mayagüez y Ruiz Soler le nombró director del Sanatorio del Pepino de 1921 a 1923.

Escribió, en 1949, el libro **Juan recuerda su pasado,** novela de tono autobiográfico, en la que se explica el proceso de la Guerra Hispanoamericana y las Partidas Sediciosas y el fin de las grandes haciendas cafetaleras del Siglo XIX. Al mismo tiempo, la novela revela, sin pretenderlo, la índole de sus participaciones en los años en que fue contertulio de la botica *La Central.* Tertulias animadas por Manuel Méndez Liciaga, el profesor Lino Guzmán, Eugenio López y el licenciado Víctor P. Martínez González.

Impresionado por la Guerra Hispanoamericana y el decepcionante papel desempeñado por España en Puerto Rico, durante la defensa del centro-oeste de la Isla se hizo uno de los pioneros de los partidos Federal y Unionista Liberal.

Los contertulios de *«La Central»* tenían en común haber sido testigos del cambio de soberanía política en Puerto Rico y los incidentes del llamado *Desastre del Guacio* (1898). Años antes de su muerte, el Dr. Franco volvería a escribir sobre el tema.

Según la genealogista de la familia Franco, existe la posibilidad de que su hermano haya sido el también médico Augusto Franco Soto (solicitante de rev., en 5-IV-1908 o 1909. Aut 15-IV-1908 o 1909 y quien ejerció en Mayagüez 1911 (**QB**:II 140). Doña Milagros López Reyes, genealogista, afirma que «tengo documentos alusivos a que el padre de Franco Soto fue asesinado al entrar a un café 8:00 de la noche; el juicio fue el 18 de julio 1892 y terminó el 3 de agosto de 1892».

Don Herminio Detrés Olivieri y el Lcdo. Pedro Antonio Echeandía, recordaron al Dr. Franco Soto como un hombre carismático, muy amado de San Sebastián, quien tenía un espíritu crítico en política en cuanto a las corrupciones imperantes antes de reestructurarse el sistema jurídico y político colonial; pero marcado por tragedias familiares, como fue el asesinato de su padre y el fallecimiento de su hija en un accidente dentro de la Iglesia Católica del Pepino.

* **VICTOR PRIMO** / alias **El Caballero.** Abogado graduado en las universidades de Barcelona y Santiago de Compostela, ocupó cargos judiciales desde 1892. De 1895 a 1898, fue Capitán del Ejército Español. Por real decreto del 30 de agosto de 1896, se le honró como *Caballero de la Orden Isabel la Católica...* Una décima conspiradora, durante la etapa insurreccional campesina en Vegas del Pepino, lo alude en el último verso :

Dile a Braulio Caballero
que toda deuda se paga
y a Francisquito Laurnaga
que pronto perderá el cuero.
A Mantilla y a Ranero,
ese par de serafines,
les dirás que nuestros fines
son de a Guijarro coger
`y arrimarle a Castañer
junto con Víctor Martínez.

Víctor P. Martínez se casó con María de los Remedios de los Ríos, con quien hizo vida cortesana en Madrid.

[En la décima se alude al español **Braulio Caballero Ayala** (n. 1853), **Manuel Ranero Arrison** (n. 1864), en España, quien tenía entre sus hijos a **Evaristo** y **Nicolás Ranero Rodríguez** y la familia **García Mantilla y Laguerre.**]

* **MIGUELITO CANCIO:** Nacido en San Sebastián, en 1923. Graduado de la Universidad de Puerto Rico en 1948, donde obtuvo su B.S. en Ciencias Farmacéuticas. De 1949 a 1961, trabajó como farmacéutico, con negocio propio, en Aguadilla, P.R. Pasado cierto tiempo, decidió estudiar en la Escuela de Leyes y se graduó en la Universidad Puerto Rico, donde obtuvo el grado de *Juris Doctor (Magna Cum Laude,* con promedio de 3.72) en 1964. Al ser el primero de su clase graduanda, se le concedió la medalla de Alumno Sobresaliente. Fue admitido a la práctica legal por la Corte Suprema de Puerto Rico en 1964 y a la Corte de Distrito Federal para ejercer en Puerto Rico desde 1965. Admitido a la Barra de Abogados, estableció las *Oficinas Legales de Miguel M. Cancio.* Más tarde, estableció como socio el bufete legal de *Cancio & Cancio.* Fue nombrado Magistrado Honorario y advino como miembro de la Junta Examinadora de la Profesión Legal por varios años. En 1995, estableció y consolidó su firma como *Miguel M. Cancio & José R. Cancio.* Miembro de la Barra de Abogados de Puerto Rico.

* **JUANITO MANO MANCA:** Quincallero que hizo famoso el lema de las TRES B / *Bueno / Bonito y Barato*: *«Lo que nadie tiene lo tiene Mano Manca»* en la Plaza del Mercado. Anduvo siempre bien vestido, usaba sombrero Fedora. *«Hombre alto, robusto, labioso, seriote, y de hablar convincente».* [Datos ofrecidos por Joaquín Torres Feliciano]

* **JUANITO VALENTIN,** Zapatero. Casado con Matilde Guerra, hermana de la esposa de Lano, el otro popular Zapatero. Otros zapateros: Otilio Fuentes, y los hermanos Padró Quiles.

* **MIMA,** primera Auxiliar de Farmacia. Fue el promedio más alto de la Junta de Farmacia de 1973. Fue encargada de la farmacia del hospital, la *Farmacia La Providencia* y laboró en casi todas las boticas locales.

* **ÑITO CUBERO:** Carpintero, buen guitarrista. Sobrino de Don Fundador Cubero.

* **GUILLO EL SOCO o GUILLERMO RIVERA:** *«Fue el pirotécnico más exitoso de Puerto Rico lo fue Guillermo Rivera, mejor conocido como Guillo el Soco, Che Pelao no explotó ni un siquitraque. Allí trabajó en la construcción de la represa del lago como parte de una partida de presos que fueron enviados a labores de construcción. Guillo estaba preso por haber matado a su esposa con un escopetazo que aunque alegó que habia sido un accidente lo sentenciaron a cárcel y lo enviaron a Guajataca a trabajar»* [Datos provistos por Neftali Santiago].

* **DON CLAUDINO,** primer mecánico de camiones de El Garaje que reparaba los Camiones de Flores Rivera desde tiempos de la Zafra de 1960, ubicado al final de la Calle Severo Arana.

* **CISO RAMIREZ:** Como su hermano Jerónimo, Narciso Ramírez fue un hombre optimista y emprendedor, el creador de una fábrica de botellas y la empresa elaboradora y embotelladora de refrescos *«El Gallito»).*

* **ELEUTERIO BOTTARI**: Después de haber sido agricultor, fue el primer chofer de carro público de Pepino. Daba 3 tandas de viajes a Lares. Padre de Calin y Luisa Bottari.

* **BERNARDINO SANCHEZ:** El 'barbero de los ricos'. Fue barbero a domicilio en sus comienzos. Tuvo la barbería más lujosa del Pueblo. Declamaba versos mientras cortaba el pelo / versos de Gautier Benítez, De Diego, Lloréns Torres y otros bardos boricuas, a petición del cliente. Lo que le sumaba popularidad y admiración pública. De este personaje escribe Manuel A. Román: A mediados del decenio del 2000, a la edad de 90 años, quien comenzara a cortar pelo a la edad de 7, continuaba haciéndola. *«Don Bernardino Sánchez Méndez es su nombre de pila, nacido un 20 de mayo de 1915. Hijo de don Ramón Sánchez Ramírez y doña Carmen Méndez Toledo, ambos fallecidos... Proviene de una familia longeva. Su abuelo materno falleció de 113 años y algunas de sus hermanas han sobrepasado de los 85 y 90 años respectivamente. Nos hace hincapié en que lleva 73 años de matrimonio (1942) con su señora Doña Milagros Jiménez Martínez. Ella siempre ha sido ama de casa. «Yo nunca quise que ella trabajara para que atendiera los hijos, cuidara la casa y a mi'. Procrearon dos hijos».*

Una de sus pasiones, según dijera al autor es declamar poesías y admite que ha memorizado unas 500. [2]

* **CUCAN:** Alias de Joaquín Nicolás Oronoz, ex-Alcalde. Primer alcalde conocido como homosexual. Histriónico y teatral en su manera de ser. En *Procesiones de Semana Santa*, se echaba una cruz al hombro; pero el madero era hueco, no obstante, él gesticulaba con mohines de una intensa angustia por el dolor de la carga. Tuvo su época de poder en los ejes de poder de los dos clanes tradicionales: las familias Méndez Cabrero y la Echeandía. [3]

* **PIRO,** alias de **Pedro Enrique Pérez Cancio** (1920-1976). Desde que comenzó a trabajar en la *Farmacia La Providencia,* propiedad de su tío, el pueblo lo absorbió con empatía. Por 27 años sostuvo el ideario del *muñocismo* (Pan, Tierra y Libertad) y militó con el Partido Popular Democrático. A partir del *Plebiscito de 1967* y el *Movimiento de Estadistas Unidos* y un buen *momentum* en sus negocios que incluyen mueblería, farmacia, agencia de pasajes aperreos y joyería, lo tienta la política partidista y este es el mayor

repelente de la empatía pura y desinteresada. No logró su triunfo en la aspiración por la Alcaldía del Pepino en varias oportunidades ni otras aspiraciones públicas y, sin embargo, halló su muerte trágica cerca de la Navidad de 1976.

* **MAYITO EL ZAPATERO**: Alias de Marío Ríos Sánchez (1917-fallecido). No fue tanto por ser zapatero (que en pueblos de tradición artesanal hay muchos), Pepino le distinguió por ser músico. Su ejecución de la guitarra lo hizo partícipe en el decenio de 1930 del *Trío Mortadella* con Toño Hernández y Pedro Cabán. Tocaba en fiestas privadas y patronales con grupos musicales con Benito Fred, Cheo Chandy, Millín Scharrón y Paco Daniel

* **DON LANO, ZAPATERO** [4]

* **DOÑA BISA**: Asambleísta municipal por el Partido Popular Democrático. Viuda del Juez Eduardo Negrón e hija del último Alcalde bajo la administración española. Fue su cultura y generosidad las que abrieron para ella puertas de empatía entre todas las clases sociales. Para 1968, con la irrupción de un nuevo paradigma pro-anexionista, deja el PPD y se une a la derecha neo-conservadora.

* **ANACLETO (Alvelo), CUATRO ESQUINAS**: Comerciante y Asambleísta Municipal

* **CHIN, IMPRESOR**. Se educó e hizo su práctica con la Imprenta Santana hasta que estableció la suya. Chin. o Imprenta de Ramón Valentin.

* **ANA LA LOCA**: Asistía a los parques de pelota para animar a Los Patrullero como su primera fanática.

* **MIRTELINA**: Preparaba y vendía rellenos de papa. En su juventud, muy hermosa, trabajó para el congal de Millán Matos, el proxoneta. Fue conocida por un tardío romance con un hombre casado, *Santos, el Sordo*. Anecdotas a fines de este hecho López Dzur Iss recogió en uno de los cuentos de su primer libro ***Sarnas de la ira parda*** (1980). De Mirtelelina suele que se invoque por mucha gente su edad adolescente cuanndo se bañaba, con pícara inocencia, en pantaletas en las charcas o se lavaba en las plumas publicas de servicio de agua de su localidad, en presencia de los

varones del sector. Tambien aparecia en los 80 en las Fiestas Patronales atendiendo las picas.

* **GALLOZA:** dulcero y pastelero.

* **VENTURA FONT,** Chofer de carro público. Transportaba estudiantes a la UPR (Río Piedras) desde finales de 1970 a 1980.

* **MEDIO METRO:** *Mister Ríos,* alias *Medio. Metro.* Mr. Rodriguez

* **DON HERNAN, BRINCA-CHARCOS.** Educador de Historia. Mote para Sagardia Perez.

* **JUANIQUILLO:** Uno de los primeros electricistas

* **MINGO CAGAPASTOS:** *«U*n hombre blanco de piel, alto y delgado que le decían *Cagapasto.* [Descripción ofrecida por Amador Román García; ver la estampa pormenorizada que ofrece Bosques Rodríguez en *«Mingo CP»* (ps. 97-106), [5] donde destaca otras *«cualidades modestas, pero buenas»,* hablar acelerado («a borbotones», según Pipo Acevedo), carácter serio, buena actitud, *«que sólo se enojaba cuando era blanco de burlas de la muchachería»,* «obsesionado con la idea de pescar el camarón más grande del mundo»* (cuyo hábitat sería el río Culebrinas), buen jugador de softbal. Muere, sensitivo y desazonado por el hecho de que *«ninguna criatura del río puede soportar una crecida de ruido tan inmensa»,* por lo cual le quitaron, o invadieron, un charco que reclamó suyo. *«Una tropa de muchachos y muchachos se habían apoderado del charco y estaba usándolo como piscina»* (ps. 105-106).

* **JULIO SOSA RIVERA:** Como su hermano Luis Aníbal, Julio heredó vena y vocación musical de su padre (Abdón Sosa), quien tocaba violín. En servicio en el Ejército Norteamericano, Julio formó parte de la *Banda 81,* desempeñándose como batutero y cantante. Una vez regresó a Pepino fue miembro del *Cuarteto Armónico de Voces,* junto a Mario Scharrón, Víctor Alicea, Víctor Eliut Rodríguez, Wichie Medina y Chucho y Lorenzo Ruiz. Fue cantante de la *Orquesta de William Manzano.*y, en 1962, perteneció al *Cuarteto Kumaná,* junto a Severiano Méndez, Jim Pérez y Arístides Arocho.

Mientras estudiaba en el Instituto Politécnico de San Germán y, una vez graduado, fue maestro rural, consejero vocacional, oficial de probatoria, trabajador de la *Central La Plata* y finalmente cartero en el Correo Federal. Una de sus hija, Madelaine Sosa Martínez, lo describe del siguiente modo en carta que me enviara el 5 y 6 de septiembre del 2014:

«Casado con una niña de familia acomodada y apellido importante en el pueblo, que estudió en EEUU para aquella poca, de nuestro padre aprendimos lo que era la vida on los es en la tierra, siempre nos decía «que sólo Dios veía a todas las entes como iguales, pero que la gente no, por lo cual sólo nosotros nos haremos arquitectos de nuestro propio destino, y cito. ...Nuestro padre amó su trabajo en la lle con su gente, {...} nunca quiso cambiar a su gente por un Counter (mostrador) en el correo, interactuar con su gente era su vida... Anécdotas tenemos miles desde leerle telegramas y cartas que le enviaba osé Feliciano (el cantante) a su abuela hasta cantar serenatas con Sophy Hernández, Raúl Hernández, su padre, cantar con Guito Vadis, Scharrón y de paso darse par de palitos... La Navidad era una oportunidad que él no perdía para estar con su gente en la calle, como él decía. Comía comida navideña en cada casa, leía cartas a los viejitos de los familiares que vivían en los Nuevayores, lo llenaban de regalos que mi madre, mi hermano y yo tenía-mos que buscar para que él pudiera continuar su ruta [...] De nuestro padre aprendimos a saludar a todas las personas sin distingos y con el mismo respeto, aquello de acentuar palabras esdrújulas, 2+2, y tablas de multiplicar era el trabajo de aquella niña de familia acomodada que estudió en EEUU. [...] El, aunque brillante con un inglés perfecto, prefería enseñarnos el arte de la naturaleza, la bondad, la sencillez, de labrarnos un camino de excelencia profesional para ser seres humanos de quien la gente tuviera un recuerdo `simple, simple como la naturaleza y como él fuera [...]

... De mi padre podemos hacer un libro, esto que le escribí fue

a vuelo de pajaro... Tenemos tantos recuerdos, poemas, dibujos y demás, por lo que podriamos publicar dos tomos... A su paso por Stalingrado y Tablastilla ayudaba a los muchachoa a acer proyectos y asignaciones, haciéndole ilustraciones que después ganaban premios en las escuelas, jaja... así obtuvo varios premios en diferentes ferias científicas. ¡Listillos los del barrio! [...] Tenemos también los bocetos del Tigre de La Poli de San Germán que él fue el que lo diseñó, como el logos oficial... Nuestro padre murió sorpresivamente el dia junio 30 del 2003.

Mientras yo llevaba a mi hija a Columbia University en NYC, a comenzar sus estudios, me llegó la llamada dándome esa desvastadora noticia»: **Madelaine Sosa Martínez**

El hermano de Julio Sosa murió en septiembre de 1995. Fue también un destacado músico: tocaba violín, guitarra y cantaba. Al parecer, más dedicado a la música que Julio.

- **MARCIAL WALKER:** Propaganadista, voz oficial del Partido Popular en el Pueblo. Famaoso por su amabilidad y saludo: *«¡Que hubo ahí familia!»*
- **TOÑO EL FEO:** Uno de los llanteros pioneros en nuestro pueblo cuando no había maquinaria moderna y había que hacerlo a marrtonazo limpio. Nacido el 14 de noviembre de 1937. Natural del Barrio Plata de Moca y desde que se le trajo a Pepino a la edad de 6 seis años viviría gran tiempo en la Comunidad González. Hoy tiene un puesto de verduras (nm ñes, plátanos y guineítos) al aire libre bajo la sombra de un flamboyán al costado de terminal de Carros Públicos. Vivi e ón el Bronx (New York) por 3 años y se empleó en una fábrica envasadora de sirop en Long Island. «Estuvo sobre 30 años arreglando gomas o llantas de autos de diferentes estaciones de gasolinas con Luisito Acevedo y con Peter Hernández (ambos fallecidos), entre otros... Fue hijoi único y su padre fue un obrero de la caña, que vive del Seguro Social y su negocio de verdurero». Tiene una hija (Ivonne Acevedo, residente en Mirabales.

Datos provistos por Manuel A. Román.

- **MARCELO:** Inventor de una fórmula de *refresco de coco*, aunque hoy es pepenador. O recogedor de latas. Es el alias de Marciano Arocho Arocho, hermano gemelo de *Guareta* (qepd). Marcelo. Nació el 26 de abril dd 1929. Vivió hasta los once años en Hato Arriba. De su deambular urbano supimos que*: «Se crió con su pariente Don Domingo Arocho, quien a su vez le ofreció su primer empleo como dependiente en un colmado. Posteriormente laboró con otros dueños de cafeterías como Gonzalo Ruiz, el Veterano, donde está en estos momentos la Cafetería Digno. Laboró en la desprecida Cafetería X de don Paco Mártir, con Don Chú Vera. Otros de sus empleadores fueron Angel Felipe Vélez y Don Gelo Cardona entre otros... Hubo una época en que Marcelo emigró a New Jersey a realizador labores agrícolas en los campos. También tuvo sus propios negocios de colmados-cafetines. Además fue inventor de una fórmula de refresco de coco, muy sabroso, y preparaba un maví-champgane que, como dice su hermano Ramito, era tan refrescante que con un sorbo te podías ajumar... Actualmente, vive solo en la barriada Stalingrado, pero estuvo casado y es padre de un varón y dos hembras...»*

  Con más de 80 años, es natural que otros le ayuden, ahora que recoge latas de alumunio para ayudarse económicamente. *«Su hermanito Ramito se encarga de llevarle sus comidas diarias y otro hermano, Rey, le ayuda en sus diligencias... Marcelo sale de su residencia mayormente por las tardes. Usted lo puede ver con una varita (palito de madera), dando la vuelta por las calles del pueblo. Si se encuentra en la calle vasos y fundas plásticas, o desperdicios, los recoge. El limpias las calles».*

  Lamentablemente, la bebida o dipsomanía *«lo ha desesequilabrado un poco mentalmente»* [Datos provistos por **Manuel A. Román**].

* **GUARETA,** alias de Mariano Arocho, recogedor de botellas
* **TAMBA:** Vendedor de pan por la carr. 111 desde el pueblo hasta la *Central La Plata.*
* **CLIVILLES:** Vendedor ambulante de naranjas frente a la Escuela Narciso Rabell y al parque Quín Méndez)
* **SOPANDA,** *el guardia,* alias de Cosme Santiago

LOS FOTOGRAFOS DE LA PLAZA: El Ptesidente del *Centro Cultural Luis Rodríguez Cabrero,* Adames Tomasini es quien nos ayuda a recordar a unos trabajadores que hicieron historia en Pepino con la captura de imágenes, los fotógrados placeros y salta a la vista que, en manos privadas y *memorabilias* públicas y sentimentales, se guardan acumulos de fotografías de rostros, calles, familias que acudían a los kioskos de los fotógrafos pioneros en el pueblo. Fueron son aquellos que adquieron, desde principios de siglo, las primeras cámaras comerciales. Aquellos que hallaron una oportunidad de negocio y empleo en periodos celebracionales, el principal las Fiestas del Patrón.

Adames, quien es personalmente coleccionista de cámaras profesionales, alemanas, japonesas y norteamericanas, menciona algunos de los nombres pioneros y fotógrafos del localismo:

- Víctor Martínez
- Juan Chiquito
- Moncho Mercado
- Rubén Jiménez, fotógrafo de Robles
- Desplegaron sus talentos fotográficos para publicaciones periódicas, hay que anadir a pepinianos como Ramón Vargas Pérez, Eulogio Cardona, Rubén Arcelay y otros.

DEL TIPO POPULAR AL TIPO PINTORESCO: La definición anhelada advino. Una vez que incluye estos elementos. Un detonante de nostalgia.

Un pre-requisito para designar como *'tipo popular'* o *'pintoresco'* a un *'sujeto de interes'* (aunque parezca metáfora policiaca) es que se provoque una empatía y nostalgia y, en consecuencia, se abran las vías a la curiosidad de la comunidad por él. Parte de la esencia que el tipo presentará, en cuanto su quehacer cotidiano, está relacionada al riesgo de desaparecer. Por ejemplo, el 'carretero' [i.e., *Moncho Prieto*] desaparece por el advenimiento del 'camionero' y la irrupción del chofer de vehículos motorizados; el *'farolero'* y el *'sereno'* (Don Mingo) no serán necesarios para encender los faros de gas en la noche, en la calle y la Plaza, ni anunciar la hora, una vez quedara establecido el servicio de alumbrado eléctrico, o los relojes públicos.

El camión y la jeep harán que los viejos 'cargadores' [i. e., *Chencho El Abejón, Chalo la Mancha,* etc.] sean innecesarios. Definitivamente, con el ritmo de fuerza mayor, desaparecerán, paulatinamente, los *'aguadores'* [Don Andrés, i.e.] que vendían el servicio de transporte de latones agua, yendo a pozos y quebradas lejanas, para surtir a los vecinos.

- **ANDRES, EL AGUADOR:** Más tarde, recogedor de botellas. Fue residente de Pueblo Pueblo. De apellido Colón.

Todas son gentes que dieron identidad al colectivo de determinada época. El sastre y la costurera de pueblo, los afiladores (amoladores) de cuchillos y zurcidores de colchones son otro saldo de lo ido, en la nueva cultura industrial y comercial.

Quien admite a estos sujetos el peligro de extinción saben puede alcanzar un *'trato cuidado'* con ellos y que se abre honestamente con su razón de ser y su lealtad y amor al pueblo, a la aldea, hecho que contribuye a verlo en su *folcloricidad* y función. Esto significa que quien lo valora concluye que el folclor constituye el último instru-mento de resistencia a la pérdida de identidad: «*el folclore cumple no sólo la función de definir la identidad cultural de un pueblo, comarca o región sino también es un factor de solidaridad con el pasado*».

Así como el folclor y esencia particular del hombre pintoresco no se puede reducir a lo patético, o el *ridiculismo,* tampoco el folclor o su cultivador atañe al exotismo o lo etnizante. La *folclorización* tiende a presentar una región geográfica, o comunidad rural, a partir de un cariz de romanticismo cultural.

La relación problemática del campesino, en sus relaciones sociales reales, o las poblaciones autóctonas se obvia por muchos. El campesino jibaro ya no existe, alegan unos, análisis que hoy prevalece. Estos pretenden que no exista el concepto (típico de la analítica de los '30) de *'continuum rural-urbano'* de Sorokin y Zimmerman, una vez se enfantizara la evolución drl jibaro hacia un *'continnum folk-urbano',* a tenor von las *teorías* de Redfield. Otros insisten en que convivencias y tangencias de la vida rural y urbana ni se repelen ni son *' irreconciliables'.*

Los espacios empáticos siempre están disponibles para la gente. Acogen al que quiere sembrar y tiene un corazón para el campo. Acoge a los seres con deseos de trabajar en lo que sea, sin quejarse. El hombre / en su afán de Soluto y Cuidado de su Ser / tiene libre albedrio y como nos ensena el caso de Berto, el mandadero, campesino de Pozas y previamente dedicado a las faenas de campo, *«la vida siempre abre oportunidades. Un día estás en labores de campesino; otro día,* serás *el que está limpiando el patio de hoteles como jardinero, en el extramjero o poniendo botones a un traje de novia»*

PATOLOGIAS POSIBLES: En cuanto a patologías posibles del sujeto pintoresco, estos sentimientos o *ego-distonías* pueden o no estar presentes, pero no es prerrequisito. De hecho en la aceptación pueblerina, convivencia de *Sorge, Cuidado* o *Cura,* la disfuncionalidad se compensa. Se diluya el 'gesto patético de dolor'.

Pensemos, por ejemplo, en *Rafa Te Vi* (**Rafael Mayol Navas**), el pepiniano de mediados de siglo que lanzaba pedradas y maldiciones a quien le gritara provocadoramente *'rafa te vi'* como si lo sorprendiera en acto reprobable; o en Rey Castro, el dulcero, hermano de Polo Castro, el maestro, o uno entre los Cubero, aquejado por una fobia, públicamente conocida. El primero (Castro) a las abejas y el segundo (Cubero) por fobia a los perros, que lo disponía a que gritara en llanto, con regresión infantil, el estribillo. *Ñito, Ñito, tráeme la navaja mía / para matar a ese perro maricón.* Ñito Cubero era su padre.

Del hombre pepiniano, criollo y comarcal, frente a todo centralismo excluyente o concepción de *hombre abstracto* occidental importa la historicidad y cómo solve del destino a que responde, *'su irse resolviendo-avazando'* en el *'ah',* la pepinianidad.

Enfatizaré que, por encarnar precisamente su unidad esencial y existencial y un su *historiarse* intramundano y manifiesto *(«Varhan-denkeit»)* en lo real, el tipo pueblerino no es lo que es llamado personaje por la *comprensividad vulgar.* Tampoco es lo que está definido como *modelo ideal* en la noción de tipo que se ofrece en diccionarios.

- **DORIS DOMENECH**: Perdió dos hijos: uno en la Guerra de Vietnam y otro en un accidente vehjcular ocurrido en Río Piedras. La angustia del desconsuelo y las dos pérdidas la condujo a depresión y enfermedad mental. El esposo la abandonó durante el proceso. Doris terminó en abandono y pobreza. Una deambulante que circulaba nuestras calles. Con ayuda legal del Licenciado Vélez (el Loco de Yuyo) obtuvo una pequeña pensión.

- **MIGUEL EL LOCO**: Pese a que a que **Miguel Rodríguez** (el Loco) fue un talento musical, dotado en el manejo del cuatro, desde jovemcito, la pobreza y el alcoholismo ha llevado su persona a la descompensación emocional. Se le ve en despaseos con ropa de mujer y extrambóticas gafas. Su hermano, **Flor Rodríguez** fue buen ejecutante de la sinfonía de boca, pero son, ya en la ancianidad, excéntricos y ocasionan sospecha y burla en el pueblo.

El ser que tiene la esencia pensada en el ser *solve* las posibilidades propias, toca su *destinación («Schickung»)* y, por tanto, no es un personaje en el sentido de quien representa un papel que no es suyo como lo haría el actor o intérprete de un drama o una farsa.

La verdad del ser mismo es la destinación del mismo ser. Quien llama personajes a seres humano (sea del tipo campesino o pueblerino), a expensas de su propia comprensividad vulgar actúa, restándole a su aludido la dignidad y autenticidad que le son propias. Sobre todo, son *personas.* Quien lo enjuicia como quien lo viera en un teatro del ridículo o de las rebambarambas *oscurece* su propio comprender. Martin Heidegger escribió en su **Carta sobre el humanismo** (1947) que *«el Ser es esencialmente más amplio que todo ente porque es la luminosidad misma»,* mas, entra en el asunto que él estudia bajo el concepto fenomenológico descuidado de sí mismo. [6]

Al aducir que el *ser epocal* es personaje, se infiere que no porta en sí ninguna luz, que se apropia de una obra que no es suya, que vive meramente con lo que otros le han dotado. Se infiere que personifica, atribuyéndose una vida y acciones que, en cuanto tales (seres, textos o cosas), no son suyas y no han surgido de su proceso creador personal.

- **DIVO / BIBO:** Apodo de Evaristo Pérez Mercado. Nacido el 26 de octubre de 1941 en el Barrio Hato Arriba y deambulante por el sector de Andrés Méndez Liciaga y el Parque. Vivió en una finca de la Sucesión de Don Eduardo Mendez Hombre servicial, depende de su pequeña pensión de Servicio Social. *«Divo nació normal. Aparentemente le empazon a dar un dspecie de ataques espiléptico y de ahi proviene su condición. Sufre algún tipo de meningitis y tal es la razón de sus convulsiones, explica uno de sus sobrinos, y el resultante atraso mental que es públicamente perceptible. La meningitis es la inflamación de las meninges (o tejido qjue cubre el cerebro... DIvo estaba a cargo de abrir los portones del Parque Quin Méndez y en una ocasión le quitaron las llaves y empezó a llorar. Según Junior, su sobrino y le ocasionó depresión. Observa que, como tiene dificultades del habla, ha inventado su propia jerga y su familia lo entiende».* A Divo se le puede identificacar por su manera de vestir. *«Su* *indumentaria predilecta son sus botas de goma (con los pantalones metidos dentro de las botas), su gorra de pelotero… La mayor parte de las veces empuja un carrito de los de hacer compras en el supermercado y lo llena con fundas plásticas con las latas que recoge»* [Datos provistos por Manuel A. Román y publicados en **Siglo XXI,** desaparecida revista pepiniana].

- **GUELY, LOCO BUENO:** Apodo de Osvaldo Arocho Guivas**,** nacido el 5-11-1950 en la Barrida Stalingrado. Vecino inmediato de *Sammy / Repollito*. Guely nunca contrajo matrimonio. *«Guely padece de retardación mental, la cual se cree que la adquirió cuando una plancha (de planchar ropa) le cayó en la cabeza y aparentemente le afectó su capacidad mental, según nos relata se hermano Adrián. Aunque tiene dificultad en el habla se hace entender muy bien. Es el tipo de persona que siempre saluda. Es simpáticl, tranquilo y muy decente. Aunque sólo asistió al primer grado de escuela elemental, es muy hábil con los números».*

    «Durante el transcurso del día lo pueden ver en la antigua Farmacia Cebollero (ayudando a la dueña), haciendo algún mandado por el pueblo, o con la funda plástica recogiendo latas por las calles. (…) El mismo lava su ropa en la lavadora. Su hermano Adrián le cocina casi todos los días o sino come algo en alguna cafetería del pueblo. Le encanta el café. (…) Al igual que otros de nuestros personajes pintorescos es fiel seguidor de los Caribes (voleibol) y los Patrulleros» [Datos ofrecidos por M. A. Román**,** en revista **Siglo XXI].**

- **SAMMY / REPOLLO:** A Samuel Díaz Morales, nacido en Pepino, el 25 de julio de 1951 y residente de la Barriada Stalingrado, hasta su muerte, se le conoció como mensajero y empleado de mantenimiento con abogados u otros profesionales, o empleadores. Destacaba por su humor y simpatía. Le huyó al matrimonio *«porque da farfallota y artritis»*, confiesa entre carcajadas. Participaba siempre en el *Festival de la Novilla,* donde habia salido de güirero y limpiabotas. Lo que más le gustara fue ver juegos de softball y béisbol Doble A. Desayunaba, almorzaba y cenaba en las cafeterías del pueblo. *«Servidor público, mensajerto, entregaba cartas, limpiaba cristales de vitrinas en el comercio y alrdededor del puerblo»* [Datos ofrecidos por Javier Serrano el 10/25/14]

Del periodo subsiguiente a la escuela secundaria, cuando muchos de sus compañeros de la escuela Narciso Rabell y Manuel Méndez Liciaga optan el ingreso universitario y fraternidades del CAAM, se recuerdan anécdotas que involucran a Repollo. El no fue uno de los afortunados con la meta de proseguir estudios.

Luis López Ortiz, entonces estudiante en el CAAM de Mayagüez, si rememora cuando en sus lúdicos arranques a Repollo le fascinaban los ritos de iniciación en las fraternidades colegiales, tanto como para participar en ellos. En la Plaza de Recreo del Pepino, donde concurrían los *fraternos* en prueba de su lealtad como *iniciados* uno de los castigos fue empujar un vellón con la punta de la nariz tirado sobre el piso de la Plaza. Supervisados por otros miembros veteranos, candidatos como *El Lindo* y *El Pecoso* / entre otros novatos del CAAM, recibían animos de **Repollo,** quien se ponía en cuatro patas y mostraba las destrezas necesarias para el triunfo, cumplir con el juego.

Son muchas las anécdotas.

Durante las *Fiestas Patronales,* cada año que Gilbertito Santarrosa fuese una de las atracciones, éste lo subía a la tarima y le conferia el rango de *Güirero Oficial* para que tocara al micrófono su güiro. Tal simpatía y popularidad la obtuvo. Tristemente, Samuel tuvo un final trágico. Cuando pasado de copas, su casa se incendió al cometer un descuido trágico que le costó la vida.

Su muerte fue sentida y en su sepelio, según narrara, el profesor y bibliotecario retirado Justo Mendez, su ataúd fue engalanado con fotos, camisas de *Los Patrulleros* y la bandera de *La Pava*. Su sobrina Jessica Román, a nombre de su familia, agradeció las muestras de cariño y le cumplió el ultimo pedido: *Derramar una caneca de ron sobre su ataud*. Un detalle bonito de la despedida fue cuando Severiano Méndez y Quintin Negrón interpretaron en su honor la melodía *Cuando un amigo se va*.

- **TITE, EL INGENUO O BOBO SANO:** Este es el apodo que se tiene Edwin Leonardo Medina.
- **KIKO, EL MANDADERO:** Su verdadero nombre es Francisco Antonio Ruiz Arocho de hijo de un comerciante fallacido, conocido cariñosamente como *Toño La Jalda,* y de Dona Aurea Arocho Alvarez. Su padre tuvo varias cafeterías.
- **El LOCO WILSON:** Alias de Rafael Vélez González, el más querido entre los tipos pueblerinos de las recientes generaciones que gozan de vivida empatía.
- **BERTO:** Residente en el sector de desaparecida *Central Plata*. Deambula por las entradas del barrio Saltos, Robles, La Javilla y Laberinto. Vive solo y no tiene hijos. Tampoco vicios. Ruperto Ramirez Méndez, o simplemente *Berto,* es fácil de reconocer por su vestimenta. *«Usa pantalones tipo pescador, cortados a la altura de las espinillas y agujera sus zapatos en la parte frontal. De los pantalones dice que es 'para que no le de calor'. De los zapatos nos confiesa que 'es para que no se los roben', pero también abunda que es para amoldarlos a sus pies' pues a veces son tamaños* más *grandes y al cortarlos se ajustan a su medida»* [M. A. Román, en revista ***Siglo XXI***].

  Ruperto nació el 5 de noviembre de 1934 en el barrio Pozas. Se crió entre Pozas y Altozano como hijo de Don Pepe, agricultor. Cuando jovencito, cortó caña de azúcar, sembró guineos y plátanos. En la década del '70, emigró a los EE.UU., se quedó por 20 anos. En el Estado de Conneticut, trabajó en hoteles y en un establecimiento de confección de trajes de novias. «*Habla un poquito de ingles y lo expresa verbalmenta para que sepamos que le somete al difícil... Es sumamente inteligente. Siempre tiene una sonrisa a flor de labios. Habla sobre cualquier tema y los domina con autoridad. Entendemos que es brillante. Aunque apenas recibe su pequeña ayuda económica del gobierno se nota que es feliz, optimista y no se queja. (...) es feliz dentro de su pobreza (...) Se percibe muy espiritual cuando dialoga y cita algunos textos bíblicos. Nos parece que conoce a fondo la Sagrada Biblia*» (ibid). Como representante de su tipo pueblerino del *mandadero,* sirve a la comunidad a través del hacer mandados o dar algún servicio a su alcance. La gente lo ayuda con algo.

LA PEPINIANIDAD: En el esfuerzo de forjar sus tradiciones, las ideologías críticas y existenciales que las harán posibles y las interacciones entre las diversas gentes que vivirán la historia, con relaciones de destino a destino, se formaría el fenómeno que es objeto de nuestro estudio: la *pepinianidad.*

El primer pepiniano había nacido del *jíbaro,* quien es, entre los *hombres-masa* o *hombres comunes y corrientes* (si me permiten seguir utilizando la metáfora). uno que procuraba darse una identidad esencial, mediante el *soluto* o un el modo del *habérselas* que es exploración del lenguaje y el paisaje. Supimos ya que los seres humanos «*somos lanzados a una situación histórica que no podemos eludir*». Ante ésta debemos participar con el más libre y propio querer, es decir, aceptar la situación, ser en ella. Esto es, «*ser consiste en ser conscientes*».

Combatir el olvido cultural es sacar el ser que es ocultado por lo que existe, con su «*constante presencialidad*» y cuidado o inquietud torturante *(«Sorge»).* El querer debe darse en base al *ser-los-unos-con-los-otros* en ejercicio de la *solicitud («Fürsorge»)* y procuración *(«Besorge»).* Siempre tenemos la esencialidad misma para una orientación que es, o son los materiales «*a la mano*», para que se nos descubran su significado. [6]

A través de una devoción a coleccionar y rememorar, el

sentimiento de pepiniaidad y de añoranza es intenso en este pueblo, a veces se enriquece con la composición y la música.:

- **LUIS RAMON MENDEZ, EL COLECCIONISTA:** Coleccionista de recortes periodísticos sobre locutores y la industria radial y de TV. Comenzó su tarea hace más de 20 años. Tiene unos 50 álbumes con reportajes de celebridades de la animación en Puerto Rico.
- **OMAR RUIZ, EL CARTERO:** Aficionado a coleccionar libros de autores de su pueblo natal (Pepino). Tiene la colección más numerosa que ofrece a las organizaciones a las actividades culturales que incentivan la lectura y el aprecio de la cultura local.
- **MANUEL A. ROMAN,** alias *Túa,* colecciona fotos de personajes pintorescos locales, estampas y lugares históricos, fotos antiquísimas, discos salseros y música carioca. Fue redactor de la revista *Siglo XXI* que duro varios años y para la cual reseñara la vida del **Loco Wilson, Sopanda, Iván Marrero Morán**, instructor de bailes, salsa y disco, hasta que en Nueva York fue arrollado por un tren y se le amputaron ambas piernas.

  Entrevistó a Doña Gloria López de Hammer, expropietaria de un fastuoso hotel en New York. Recogió datos sobre *Kiko, Repollo* y otros personajes. Y en su local de coleccionista, Manuel tiene y exhibe su colección de botellas de cristal antiguas, csjas registradoras, maquims de escribit, balanzas, viejas radiolas, planchas de vapor y de carbón, proyectores de películas y otros utensilios de valor histórico.
- **EDGARDO NIEVES VELEZ:** En Pepino, o en la finca y hogar de este admirable coleccionista, hallamos el *«Museo Agrícola El Bosque, o mejor conocido como El Museo del Café lugar que atesora su historia y tradición. Amablemente su fundador el Sr. Edgardo Nieves Vélez nos dio un recorrido por las facilidades de este pequeño lugar que ha habilitado en los terrenos de su residencia y que*

alberga maquinarias agrícolas del siglo 18, 19 y principios del 20. Pilones, venteadoras, despulpadoras, entre otros trozos de historia».

Su vasto conocimiento de la herencia cafetalera hacen de la visita una experiencia enriquecedora. «Le invitamos a *touristear...* conocer nuestra historia y las bellezas del interior de nuestra isla. Visite en San Sebastián **El Museo del Café** (Tel. 787-896-2234) dónde además, podrá adquirir el libro **Remanentes de Haciendas Cafetaleras en Puerto Rico** que recoge de forma clara y sencilla la historia de la industria del café puertorriqueño y una colección de fotos única de este legado». Ver Rachel E. López Ortiz, *El Museo del Café*: en: **KoolTourActiva.** bitácora cultural
http://www.kooltouractiva.com/kooltouractiva/tour/tou r-istiando/370-el-museo-del-cafe-.html

- **EFRAIN RAMIREZ:** Coleccionista especializado en películas de vaqueros.

- **CHU, EL MANICERO:** A la edad de 22 años, en 1958, este caballero se fue a New York, alterno Long Island con Perth Amboy y New Jersey. Se trata de Jesús Cuevas Ramos, apodado *Chu.* Vendió *maní tostao* en el Pulguero de English Town. Por esos predios, después de trabajar en fábricas, tuvo sus negocios propios de misceláneas para caballeros. El maní lo movia exitosamente en los EE.UU.. Tenía las habilidades del comerciante (Don Confesor, su padre). Hoy, un residente local en el Barrio Robles, desde 1982, que visitara Pepino de vacaciones, trajo a Pepino 22 quintales de maní americano, *jumbo, grandote* y montó un punto de mani tostao en las Patronales y lo vendió todo. Don Chú, en entrevista con Manuel Román, explicaría que le fue también en las ventas *«que decidió no regresar a Estados Unidos. Desde acá envió la carta de renuncia a la fábrica Carborundo en New Jersey (...) En adelante Chú siguió haciendo Patronales y festivales en diferentes pue-*

blos, entre éstos, Festival de las Chinas, Las Marias, festival del Acabe, en Maricao, Guineo, en Lares y Yuca en Isabela... Para complementar añadió piñas coladas y tragos con jugos naturales, donde se exprimían las frutas al momento, chinas, toronjas, guineos y uvas para mencionar algunas... Los artistas antes de subir a la tarima en las Patronales eran locos comprándole los tragos con los mencionados jugos. Luego, aunque le fue bien eliminó el licor, pues aumentaron los costos de materiales y subieron el alquiler. Se quedó con los jugos y añadió dulces típicos, confeccionados por él con maní, almendra y coco» [loc. cit].

Agregaría **Don Chú** que estableció un punto / ubicación de ventas en su guagua, en el estacionamiento del *Coliseo Luis Muñoz Marín,* frente al residencial Andrés Méndez Liciaga. Allí estuvo de lunes a jueves hasta alrededor de 10 años.

Don Chú, expererimento con el mavi, guarapo de cana y horchata. Los últimos dos mencionados originaron gran acogida [López Dzur, ***El comercio y la industria en Pepino, 1776-1970,*** monografía en internet].

http://carloslopezdzur.blogspot.com/2011/07/el-comercio-y-la-industria-en-pepino.html

- **EL PAYASO YITIN:** Nacido en 1975, residente en el Barrio Pozas (su nombre de pila es Joarick Rivera Alvarez). En 1993, invitado a una fiesta y sin tener ninguna experiencia como payaso ni el equipo necesario, actuó y se maquillóo de payaso, con ropa improvisada. Alli descubrió el talento natural *"para divertir y educar a los seres mas importantes del mundo, que son los niños".* A dos payasos profesionales que también son del Pepino (Pito y Balun) debe algunos consejos y técnicas para que se profesionalizara sus dotes, más ha sido Tapate, payaso profesional de Cabo Rojo, quien se intereso en desarrollarlo profesionalmente. En el 2000, fue reconocido por el Senado de Puerto Rico como el *Payaso del Año.* Para el año 2003, tuvo un programa radial de dos horas en vivo en WLRP AM 1460, titulado *Gozando y Aprendiendo con el Payaso Yitin.* Con ya unos 20 años de carrera profesional, tras haberse graduado de la *Clown of America International School,* admite que los payasos que mas admira y le gustan son Tapate y Zapatin, los primeros en aconsejarlo. Se quejaría, sin embargo, de que lamentablemente *"nunca ha tenido la oportunidad de trabajar directamnte en su querido pueblo".*

- **JOBO, PADRE DEL PAN PEPINIANO:** Una reseña de Abby Lamboy nos brinda un trasfondo histórico del muy conocido *Jobo,* alias de Juvencio Pérez Cruz, el panadero y repostero mas exitoso del Pepino y quien se retiró del oficio en 1990. Lamboy en su articulo *Jobo, el Padre del Pan Pepiniano,* revela los origenes humildes de esta trabajador nacido en Bahomamey, cerca de El Barandillo, en 1925. En su expediente laboral, se informa que sacó carbón, vendió huevos, chinas y dulces por los campos en una canasta y pan a 3 centavos hasta que, en 1940, aprendió el oficio de hornear y trabajó en la *Panadería Frontera* de Antonio Frontera. Apoyado siempre por su esposa Doña Julia Serrano Traverso, adquirió su primera panadería en 1967, la que bautizó con el nombre *Panadería y Repostería La Tuya,* ubicada en la hoy Avenida Emérito Estrada Rivera, al lado del actual *Supermercado Aquino.* En 1977, se mudo a donde hoy ubica la Panaderia de Ero Cardona y fue cuando se originó la *Panadería de Jobo.*

De la *Panaderia de Jobo,* los dulces que la gente más gustaba fueron las donas y los pastelillos de guayaba. Hasta del área metropolitana de San Juan recibían pedidos de compra. Entre los reposteros que Don Jobo empleara por largo tiempo estaban Benito Padin Pratts, Hiram Serrano y Carlitos Morales. En Pepino se hizo un popular lema que se dijera: *No digan pan, diga Jobo.*

Don Jobo y esposa criaron una familia que hoy incluye cuatro hijos: Héctor Juvencio, cartero, Olga, maestra en la *Academia Adventista de Bella Vista,* Robert, residente en los EE.UU. y Maritza, maestra de escuela pública..

- **DON GUELO:** Un personaje en Perth Amboy / ese *barrio lejano* de Pepino en el Norte (USA). Nació en 1918 con el nombre de pila de Angel Medina Morales. Se crió en el Barrio Saltos. Su madre Doña Rosalía confeccionaba pasteles y longanizas para vender. Su padre mataba cerdos. De sus 12 hermanos, seis quedan vivos. En 1937, Don Guelo sacó su licencia de manejo de vehículos pesados y gracias a ésto trabajó con el municipio en la administración de Don Arcadio Estrada y con Agapito Rosado.

  En 1971, su hija Iris, la menor de su prole, se lo llevó a Perth Amboy, New Jersey, donde trabajó para la fábrica de juguetes Mattel en el pueblito de Edison. También en una fabrica de ganchos de ropa en la misma localidad. Pasó 30 años allá hasta que en el año 2000 regresó. A don Guelo lo caracteriza o peculiariza que *'es menudito de estatura y de apenas 105 libras de peso, pero siempre arriba, derechito, bien vestido, en ocasiones enchaquetado y siempre acicalado"* (M. A. Roman). En Perth Amboy lo solicitaban para actividades musicales porque es un apasionado de la música que le somete al güiro, bongó, guitarra, cuatro y vocaliza. Durante un *Festival de la Hamaca*, en la tarima de la Calle Muñoz Rivera, el grupo de Papo Sanchez, excantante de *Apollo Sound,* al reconocer entre el público a Don Guelo lo llamó a tarima y, sin timidez Don Guelo interpretó el tema *Marejada Feliz* y, al final, encendió los aplausos de todos.

- **CESAR RUIZ EL GANDINGUERO**

El mito como la idea del origen ilustrado del folclor (*«Genkenes Kulturgut»*), lleva en sí los ecos de una estructura social, un hallarse en el mundo, pero que no necesariamente reduce a los tipos humanos a una pipirijaina, o legión de cómicos de legua. Tampoco es razonable qu las ideologías teatrales hayan transformado en estereotipos, extravagancias sin identidad, el contenido de estas vivencias, por lo que hay que volver a rehumanizar a esta gente, en cuanto creadoras y representativas.

No hay que asumir que la jibaridad real exista oara siempre. O que siempre habrá una campesino, o un pepiniano que lo valora.

———

Bibliografía y notas

[1]   Cf. ver poema, A Don Águedo, p. 171, en el libro *Épica de San Sebastián del Pepino* (ed. 2012). Fue mi padre, don Víctor Lopez Nieves, quien me enseñó a amar a este pepiniano de principios de siglo. El lo conoció en su avanzada edad, yo no le conocí... Vargas Labaille fue el padre del Lic. Tino Vargas y Moisés.

[2] Manuel A. Román, *Nuestra Gente / Bernardino Sánchez Méndez,* en: Revista *Siglo XXI,* San Sebastian (Puerto Rico), p. 16

[3] Cf. Arcelay, op. cit. p. 47). Sobre *Cucán* Oronoz Font (1909-1971), el ex alcalde del periodo 1936-1940, vea el relato *Reflexiones antes de la caída* en *El Pueblo en sombras* (ed. cit.), ps. 120-131..

[4] *Don Lano el Zapatero es otro nombre que se suma a ese gremio de artesanos*

[5] Ibid.

[6] Martin Heidegger, ibid. (EM, 107) [viii]. Eliut González Vélez, *Pepinianidad,* Parte II. Cf. Ver: Bernardino Bosques Rodríguez, *Los versos del querer ser y un puñado de relatos pueblerinos* (Mariana Editores, Cayey, 2013) para descripciones de personajes y C. López Dzur, *El pueblo en sombras* (Bloomington, Indiana: Palibrio Editores, 2014), ps. 190-91.

Ver además: *El ser y el tiempo* (Fondo de Cultura Económica, México, 1951). La posibilidad del *solver* del conocimiento es más estrecha y menos original que la del sentimiento. *«Los afectos y sentimientos temáticamente vienen a parar entre fenómenos síquicos fungiendo como la tercera clase de estos, luego del representar y del querer las más de las veces»*, alegaría Heidegger, aunque en el capítulo V de la *Esencia de la verdad* explique que *«el solver del hallarse es más original y profundo que cualquier conocimiento»*, aunque el *Dasein* no vea que los estados de ánimo *solven*. El *solver* no es un estado anímico, sino un modo de comprensión.

«Comprender es solver». p. 153.

En el texto *Del acontecimiento,* en *Contribuciones a la Filosofía* (1936-38),

Heidegger se interesa en definir al hombre histórico occidental, analiza la crisis de los '30, el destino político alemán y los temples afectivos que inciden sobre las relaciones de *«destino a destino»*. Admite una *«necesidad de un pensamiento pensante»* sobre la historicidad del destino nacional, ya que el destino mundial arriesga a convertir *«a todos los hombres en apátridas»*.

«Muy pronto la televisión, para ejercer su influencia soberana, recorrerá en todos los sentidos toda la maquinaria y todo el bullicio de las relaciones humanas». Este peligro está asociado a la técnica como *«forma de la verdad, que reposa en el olvido del Ser»* y está también asociado a las ideologías, que se niegan a pensar.

«Ninguna época ha sabido tantas y tan diversas cosas del hombre como la nuestra. Pero en verdad, nunca se ha sabido menos qué es el hombre». Cuando al hombre piensa su destino, filosóficamente, como actor creador, se prepara para disolver las ideologías. Cf. las citas heideggerianas tomadas de **El ser y el tiempo** (FCE, México, 1951).

HALLARSE... LO MAS CONOCIDO EN LA VIDA AFECTIVA

Hay dos conceptos hermenéuticos que son indispensables para que se complete el proceso y la empresa ontológica que define al tipo folclórico-popular. El primer principio es conceptualizado como *hallarse («Befindlichkeit»),* un hallarse en la raíz del ser, i.e., afán de encontrar la *originariedad* inexorable, pero aún adviniente y eventual. El hallarse es la finalidad hacia la más propia posibilidad del ser.

El *hallarse* no es arrebatamiento que no guarda el orden establecido, sino que es la eventualidad, algo posible y contingente ante lo cual se toma previsión *(«pre-visión»).* El hallarse como ser-en es lo ónticamente más conocido, lo cotidiano, y, al mismo tiempo, lo que es acorde *(«Gestimmtsein» / «Stimmung»),* vida afectiva y sentimientos.

Es difícil que se entienda que, con la vida afectiva y los sentimientos, Heidegger proponga una vía comprensiva de la esencia y la historicidad. Las emociones están asociadas a conmociones orgánicas y, en cierta instancia, a las bases químicas (neuropéptidos y endorfinas) que inciden en la expresión de emociones; pero, aún así, el soluto *(«Erschlossenheit»)* como irrupción del ente, no es visto como meramente espacial y óntico; sino que en la hermenéutica se asociará a mucho más que a las impresiones sensoriales.

El *soluto* destella. Abre a ideas y recuerdos. Por esta razón, el ser *(Dasein* que se solve) es libertad y, en su modo cotidiano, esquiva la onticidad, la coseidad, la factualidad de lo meramente manifiesto; se *deyecta,* se enriquece en modos de aversión, revuelta y desvío. En fin, refleja vivencias profundas. Desde la base del solver y el hallarse se puede explicar cómo evoluciona un tipo. El *hallarse* nos permite comprender ya que estamos submitidos al mundo y, en su ahí, se puede encontrar lo que ataca y amenaza. En el *hallarse* no se escapa de la historia, por más cruel y hueca que parezca y no se esquiva ningún planteamiento en el que se pueda procurar un sentimiento. Por eso hasta los materiales brutos de una conducta son aprovechables.

HALLARSE EN ESPACIO DE EMPATIA: En lo que describimos como el espacio-empático es que sucede el HECHO Y EL PERSONAJE. Por factores circunstanciales, relacionados a un *hallarse* en una determinada época que se termina por añora en cuanto su esencia epocal e idiosincracia de sus personalidades es menos obvia:

Moncho Lira (Ramón María Torres, 1868-1903) era poeta y bohemio. Su vida transcurrió durante una época en que ser bastardo restaba oportunidades de progreso y admiración, no importaba el talento. En eso vida tiene una similaridad con la del poeta Placido. No obstante, con Plácido se agrava el panorama por ser un cantor para la raza negra.

Ramón María, el pepiniano, cuando se descompensaba emocionalmente por el desprecio social que se tiene a los bastardos, acudía al licor.

En el hallarse de **Don Mingo, el Farolero,** el era como el héroe por su oficio. No había alumbrado eléctrico.

El héroe (**Rodrigo Font Román**), veterano de la Primera Guerra Mundial, falleció en batalla, como muchos miles. Se ofreció de voluntario a la guerra y tenía el deseo de hacer carrera militar, con afanes de gloria y rango. No entendía que en ninguna guerra hay gloria ni verdadero el heroísmo. Se vence o se gana cometiendo un crimen contra un ciudadano que ni conocemos, ni ha hecho daño. Le invadimos el país, bajo ciega obediencia A veces se acude matar a quien es genuinamente patriota. Este es el caso de *Rodrigo el héroe*.

Los patriotas como los héroes merecen una adecuada definición. Muerto y declarado como héroe en 1918, se le dieron honores de persona de abolengo y recursos, a diferencia del trato a Sinforoso Arocho, el primer puertorriqueño seleccionado en el sorteo para la misma guerra, a quien simplemente se le nombra como *Sinforoso, el Soldado* [el primer reclutado].

Don Lino *el Maestro,* o *El masón* o el *Duelero* (Lino Guzmán) tiene historia en muchas facetas. Es interesante su hallarse como varón de un siglo de intolerancia. Tiene inquietudes altruistas y es por lo que fue masón. Cayo en la *Lista Negra* de los maestros indeseables. Quería un oficio digno que la permitiera aprender mientras comparte. Pero tuvo mala suerte. El decía que eral sino de ser *'prieto, feo y cojo'* y encima, por falta de dinero y propiedades, tener que conformarse pasar los últimos los días anunciando en el pueblo quien muere.

A este interesante *Viejo Maestro* finisecular del tiempo español hubo quien le recordó de esa manera. La gente despótica y defensora de las clases oligárquicas quisieron que se amargara su vida mucho más al acusarle de participar en quemas de haciendas durante la etapa de violencia campesina de los *comevacas y tiznaos* de 1898 y al adjudicarle un estupro, cargo del que fue exonerado por la falta de pruebas, ya bajo el régimen norteamericano. La captura que se hizo de Don Lino en 1899 fue uno de los últimos actos de tortura, impiedad y cobardía que cometió un personero de España y capitán de milicias.

Tal como recojo en una historia titulada *El Masoncito arratra'o,* incluida en el libro *El corazón del monstruo* [Outskirts Press, Denver, 2006] Don Lino fue un líder rural en 1898 que, siendo visto con desprecio y altivez por los entonces representantes de la burguesía, se empeñan en fundirlo en la cárcel es escarmentarlo. Lo acusan de daños a la propiedad, violación sexual de una damita de la cepa Ballester. En fin, los ex

Alcaldes Miguel Laurnaga (1871) y Francisco J. Laurnaga Sagardia (también Alcalde en 1874) involucran a Pedro Arocena en una faena de odios y sospechan que lleva a Arocena a amarrarlo de la cola de su caballo y arrastrarlo del campo al pueblo. Un sargento americano de apellido Stephen fue testigo de variedad de suplicios, incluyendo poner a Don Lino de rodillas con dos piedras previamente calientes, tras largo rato al fuego, y sostenerlas en alto a manos peladas. Es Arocena quien ve a los fugitivos José Vélez Mayo y Flores Cachaco rondando por Mirabales. Estos eran los buscados por robo de libros de cuenta y ataque a Pedro Jaunarena Azcue.

De hecho, Jaunarena solía decir que **Don Lino** fue hombre valiente, decía las cosas de frente, combatía desde la disidencia anti-española y anti-eclesiástica. De modo que lamento lo que le hicieron, como suplicio a Lino Guzmán, uno de los que so pena de vengarlo lo hizo cargar unas piedras calientes. «*¡Si te gusta quemar, ahora acostumbraos a lo caliente!*», le dijeron a Lino. «*El maestro aguanto cuanto pudo sin gritar. Le estuvieron dando patadas en las costillas hasta accedió a asir las piedras calientes y, cuando ya hora de conducirlo a la cárcel municipal, cambiaron el suplicio. El propio Arocena amarró a Don Lino del rabo de una mula y, al comenzar el regreso al pueblo, lo arrastraron un buen trecho del camino*». [1]

Hay un poema titulado ***Arrastrado va Don Lino*** en la ***Épica de San Sebastián*** que toca el tema:

> Arrastrado va Lino Guzmán por el camino,
> amarrado de una yegua americana,
> Arocena y sus secuaces, bien lo sabes,
> han estado escupiendo al campesino.
> Han quemado con piedras
> de la hoguera tus manos, han vuelto
> a reeditar el *carimbo*
> y por eso echan su maldición
> contra esos nombres de *exaltados*,
> republicanos de hueso colorado:

Ruiz Zorrilla, Romero Ortiz,
Rafael de Riego, Valero Bernabé,
Betances, Gómez Cuevas, Arrillaga,
Moreno, Babilonia, Cabán Rosa,
Bascarán, De Diego...

... por eso erigiste la niña y las mujeres
de esos déspotas y violas e igualmente maldices
y no termina de quererte tu Viejo Victimario.

[Arrastrado va Don Lino, pág. 65]

La Iglesia Católica lo acusaba de ateo, por lo que no se le daba trabajo ni por el gobierno en las pocas escuelas públicas ni por la Iglesia en aulas parroquiales.

Cada sector de la población tiene un *hallarse* privativo y sus propios estímulos para *solverse.* Primo El *Caballero Español* (don Víctor Primo Martínez) por recibir una distinción como total de las Cortes de España y su hispanismo es un verdadero tipo caballeresco y camina y maneja sus bastones como uno de ellos. La mejor anécdota para contar sobre este Caballero español e incómodo jurisconsulto (que desafiaba a José de Diego, con versos y discursos, es el cuento sobre *La bacinilla de porcelana* (mismo que incluyo en **El Pueblo en Sombras**, ed. cit, ps. 198-207).

El *Italiano* (Eleuterio Bottari) fue un tipo buena gente, peculiarizado por su origen nacional, pero frente al carácter explosivo y dinámico de su hija, es intrascendente. No deja una profunda memoria. No vale decirse lo mismo de su hija. Luisa Bottari Rico es la atracción de ese hallarse. Y me han fascinado las historias que le escuchara a miembros de su familia. Aquellos amores de tipo *Bonnie & Clyde.*

En mi libro citado, *Luisa y Chilín* la describe de cuerpo entero. Una amazona indomable, hermosa, una mujer agresiva y capaz de poner en su lugar al hombre más abusador y temido, ella lo hizo. Ese maltrador y criminal fue **Chilin Echeandia,** apodado 'el *malo'.* De hecho Chilín es tema de varios relatos breves del pepiniano Cecilio R. Font Ríos y Eduardo Méndez Bernal. De mi cosecha en el libro *Épica,* le ofrezco varios poemas que investigan el hallarse en la maduración de una infancia dura por el maltrato y la rigidez del padre contra quien, en cierto modo, se rebeló.

De él, como *La generación irreverente*, representada por Marcianita Echeandía Font y Luisa Bottari Rico), escribo:

Ellos no eran así.
Ni Chilín ni Marcianita
ni Luisa Bottari Rico, la jineta.

Nacieron en la generación equivocada,
víctimas de los mismos rigores.
Ninguno / ninguna heredó
el silencio, el *Crátos* del despojo
ni la talega pudrida que dan por *karma*
a mamacallos, hijos de su sangre.

Esa nostalgia de la cesta hermosa
(que las Cárites por alma te colocan)
sigue abundante, palpitada en ellos.

Ninguno / ninguna se quedó callado
/ callada / ante el hecho de que haya
que cegar a Prometeo y encadenarlo,
con cadenas que duelen todavía
llevarlas a la barca, subirlas
a las sendas de la Gloria.

Con **'Chilín, Getulio Echeandía y la democracia'** hago un trío de factores y símbolos humanos que forjaron el dificultoso tránsito hacia la modernidad del Pueblo, en medio de la resistencia de los republicanos en general a que se geste una democracia verdadera, con participación y misericordia. Lo que fue Pepino en ese decenio de los '30 y la política fue una vitrina de cómo sobrevivir la pobreza, sin esperanza para los más pobres y prácticamente sin su participación. Se echaba miedo con la pequeñez de la isla, la posibilidad siempre a la vista de que, con cada sucesión de huracanes, la isla cayera de desastre en desastrosa y el nacionalismo albizuísta y el comunismo, fuese el destino.

Siempre con la demanda de una defensa familiar de la Alianza Republicana que los Echeandía, representaran, o de su defensa por tradición, la propia familia ahogó en tragedia o maleducó a sus hijos y a Marcianita Echeandía Font, la más brillante entre ellos,. Esfa fue la feminista, marxista y creyente en la libertad e independencia, y la primera a la que se desheredó. Hubo un choque generacional entre autoritarismo e instinto librepensador.

> Chilín fue juguetón, travieso,
> y Cecilio, el padre, le pegó con ganas.
> «Hay que ponerle vergüenza,
> disciplina, infiltrarle el honor
> a sus costillas», herirle su garganta
> (aunque se ahogue y se vomite
> sobre los senos oligarcas, las demandas
> del nuevo siglo, el de La Muda,
> la pendenga, zángana,
> zopenca Democracia.
>
> Había que ser muy duro.
> «Es parte del negocio de este siglo»,
> dijo Getulio, hombre exitoso,
> sagaz entre su *hermanerio*.
> Se venció el anarquismo,
> sus bandoleras manos,
> su lubricado fajín; está vencido.
>
> En las guerras gana el que las puede,
> con la ayuda de esa Mano Invisible,

Dios o los yankees,
dijo para que oyeran todos
y se hicieran obedientes, discretos,
mansos, pavitontos, mamacallos.

Como este poema hay otro titulado, *Era la mejor de todas,* que se relaciona concretamente a Marcianita Echeandía, pero también a la ciudad / alma colectiva *en faldetas* / del Pepino / que se ausenta, pero nunca deja de ser Pepino.

Fue un testimonio del Pepino inmaduro y bronco que Doña Bisa (María Luisa Rodríguez Rabell) rememoraba. Agrega que Narciso Rabell Cabrero (1873-1928), paleontólogo y político, en Pepino es uno de los «*idealistas pioneros*».

Bibliografia y notas

[1] Carlos López Dzur, *El corazón del monstruo* [ed. Outskirsts,, Denver, 2006], ps. 23. Ver en *Epica,* p. 65.

EL PEPINO QUE OBSERVA DESDE AFUERA:
PABLO EMILIO, CHILIN, MARCIANITA Y OTROS

En poemas como **Chilín, Getulio Echeandía y la democracia, La generación irreverente** y **Era la mejor de todas**, se ofrecen distintos sabores de actitudes generacionales.

«**Pablo Emilio Rodríguez Cabrero,** quien publicaba una revista en San Juan, titulada Don Simplicio, en la que Luis Rodríguez Cabrero y él publicaban versos satíricos y habiendo conocido a Juan Cabán Rosa, el más importante organizador de las Partidas Sediciosas en San Sebastián, Moca, Camuy, Añasco y Lares, y se burlaban de la larga trayectoria de Juanito, como orador de barricada y portavoz de ideas de violencia social y acratismo. En una ocasión, a Pablo Emilio le fue demandado por orden de La Fortaleza que se retractara de unos versos que le fueron censurados y éste, en su lugar, delante de sus censuradores y el Gobernador, rompió la orden, por lo que huyó a Saint Thomas antes de que se dictara una orden ejecutiva de aprehensión. Hecho como tales explican interiores de estos poemas épicos de López Dzur.

El texto **Era la mejor de todas** es su homenaje a **Marcianita Echeandía Font** (1885-1968), farmacéutica, estudiante de leyes. Quien murió en la miseria, durmiendo sobre periódicos viejos, desheredada de su familia, con la sola compañía de perros y gatos, comiendo *mingalo* de fondas riopiedrenses que frecuentaba, tras llegar de New York.

Fue una luchadora anticolonialista hasta su muerte. Una de las primeras sufragistas y feministas puertorriqueñas. Enseñó en escuelas y universidades de Nueva York. Identificada con Albizu Campos, es sujeta a persecución por el FBI y se le excluye de enseñar en PR, lo que presumiblemente le llevaría a crisis depresivas y su triste muerte de una caída desde la escalinatas del Edificio de Humanidades de la UPR, quizás por el mal comer. Estudiaba leyes en la UPR en esa edad avanzada. [1]

El tipo folclórico (*«folk groups: the descendants of an immense and ancient community of holy people, troubaudours, bards, griots, cantadoras, cantors, travelling poets, bums, hags, and crazy peoples»*) son una disidencia concreta, espontánea, no-confrontativa, ante el tipo común y corriente; están a la expectativa de lo histórico, no por hacer acusaciones, sino por la misión de compartir su luz y, en la tarea, hallar su propia continuidad, como la Dra. Pinkola Estés ha dicho. [2]

La razón de ser de este remanente de humanidad, gloriosa y trágica, extravagantemente peculiarizada, es la oferta chocante de su accionar, el milagro de su sobrevivencia en medio de un mundo hostil, con demasiadas penumbras y contradicciones sociales. Quienes a sí mismos se llaman normales, coherentes, exitosos ciudadanos, son los márgenes de su contención, el ser que ellos echaron al olvido. El zapato que no pueden calzar. La posición donde ya no pueden estar por ir rumbo a su propia destinación.

Un campesino que sea bien sensible a reconocer en otros un arquetipo que le revele su tiempo y esencia epocal diría, al valorar lo que esta comunidad de Sujetos Populares trae: Nadie sabe el valor del agua hasta que no seca el pozo.

El tipo popular, a través de su saber (*«distinctive folk speech»*) y su perspicuidad, sabe el valor del agua; aún profetiza el pozo seco. Sabe el valor de su vida y su misión.

Parte de la ética originaria que se descubre en el *Tipo Pueblerino* es la actitud del lenguaje con que se interactúa con él, la voz evocadora y directa de su peculiar *Soluto* con el Ser Mismo.

Heidegger dice que el lenguaje no es herramienta que se tiene para el mero comunicar los entendimiento, sino para *«domesticarse mutuamente»*.

Con frecuencia, el mito requiere un lenguaje intensificado porque se manifiesta con fuerza que cualquier teatralidad, o de códigos de cortesía. En lo que hemos visto hasta aquí, puede darse una voz social en el hallarse que sea como los Echeandía de los '30, cuando ellos mismos se victimiza, consigo a los vecinos / a las amantes / a los hijos que desheredan. Y han como parte del Relato, en este hallarse, una de disidencia y auto-corrección. El Genio de Marcianita. La Doctora / o *Científica Pordiosera* / la hija (Marcianita) desheredada. [3]

El *Sujeto Pintoresco,* cuando su historia o lenguaje son los provocadores, es quien domestica a su testigo y, muy comúnmente, el Tipo Pueblerino infundir un cierto respeto con el que el oyente / testigo / se acerca a él y, al mismo tiempo, se retira. El *tipo común y corriente* que tendemos todos a ser no le gusta vivir con la presencia constante y preferencial de este domesticador marginal que parece que vive en las periferias del mito antes que en la centralidad del discurso cotidiano de los hombres comunes y corrientes.

ENRIQUE CEBOLLERO: Durante los años 30, este pepiniano, don Enrique: *«(e)ra a la misma vez un Casanova de primera pues en cada esquina tenía una mujer o novia en espera».* Además, según la estampa que Horacio Hernández nos ofrece en su libro en proyecto **Recordado a la gente de mi pueblo,** *f*ue un maltratante, *«el gran abusador de mujeres pues, siendo vecino podía oir los argumentos y las peleas que tenía con su esposa Juana».* No obstante, Juana su esposa «era de malos cascos, un temperamento muy violento y por esa razón muchas personas del barrio y del pueblo le tenían recelos y miedo de ofenderle».

Una corteja de Enrique explicaría a éste que «Juana estaba decidida a matarlo» y matar a ambos. *«Aqui te traje un revúlver para que te defiendas». Dada la circunstancia, «aquello fue como una película de vaqueros. Las dos mujeres se entraron a tiros, pero como no tenían experiencias de tiro, no murió nadie. Tras el incidente sólo la corteja salió con una pequeña herida en un brazo».*

Este relato se encuentra en mi bitácora: http://www.reocities.com/baudelaire1998/CEBOLLERO.HTML

Una de las razones del por qué Hernández se involucra en este relato concierne al hecho histórico que perturba la época y que describe como muy violenta, riñas de machete, parejas disfuncionales por el alcoholismo y las relaciones sexuales consensuales. Por eso la vida de Cebollero continuó agravándose. *«Ya estaba mayor de edad cuando vuelve Enrique a complicar su vida. Esta vez con otro hombre al cual quería eliminar por una pequeño discusión, a quien la otra persona no puso particular importancia. En San Sebastián, esta persona se llamaba Miguel Amador, joven de algunos 25 años de edad, alto, blanco, con pelo bien claro, casi rubio. Medía como cinco pies, con diez pulgadas y pesaba aproximadamente unas 170 libras. Parecía un 'americano' con ojos azules. (...) Miguel Amador no era ningún golpeador. Al contrario, era bien amigable y bien educado. (...) Su única debilidad era que como buen tipo que era, las mujeres se le rendían de rodillas, máxime cuando con su hablar convencía a cualquier mujer o muchacha joven que se le cruzara. Era bien enamorado y mujeriego –y no perdonaba»*

Miguel, chofer de carro público –en su recogido de pasajeros, iba rumbo a Lares, llevaba cinco pasajeros a los cuales los dejaba, uno a uno, a sus destinos. Entre los cinco pasajeros se encontraba Enrique Cebollero». Estos individuos discutieron y rivalizaron en el auto. Cebollero fue ell último pasajero en bajarse del carro. El llevaba un machete como de treinta pulgadas de largo. Nada inusual. Era costumbre en aquella época que la gente de campo llevara sus machetes y no habían leyes que lo impidieran. *«En los próximos minutos, se llevaría una sorpresa. Miguel no sospechó que aquel asesino (el de la discusión) tenía en mente cortarle el pescuezo... (...) Era un camino muy solitario y no habian testigos presentes. Enrique lo había planeado todo».*

«Al encontrarase Miguel con tal sorpresa y con su vida en un hilo, inmediatamente se abalanzó contra él, forcejeó con Enrique a

fin de defenderse del atacante. Imagine el lector como concentraría su fe y sus fuerzas para poder defender su vida. Claro está que siendo un hombre mucho más joven que Enrique pudo controlar los golpes del machete que nunca lo llegaron a tocar. (...) Claro está que siendo un hombre mucho más joven que Enrique pudo controlar los golpes del machete que nunca lo llegaron a tocar. Su valentía y su juventud pudieron más que las fuerzas del asesino y tuvo la suerte de poder arrebatarle el machete de sus manos. Acto seguido (y ya con el machete en sus manos) no lo pensó dos veces. Lo dejó tendido en el suelo. Miguel volvió al pueblo e informó a la policía los sucesos. Se condujo una investigación en el sitio donde ocurrió el altercado. Levantaron el cuerpo y tras las investigaciones, se absolvió a Miguel de toda culpa ya que fue en defense propia».

EL LOCO WILSON: En el lenguaje del Sujeto Pintoresco puede manifestar la *Guarda* («*Hütung*») del lenguaje como un misterio que se expresa, fragmentariamente. ¿Qué exactamente habría dicho, o significado al decirlo, cuando el *Loco Wilson,* pordiosero de Pueblo Nuevo (barriada urbana de San Sebastián del Pepino), con la cabecita poco más grande que el tamaño de un puño, cuando emitía su grito de batalla: «*Ti Ti Ti*»?

¿Cómo es posible interpretar lo que nunca explicó; pero grito de sílabas, emcionalmente intensificadas en su garganta, que le hizo conocido de todos? ¿Constituye esto una extrema *batología,* entendida como «vicio lingüístico, repetición de vocablos de manera nmotivada o enojosa»? Mas que un esfuerzo pleonásmico de quien posee un rudimentario lenguaje en común con los que oyen, el lenguaje batológico del *Loco Wilson* lo escondía todo; no era un *'salir afuera'* o 'entrar adentro', aunque hacía un esfuerzo para llamar la atención oralmente, que es esencia deseo de compartirse domésticándose en el lenguaje, aún cuando no puede en ese nivel de esfuerzo lingüístico.

En este Pepino nuestro, donde abundaron los **Locos Buenos** / o **Simpáticos,** sueltos por las calles durante los años de la Depresión, aunque nadie los haya estudiado clínica y sistemáticamente, la memoria colectiva apunta a la abundancia existencia folclorizada de casos de ecolalia, rasgo muy frecuente en los autistas. [4]

La ecolalia se define como *«una repetición o ecos verbales, a menudo patológica, hecha por otras personas»*. E inclusive, «hechas en el tono y ritmo exacto que usó el imitado, de modo que en la ecolalia inmediata, vemos que el autista o el Sujeto Pueblerino (aquí el tipo del *Loco Bueno, el Bobo* o el *Zángano*) está interesado, con frecuencia, en iniciar o mantener una interacción con la comunidad. Puede que no siempre de manera interactiva, pero, consciente de que la ecolalia es clave para hacerlo, para ser entendido y él también memorizar, entender y aprender. Quizás la ecolalia que se manifiesta en locos pueblerinos, tomados como tipo, es distinta a la que se manifiesta en episodios del Síndrome de Tourette: *«Stereotyped repetition of another person's words or phrases, seen in catatonic schizophrenia, and neurological disorders such as transcortical aphasia; called also echophrasia»*. [5]

———

Bibliografia y notas

[1] Rachel E. López Ortiz, **Una Introducción a la Épica de San Sebastian del Pepino de Carlos López Dzur,** p. 17. El ensayo se incluye en la segunda y primera edición. Ver en ambas: ps. 11-21.

[2] Clarissa Pinkola Estés, **Women who Run With the Wolves: Myths and Stories of the Wild Woman Archetype** (Ballantine Books, New York, 1992), p. 271.

[3] Durante mi vida en San Diego, tuvo la oportunidad de visitar a Francisco Echeandia, residente en La Mesa. Lo entrevisté tan exhaustivamente como a su hermano el Lcdo. Pedro Antonio, el famacéutico. Tocamos los temas de la vida política de Getulio, ex representante distrital #13 a la Cámara Insular, la gestión como Alcalde de Pedro Echeandia Vélez en 1929 y labor como representante de Agustín de 1933 a 1936. ¿Qué ha permitido que la familia constituya un clan 'republicano' tan poderoso? En la medida que contestaron la pregunta los induje a evaluar a Marciania Echenadía Font y su muerte en la miseria en 1968.

[4] *«Up to 75% of verbal persons with autism exhibit echolalia in some form. There are two types of echolalia: immediate echolalia and delayed echolalia .. The researchers have determined that immediate echolalia often was used with*

clear evidence of purposeful communication. Immediate echolalia appears to tap into the person's short-term memory for auditory input. This is defined as the repetition of a word or phrase just spoken by another person. Immediate echolalia may be used with no intent or purpose or may have a very specific purpose for the individual».

[5] Para Inma Cardona, logopeda de un colegio de Educación Especial, en Cuenca (España) la ecolalia es sólo «*una forma de ser*». En la *ecolalia diferida* se puede carecer de función comunicativa, pero en el autismo muchas veces se utiliza con función comunicativa. En el aprendizaje, la ecolalia puede adquirir una funcionalidad, por lo que en vez de eliminarlas, si aprender puede depender de ellas, es preferible conservarlas y «siempre darles funcionalidad». [Irma Cardona: ***Autismo y Lenguaje: Sobre las ecolalias,*** 18 de junio del 2009]

DE BOTICARIOS Y ALCALDES A SIMBOLOS
DEL ALMA REGIONAL-PEPINIANA

Autonomista, en tiempos de España, Narciso Rabell Cabrero, fue el segundo alcalde de Pepino bajo el régimen norteamericano. Su primera incursión política fue en el Partido Federal y posteriormente en el Partido de la Unión.

Nombrado por el Gobernador William H. Hunt, como alcalde tuvo que socorrer el Casco Urbano que se incendió pavorosamente en 1906. Impulsó una reconstrucción planificada del Pueblo, siendo el propulsor del primer acueducto y la primera planta eléctrica en la zona urbana.

De las fincas de su padre, el Dr. Narciso Rabell Ribas, oriundo de Cataluña, se proveyó maderas, sin costo alguno. Rabell Cabrero urgió la aprobación de ordenanzas municipales para la tarea reconstructora. *Padre del Pepino Moderno* es uno de los primeros en crear consciencia de que la salud y la educación fueron las primeras prioridades para echar adelante a ese Pepino que tantas veces, en su historia, ha tenido que levantarse del desastre, los ciclones y la desorganización.

Manuel Rivera Negroni, hacendado pepiniano, uno de los primeros Alcaldes bajo el régimen tomó el cargo en 1910. No lo abandonaría hasta 1924. Durante su período, se construyó la

Plaza del Mercado y se instaló por primera vez una planta de servicio municipal de energía eléctrica.

De estos tres hombres (Manuel Méndez Liciaga, Narciso Rabell y Manuel Rivera Negroni) que son, a mi juicio, la figuras más inspiradoras, críticas y ubicadas en la esencialidad del *«material a la mano»,* no solamente fáctico, sino trascendente, de la vida pepiniana en esos treinta años, reflexionaré en capítulos posteriores y les extrapolaré con sus opuestos.

DON JERONIMO RAMIREZ DE ARELLANO: Poeta y maestro de escuelas. Todos los maestros de escuela han estado en posición (y lo son por derecho) de ser 'personajes pueblerinos y populares'; pero, como advertimos en la Introducción en un libro de este tipo no podemo y que parte de unas premisas de inclusión rigurosa y temática, no podemos nombrar a todos los millares de maestros como emblemas de folclor ni así haría con otros millares de profesionales que tienen un contacto masivo y directo con la gente. La popularidad de los deportistas (peloteros, baloncelistas y boxeadores) compete a un libro sobre deportes y de las comerciantes a una monografia sobre el tema. Don Jerónimo Ramírez es un caso distinto porque es un pionero del periodismo radial *(«Ecos del Pepino»* por WABA de Aguadilla), de la promoción de literatura local, la investigación del folclor y lo típicamente regional, tras su aventura con el semanario crítico-literario Cumbres (1948) al que siguiera el semanario *Claridad.* Viene de la cepa de precursores de la prensa local, como fueron Ramón A. Ramírez de Arellano que, en 1895, fundara **La Unidad (Ciudad) en Acción,** junto a Rodolfo López Soto. Su libro **Estampas del Pepino** (1953) fue la primera historia cultural de nuestra comunidad y la subsiguiente tardaría 25 años en publicarse a iniciativa del profesor y periodista Ramón Vargas Pérez, con su **Antología de Poetas de San Sebastián (Pepinianos)** de 1977.

La poesía de Jerónimo Ramírez de Arellano (1911- 1968) no intelectualiza el proceso de creación sino que utiliza el arte para acentuar el mensaje moral cuando es necesario o mover el sentimiento estético hacia la actitud cívica una vez que la patria que sufre y la degeneración social se acentúa por el vicio, el caciquismo y la violencia. Escribió sobre la calidad humana e integridad de los viejos Alcaldes, pese a los duros tiempos que enfrentaron, como se puede ver en su poema «Del pretérito». No obstante, sus poemas sucesivos adquieren una tendencia más reflexiva, afirmándose lo religioso, lo tierno y lo filosófico. Dos ensayos filósoficos de Corchado Juarbe, absorbidos por Ramírez, están presentes en esta etapa de su poesía: Dios y La justicia y sus manifestaciones.

Lo guía una fe en la razón soberana, con sus propias leyes, de la que emana no sólo el conocimiento, sino la acción moral. Como Corchado Juarbe, concibe que hay tres ideas innatas básicas: la idea de Dios, la idea de Justicia y la idea de Deber. Hay textos como Nostalgia y Testamento, donde parece que se despide ante la inminencia de su fallecimiento. Fue deseo suyo ser enterrado en Pepino.

En el 'hombre de su pueblo', en el pepiniano, Don Jerónimo percibió la dimensión universal de lo espiritual y su evolución epocal, el «serse-avazando», por lo que expresaría en un aforismo de su soneto Umbral: Hay oro en el corazón. Oro en el corazón de su pueblo y, en particular, los humildes. Muy pocos han escrito sobre él que es uno de los más prolíficos autores de poemas en Pepino. A él dediqué mi ensayo «Don Jerónimo Ramírez de Arellano: poeta regionalista y baluarte de la pepinianidad» del que extraigo estos datos [Revista virtual **La Naranja** (Orange County, California), Julio 1, 2009].

JULIO SOTO / CULIBUNDI: No incluye el marco teórico ni propósito de mi libro la pretensión de completar una historia cultural, sino dar el perfil de algún ingrediente. En este caso, presentar un mnimo de tipos pueblerinos y sus espacios empáticos. Algunos de los que se designan 'tipos populares' son portadores de ideologías orgánicas y, por tanto, al decir de Gramsci, son filósofos de la praxis. El el periodista, filósofo y político italiano Antonio Gramsci (1891–1937), se opuso a la interpretación negativa del concepto al entender que una ideología contiene «*la superestructura necesaria determinada y elucubraciones sobre la visión de mundo que sostenían y validaban una determinada realidad social (política / económica / cultural) y no una percepción arbitraria*». Decia: «Una ideología orgánica es la que organiza a las masas de manera efectiva». [6]

Y Gramsci relaciona la ideología con *hegemonía,* en cuanto esta última se refiere en términos generales a la habilidad de un determinado grupo social con vocación de poder a ganar la adhesión y el consentimiento libre del resto de los grupos que conforman la sociedad [...] es la capacidad por parte de los líderes de la sociedad de posicionar un sistema de valores, actitudes, creencias y supuestos que validan y sostienen el régimen político/económico/social que busca preservar el orden esta-blecido. En realidad, la diferencia entre ideología organica y la caprichosa o falsa es que la primera se vale de un grupo dirigente o promotor a través del liderazgo intelectual y moral y no a través de la violencia que siempre se motiva hacia /o con capacidad de dominación, por la deshonestidad y avaricia.

Ese liderazgo juvenil, movido por lo moral, por ideologías organivas siempre, lo hubo en Pepino. Contribuyeron (y aún lo hacen) a conducir la psiquis popular hacia *ideologías orgánicas,* no caprichosas, a catalizar opiniones formativas por lo nuevo y no desde estructuras de poder burocrá tico, colonial y pensamiento reaccionario, pepinianos como Héctor Soto Vera, [7] obrero de la construcción y autodidacto, quien introdujo en Pepino la *Escuela Magnético Espiritual* y. más tarde, la corriente *trincadita de espiritismo* científico, la inquieta curiosidad por su pueblo de *Lonplain* (alias de Joaquín Torres Feliciano) [8] y *Culibundi* (Julio Soto), quien iniciara su labor como maestro de escuela pública y editor de *El Cucubano.*

El hecho de que Julio, como Joaquín. tengan sus apelativos cariñosos significa lo cerca del pueblo que anduvieron. Yo conocí a Julio, cuando ya había dejado su cargo como maestro de español; se graduo en 1970 y comenzó a trabajar, en lo días en que yo fui prepa en la universidad. Teniamos ya mucho en común, inclu-yendo una cierta fascinacion por la poesía y la política. Eramos generacionales y asistimos al despertar del activismo independentista y socialista. En ambos, ese despertar tenía que incluir / sin dogmatismo/ una nueva espiritualidad, o como Soto describe en una confesión autobiográfica sobre su *encuentro con la luz*, el *túnel* de la desencarnacion y la superación de una experiencia de muerte que lo mantuvo diez días en coma: «*Mi vida cambío porque cambió mi forma de pensar, incuyendo el acercamiento al independentismo fundamentalista, oficialista y supremático del que fui foca maestrada por un tiempo desde la Universidad, hasta esos días, Se me hace más profundamente difícil, entenderlos ahora. Sigo creyendo en la independencia y en el socialismo. Ahora más que nunca, pero rechazando los dogmas y fundamentalismos, y las actitudes de focas amaestradas ante el seudoliderato, cuyas actitudes, ahora me huelen a huevo podrido*».

Julio llegó a tener una barrita en las cercanías de El Barandillo, donde se reunian sus amigos, algunos ya universitarios o con las inquietudes del que fue portavoz en el Pueblo del Pepino. Debió ser a mediados de los '70 o principios de '80. Era un punto bohemio, cuando no, de tertulia política. Este espacio empático pudiera recordar otros como la popular barrita de Tablastilla, allí donde cantara Yim Pérez, o tocara su guitarrista; pero la diferencia sería que el espíritu del lugar tenia la magia de un gran maestro de secundaria. Su elocuencia analítica y su popularidad en la escuela, cuando ya el vigor controversialista de Sagardía quedó en sombras por convalidar un estadolibrismo acomodaticio, trascendió. Llegaba a mis oídos por distintas vías, o amistades mutuas y siempre estuve al pendiente de preguntar: «*¿Y qué es lo nuevo con Julio?*»

Es que lo leía, cuando él colaboraba en algún medio local o semanario de prensa. Es un periodista excelente, efectivo como desocultador y valiente, porque sus ideas son claras, bien sustentadas por datos objetivos. No conozco a ningún pepiniano tan enterado del acontecer noticioso y una perspectiva critica, alimentada por las mejores lecturas y periódicos progresistas.

Siempre han sido claros sus principios. Uno es la solidaridad.

Cuba ha estado en el centro de la misma porque la Revolución Cubana es la batalla siempre crucial, el tema del presente y el futuro. Por solidaridad concienzuda sigue a los distintos dirigentes de una America mestiza y latinoamericanista que ha surgido. «Un nuevo tiempo más justo, comienza desde nuestra América mestiza. Yo no tengo ninguna reserva en estar con Fidel, con el Che, con Chávez, con Maduro, con Mujica, con Correa, con Evo, con Cristina, y con el nuevo mundo que ellos construyen».

Como opinante y ciudadano, no come miedo. Desde el decenio del 1960 ha sido consiste y por eso, entre los pepinianos me ha llamado la atención. Acaso siente un comprensible temor, o cautela ante *«el egoísmo sin límites, mismo que pudiera nos abocarnos a una tercera y última guerra mundial»* ya llevar a nuestra época a un retroceso desolador, a una edad de miseria tal que las guerras sucesivas se pelearan *«con palos y piedras».* Piensa que un nuevo mundo es posible, nacerá *«en nuestra América Mestiza, desposeída y explotada por el imperio del dólar. Pero más que nada, por la plutocracia, y la oligarquía apátrida que traicionan a sus pueblos». Bien que declara que «no se puede confiar, en la prensa mercenaria».* Y por eso escribe, como un ser pensador combativo, intensamente politico.

Sin embargo, compadece al pueblo estadounidense, a sus trabajadores y masas pobres. No es anti-americano porque sabe distinguir las estructuras de poder que explotan a ambos: su pueblo y el nuestro. Sus visión es cuidadosa, no fanática mas ante el Norte, no quita que él enfatice, que USA es: «Un pueblo con muchos cachivaches, y reducida cultura.... En ese pueblo con una clase dominante bárbara y que obliga a otros pueblos a armarse, para poder defender sus soberanías, la tecnología está al servicio del despojo de los otros».

Diria que, desde que Julio Soto hizo la internet / su muro de *Facebook,* su trinchera ha desplegado una importante obra de periodismo ágil y responsable que siempre aconseja: *«¡Abre tu entendimiento, boricua! ¡Prohibido ser tonto!»* es el lema de su pedagogia. Imagino que dentro del salón de clases antes de su jubilaciómy fuera. Se receta la tarea de despertar incautos, porque abundan. Los pocos son los canallas que no tienen sensibilidad y con los que no pierde su tiempo. Hay mucho analfabetismo político en esta tierra que no lee a Gramsci ni a Chomski ni ha ningún filósofo que valga la pena. *«La inconciencia política de nuestras masas, es nuestro peor enemigo. Educar, es nuestro deber y consigna inmediata. Es nuestro antídoto contra el colonialismo, o el estadoísmo negador»*, dice Julio.

Lo he considerado como un educador y quien echara las bases en el Pepino de un pensamiento verdaderamente libre, sin partidismos acomodaticios. Para eso hay que poner a todos en su lugar, ser el buen lector que es y definir, identificar y apoyar la *«ideología orgánica que pueda organizar a las masas de manera efectiva»*. Su análisis de los partidos coloniales em Puerto Rico cumple con eso.

Recientemente, goce la claridad de su analisis al fustigar el anexionismo del PNP. Escribió, en plena desobediencia a lo que Arcadio Diaz Quiñones designa el arte de bregar, la monguera y jaiberia de los irresolutos:

«Ustedes no tienen ningún ideal. Es que han confundido el cerebro con el estómago. Y tras de torpes, también son tramposos y deshonestos intelectualmente, y de todas las formas posibles. El que está *amaestrado,* no piensa, ni tiene ideas o criterio propio. Son esclavos de su estómago y de su egoísmo voraz y militante; y por ende, de su propia torpeza e ignorancia. El PNP es el bagazo que sobró del PPD, luego de ser exprimidos como la colonia que somos, y todavía no nos avergonzamos. Y no nos avergonzaremos, hasta que no empecemos a entender. Pero para entender, es requisito indispensable, querer entender. O nos organizamos en una alianza de Salvación Nacional, o sucumbimos como pueblo o nación. Este PPD, no es ni un facsímil razonable, del PPD de Muñoz. Ya no nos sirve. Pero regresar al PNP, sería un suicidio colectivo. Las cúpulas partidarias, de ambos partidos, se parecen como dos gotas de agua. Además, el Neopipilismo no se avergüenza de su coqueteo, ni de su papel de tonto útil del PNP, con lo que se autodescalifican como alternativa. No es la colonia lo que ellos buscan eliminar, si no ser ellos los que la administren, y ser ellos entonces, nuestros explotadores. La cúpula PNP, piensa desde su estómago, sus bolsillos y su descaro. La cúpula PPD, desde su estómago, sus bolsillos y su pasado. Las cúpulas independentistoides, desde sus ovarios y testículos, y desde sus egos desbocados. —¡Prohibido ser tonto, carajo!»— cuando en Puerto Rico encuentro alguien que hable así le respeto.

Finalmente, hay otras ideas en que coincido con Julio y que él elabora en sus escritos con bastante efectividad. Una es la *fuerza-energía-padre-madre-creadora,* su concepción del cambio dialectico, las valoraciones en torno al el respeto a la vida, al prójimo y la naturaleza, la muerte y la amistad, Don Pedro Albizu Campos, verdadero maestro del heroísmo, asi como su entusiasmo por la Revolucion y dirigencia cubana y que expuso en una décima, como las que el buen *jíbaro* cantara en medio de los campos y bateyes.

Cierro este capítulo con su décima porque es broche de oro para adornar el aspecto solidario que no debe faltar al carácter regionalista del tipo pepiniano.

Por Fidel y su revolución moral.
Cuba es la ardiente antorcha
que nos señala el camino,
y escancia el martiano vino
que solo el valor descorcha.
Y si el destino se entorcha,
pues luchemos contra él;
que cuando el patriota es fiel
no le teme al sacificio,
pues el valor es oficio
en Ché, Raúl y Fidel.

[*A Cuba,* de **Julio Soto Arocho**]

Bibliografía y notas

[1] Martin Heidegger, *El ser y el tiempo* (FCE, México, 1951), con prólogo y traducción del alemán de José Gaos, ps. 300 y 310; además, Michael Sauval, **El olvido del ser, según Martin Heidegger,** en:

http://www.sauval.com/articulos/olvidodelser.htm

y Carlos Eduardo Peláez, *Heidegger y algunos textos sobre estética,* en:

http://www.utp.edu.co/~chumanas/revistas/rev28/pelaez.htm;

Cf. vid además: Alberto Carrillo Canán, *Poesía, lenguaje e interpretación en Heidegger,* en: http://serbal.pntic.mec.es/cmunoz11/carrillo.html

y I. M. Bochensky, *La filosofía actual* (FCE, Mexico, 1997), p. 16.

Una manera política de identificar los gestos cotidianos de hombre de aquel tiempo en días previos a la invasión es que en 1897 ocurre

La Intentona de Yauco, brote revolucionario bajo la dirección de Fidel Vélez. Aun prósperos comerciantes han comprendido que la España del absolutismo y caciquismo no funciona con justicia para la isla. Antonio Mattei Lluberas Torres de Figueroa, educado en Francia y próspero comerciante de café, provee las armas y planes para esta rebelión.

[2] Es la propuesta de Von Herder en su libro *How Philosophy Can Become More Universal and Useful for the Benefit of the People*» (1765); cómo la filosofía de la historia, dispone el desarrollo de una concepción teleológica de la *historia «as the progressive realization of reason and humanity»* — anticipándose en la propuesta a G. F. Hegel. En los cuatro volúmenes del estudio *Ideas para una filosofía de la historia de la humanidad* (1784-1791), Von Herder elabora la idea de que la naturaleza y la historia humana obedecen las mismas leyes y que, con el tiempo, las fuerzas humanas antagónicas se reconciliarán.

[3] Narciso Rabell Cabrero nació el 27 de septiembre de 1873, hijo de Elvira Cabrero Echeandía. Estudió en Maricao en el Colegio, dirigido por Felipe Janer, donde fue condiscípulo de Luis Lloréns Torres, Rafael Martínez Nadal y otras figuras que echarían fama y prestigio en Puerto Rico entero. Obtuvo el Bachillerato en Artes y Ciencias y acudió a España para obtener su Licenciatura en Farmacia (1895). A su regreso, fundó la Farmacia Rabell (1896). Murió el 10 de febrero de 1928. Para más referencias: Ángel M. Nieves Rivera y Maiz López, Edgar J., *Narciso Rabell Cabrero (1873-1928),* librito de 88 páginas, donde se le describe: *«We studied the important events in the life and work of Puerto Rican scientist and politician Narciso Rabell Cabrero (1873-1928). He lived in the turmoil of the change of sovereignty from the Spain regime to the United States of America regime during the American-Hispanic War of 1898. Despite this turmoil, he made contributions in the natural history of Puerto Rico, especially in paleontology, archaeology, pharmacy, botany and politics. Rabell Cabrero was a man without boundaries. A genealogical summary is also provided.»*

Ver además:

http://www.lulu.com/shop/angel-m-nieves-rivera-and-edgar-j-maiz-lopez/narciso-rabell-cabrero-1873-1928/paperback/product-21756537.html

[4] Paul Roubiczek, *El existencialismo* (Editorial Labor, S.A., Barcelona, 1970), ps. 190-91 y Heidegger, M., *El recuerdo que se interna en la metafísica* (Destino, Barcelona, 2000), traducción de Juan Luis Vermal.

[5] *Testimonio de Horacio Hernández, 1995*, desde Altadena, California. Pertenece a su libro aún inédito, y que obtuve por cortesía y amistad de su autor. Su título es *Recuerdos: La gente de mi pueblo,* Capítulo 1; ver también Andrés Méndez Liciaga, *Boceto histórico del Pepino* (1ra, edición 1924; segunda edición (Ediciones Ateneo Pepiniano, San Sebastián, 2004), ps. 88-89, 108, 128-129, 141, 170. Además, ver: Orlando Parga, Jr., *La Invasión americana,* en:

http://www.orlandoparga.com/publish/aricle_17.shtml

[6] Simon Michel, *Gramsci y la necesidad social de ideología;* Kenneth Minogue, *La teoría pura de la ideologia.* Grupo Editor Latinoamericano. 1988. De S. Michel citamos.la siguiente declracion gramsciana: *«La ideologia aparece por todas partes, es conscientemente o no, la fuente inspiradora de todos los actos personales o colectivos: no hay acciones sin ideologia... Es el elemento sin el cual no se podría concebir ninguna acción humana, individual y colectiva, es el elemento en donde se elabora y engendra la totalidad de las acciones históricas»* (p, 99).

[7] Arcelay Medina, op. cit., en p. 58 y C. López Dxur, *Camino a la Eternidad de Héctor Soto Vera,* en: http://ssdelpepino.com/historia/sobre-camino-de-eternidad-de-hector-soto-vera/

En la bitácora *Literatos, poetas y narradores profesionales destacados,* de Carlos López Dzur, se incluyen las biografias de Hécr Soto Vera y Joaquín Torres Feliciano. Ver en:

http://reocities.com/baudelaire1998/literatos.html

[8] Sobre Joaquín (Lonplan): cf. Arcelay, op. cit, p. 59. El articulo *Y Méndez es un artista* es uno de los reportajes de Joaquín Torres, publicado en *El Gorrión* (Edición Núm. 60, Año 3, Volumen 2, mayo de 1974), donde ya es obvio su interés en personajes locales (en este caso, Ramón Méndez, *«timbalero, conguero, cantante y director de combo (Los Astros)»*, en fin, artista diverso, multifacético tal que se le contrata para que pinte un rótulo o para una tocata de baile, de quien dice: *«De día pinta un rótulo, cobra unos dólares y compra unas vírgenes o algún santo patrón que le encarga Faustino Cortés, el pirotécnico. O don Guillo Rivera o alguno otro de estos artistas de fuegos artificiales. Y esos lienzos de Méndez, que son de la escuela primitiva de las artes, son bien realizados por su ansiosa mano».*

Este artículo de J. Torres Feliciano y originalmente publicado en *El Gorrión* puede leerse en la internet, reproducido por la bitácora *KoolTourActiva,* en:

http://www.kooltouractiva.com/kooltouractiva/art/boricuas-para-la-historia/271-ramon-mendez-.html

EL HISTORIARSE PROPIO

Un hito conducente a la comprensión profunda del *ser de la nacionalidad,* no había sido hasta entonces, pese a la homogeneidad lingüística, pero sin organización estamental propia. Un participar en la historia, pero cuyo fundamento, el destino, había sido demasiado esquivo y vago. Ante la finitud de la temporalidad y la *comprensividad* vaga del ser, transida de opiniones, el *historiarse propio* de la existencia hacia la muerte y filosofemas creados por el *trato cuidado («Dasein Sorge»),* estuvo pendiente sin avance (sin *irse-resolviendo*).

Carlos III y sus sucesores, una vez Puerto Rico fue asociado como intendencia al Virreinato de la Nueva España (1782), no trajeron sólido beneficio ni seguridad al área (la costa oeste puertorriqueña) ni a las antillas en general. Los aguadeños y pepinianos aprendieron a darse beneficios y protección por su cuenta, mediante lo que Joseph González y el capitán poblador Cristóbal González de la Cruz llamaron las *rogas de axuda* y fue, precisamente, porque un viejo poblador de Mirabales (Josep Vélez) la puso al servicio de todo el pueblo para que se perdiera el miedo al holandés y al inglés, al mosquito y al mime.

Lo que implicó que, en Pepino y sus cercanías, se juzgara que todas las voces de auxilio dadas por los hidalgos, ya éstos convertidos en funcionarios, fuesen menos eficaces que las gestiones del que, sin *miedo al filibustero,* se enfrentaba a él y aún traficaba con ellos. Resolver y avanzar tiene que ver con lo que conviene y con un anticipar para proyectar y actuar.

Abierto el Puerto de Aguadilla al comercio exterior, en 1804, mejoraría la posibilidad de progresar y seguir poblando. Sin embargo, la piratería no desapareció del todo. E inclusive, surgieron piratas puertorriqueños, como *Cofresí,* que terminaron siendo *glamorizados* y admirados por el pueblo llano. Lo que sucediera a lo largo de los tiempos tiene que ver con un rompimiento con todo lo amenazante, en particular, con aquellos de quienes vimos como los enemigos.

En *Entrevista con Emilia Arbona Vda. de Oronoz,* realizada en San Sebastián, 3 y 8 de diciembre de 1975, y sobre los más antiguos barrios del poblado, consultamos. a J. Nicolás Oronoz Font, quien escribió en su **Portón histórico,** en **Revista del Café** (Año 15, Núm. 61), donde dice: «*aún conservan nuestros barrios rurales el nombre de sus primeros pobladores, tal como el barrio Mirabales, habiendo sido su dueño por muchos años el hidalgo español Miguel González de Mirabales*». En posición de privilegio, se hallaba el Padre Manuel de Mirabal, a quien se le seguiría un proceso: *Testimonio de la causa fulminada por el Provisor y Vicario General del Obispado contra el Padre Manuel de Mirabal,* en: Año 1711, **A.G.I.,** Sección de Santo Domingo, legajo 2295.

Según Arbona, los problemas que originaron varios procedimientos investigativos contra los González de Mirabal y «*los Mirabales»* tanto en Puerto Rico como en España se relacionaron a la protección del mercado negro, el enriquecimiento ilícito y la piratería, hechos que habrían pasado desapercibidos si no fuera que, en España, durante el reinado de Felipe V, Luis de Mirabal, consejero de Castilla y de los Estados Generles de Holanda, no hubiese caído en desgracia, al surgir discrepancias con el rey, al Mirabal insistir en la idea de que Inglaterra es un aliado natural de España y, por el contrario, Francia, su enemigo.

El Marqués de Mirabal fue separado de su cargo al entenderse que, en política colonial, se inclinaba por el individualismo y la autosuficiencia de los colonos, haciéndolo, según sospechas ventiladas en corte, por proteger a parientes en el Caribe, cuyas actividades favorecían el trato con corsarios ingleses y contrabandistas. [1]

Los sucesores de Felipe V (Fernando VI y Carlos III) tratarían, posteriormente, con la realidad del *filibusterismo* al que Mirabal quitaba importancia al llamar *«aliado natural»* al inglés.

En la búsqueda de libertad de comercio, administración justa y fin del colonialismo es que se da el contexto bolivariano y las migraciones surgidas con el *Edicto Trujillo*.

1810-1820: En vista de que desde junio de 1811, representantes de siete de las provincias venezolanas respaldaban la declaración de la independencia y que quedaban varias otras provincias aún leales a España, se desató la guerra civil y refuerzos de tropas españolas, en ocasiones, quemaron pueblos, torturaron y masacraron gente inocente sólo por no ser leales a los españoles en Venezuela y a los criollos leales.

En 1814, se reanuda la guerra y Juan Bautista Echeandía Aspiazu decidió dejar Venezuela y abandonar una extensa finca en Guigue y su casa en Valencia. El reunió el dinero y cosas valiosas transportables que tenía, entre ellos sus esclavos y acompañado de su esposa Isabel y sus 5 hijos, jóvenes todos, partió de Venezuela con intención de ubicarse en Florida. Junto a él salieron Don Andrés Cabrero que tendría 20 años, un familiar suyo llamado Santiago Echeandía Balasquide, natural de Victoria en Guipúzcoa y Don Ramón Arteaga y Pumar hijo mayor del Capitán Francisco de Paula Arteaga y la marquesa Josefa Pumar y Callejo.

Según Rabell Fernández, éste es le origen de los Cabrero y Echeandía en el Pepino. Con el hijo de Andrés Cabrero Escobedo, en Pepino, el fundador Manuel Joaquin, nace uno de los primeros emporios comerciales, la *Casa Comercial Cabrero y Hermanos* y uno de los pioneros de la poesía pepiniana. Y la antigua Calle Guajataca lleva merecidamente su nombre, calle M.J. Cabrero.

Un poeta pepiniano que sigue sus pasos en tal familia / criollo puertorriqueño / aunque de la misma cepa con ancestro venezolano, es Luis J. Cabrero Méndez, quien escribe un poema que contiene su actualidad, credos y herencias vinculantes. Subraya en su texto la necesaria solidaridad aunque hayan pasado siglos del hito migratorio. El lo titula **A nuestra hermana... Venezuela.** Entiendo yo que es un *poema cauteloso* y mal haría si quisiera borrar, por razones de vínculos de sangre, de clase o intereses de capital, lo que ha significado la gesta de Francisco Miranda y el glorioso Libertador Bolívar.

¡Venezuela amada!
¡Estás en nuestras mentes y corazones,
en un momento crucial de tu existencia!
La misma sangre corre por nuestras venas,
española, india y africana.
Nos unen muchas cosas,
las que nos separan,
¿quién las recuerda?

Somos una en la historia,
en el Credo y en la lengua.
Esa lengua española, o castellana
(como la llames no opaca su riqueza)
que nos une, que nos hermana,
en las alegrías y en las penas,
que nos llevará a la grandeza
que el destino nos depara,
¡cuando al fin nos unamos
como un solo pueblo,
sobre la faz de la Tierra!

Venezuela de mis hermanos,
de mis ancestros...
¡estamos aquí, a tu lado!
¡Rezamos por tu paz,
tu democracia
y tu progreso! [2]

Como el Dr. Gualberto Rabell Fernández dijera sobre la época de luchas emancipadoras bolivarianas y contra el absolutismo, cierto es que en la Capitania General de Venezuela fue muy turbulenta. *«España tuvo control absoluto desde su descubrimiento y colonización pero entre 1795 y 1799 hubo 3 revueltas en las ciudades de Coro, La Guaira y Maracaibo que fracasaron».*

La historia daba campanadas de cambio y un nuevo sentido de patria se aupo para enterrar el colonialismo.

Tambien fue evidente que don Juan Bautista Echeandía en unión a su familia y acompañado de Andrés Cabrero y la familia Arteaga López decidió abandonar Aguadilla y establecerse en San Sebastian donde ya había establecido un número considerable de emigrados de Venezuela.

EL SEUDO-TIPO COMUN Y CORRIENTE: Ante lo eventual de la expresión original, o comportamiento proverbial, hay dos tipos de personas que se inquietan y preveen: (1) el *tipo común y corriente,* u hombre / mujer/ del montón, quien es el *Dasein* que novelerea y espía interpretativamente en lo incierto y lo novedoso y, en segundo lugar (2), el sujeto, que es directo inspirador y depositario de lo adviniente, ese *quien* con un *«fin»*, lleno de originariedad que siendo *no-ser-siempre-todavía* va hacia ello y materializa en sí su más propia posibilidad de ser.

El segundo tipo humano tiene (en su ser) pensada la expectativa como dato de extracción pre-ontológica. Contrario al tipo común y corriente, repetidor y novelero, que termina articulándose o gesticulándose con aversión, desvío y huída, ante la eventualidad que lo cohíbe o incomoda, en determinado momento, el segundo, la lleva a su destinación final y se vuelve uno con la eventualidad.

El *quid* de esta cuestión es que lo eventual, por incierto, clama por la vivencia de la angustia, única situación de la que arranca el conocimiento verdadero.

El *hombre del montón,* el primer tipo, rechazará la congoja que se desprende de *háberselas* con la situación difícil, el eventual golpe de lo angustioso, lo amenazante.

Se me ocurre mencionar como ejemplo refinado de esto al Cura Claudio González en el Pepino de 1873.

El historiador Andrés Méndez Liciaga en su **Boceto histórico** le llama *«Truculento Sacerdote»*, *«excitado y colérico».* Este curilla fue quien, en defensa del sistema esclavista que tenía a 35,000 negros en la servidumbre forzada en Puerto Rico y en protesta por la aprobación de la ley de *Abolición de la Esclavitud* ese año, se negó a unirse al regocijo de los libertos, negándose a cantar un *Té Deum* para la comunidad local de los esclavos liberados. El Alcalde entonces, Juan Angulo y Meléndez y el Síndico de la Alcaldía escribieron al Gobernador para *«pedir el traslado o destitución».* [3]

DON NADIE: El cura que se entrega sistema colonial peninsular como vulgar, reaccionario, racista y conservador, por darse como enemigo de *«reformeros y libertinos»,* indigno de la sotana, el mejor ejemplo para ilustrar a *Don Nadie,* el hombre del montón que no se solve con lo mejor de sus fuerza interiores. Tal es el Cura Claudio González.

Hay una segunda versión de la defornacion de su anacronismo. Una mujer, en cierto modo, representa a la **Doña Nadie** en la persona de una mujer que el Dr. Rabell Fernnadez describe como *«mujer de carácter fuerte, extremadamente fiel a la Corona Española».* Una que prefirió *«perder toda su fortuna antes que manchar su lealtad al Rey. Una, a la misma vez muy humanitaria que perdió sus haciendas y sus casas»* y, también, a su esposo Don Francisco de Paula Arteaga, que al ser perseguido por los revolucionarios en 1813, murió en su huida en Angostora. *«Perdió también a su padre y sus hermanos que se aliaron a Bolívar y la abandonaron a su suerte».*

Al caer en manos de los revolucionarios la ciudad de Bariñas. en 1814, Doña Josefa del Pumar y sus hijas e hijo fueron desterrados por orden de Bolívar a la ciudad de Mérida con penas y amenazas de no volver a pisar la Provincia de Bariñas. Un gesto protectivo ante la violencia que se generaba.

Ser *Don Nadie* / o *Doña Nadie* tiene un precio, asi como lo tiene estar con la Corona Española y apoyar con la abundancia una causa que esta destinada a fracasar. Esta fue el error que la convirtió en la Gran Dama en la inopia, la que ha de perderlo todo y vivir de la caridad delas monjas después de haber sido Doña Josefa del Pumar y Callejo, Marquesa del Pumar. Tenía el sueño de regresar a Venezuela para tomar posesión de sus riquezas. Mas en la dialéctica de la hisstora, cuando madura el momento de si giro para un rumbo colectivo en beneficio de las mayorías, los llantos y lamentaciones de las Marquesas no valen y, menos cuando las motiva, subterfugios de reacción o chantajes retrógrados.

Aunque hay familias que montadas en ola anti-chavista y anti-bolivarina tratan de hacer pasar a la Josefa del Pumar por u «na bella, inocua y terca heroína española que en 1820, por causa de la Revolucion, se convierte en villana», fue ella misma la que cavó su desgracia por el apego codicioso a su riqueza y condición de clase. Otras mujeres venezolanas, de clase aristocratica, la entregaban voluntaria y generosamente todo por la libertad.

Josefa del Pumar echaba sus fieros contra Bolivar por reaccionaria, pide y recaba pensiones, devoluciones de su riqueza al Rey de España, con la pretensión de vivir de títulos nobiliarios de su esposo, la Venezuela de gente de a pie, pobres y campesinos, lucha heroicamente por sus libertades republicanas, el fin de la esclavitud y calidad de vida.

LIBERTAD PARA LA LUCHA: La otra y heroica Josefa Venancia de la Encarnación Camejo es la imagen opuesta de la Marquesa del Pumar. Ella escribió al gobernador, diciendole *«Señor Gobernador, el sexo femenino no teme los horrores de la guerra, antes bien, el estallido del cañón no hará más que alentar, su fuego encenderá el deseo de libertad, que sostendrá a toda costa en obsequio del suelo patrio»*: **Carta de Doña Josefa V. de la Encarnación Camejo al Gobernador de Barinas, Pedro Briceño del Pumar.**

Como tal mujer, por valiente, quiero a muchas que defiendan mis causas. La causa de la Muerte Honrosa y el Bien Vivir para que no haya lamento. En Falcón le llaman Doña Ignacia, hija única de Miguel Camejo y Sebastiana Talavera y Garcés, tesoro amado de los hombres libres. La educaron en Coro para que no viva de rodillas y ha llegado a Caracas para hablar de lucha armada y libertad y reunir las revolucionarias. Es sobrina del Monseñor de Talavera, cepa de fervientes patriotas. Como tal mujer, Doña Ignacia valiente, muchas quiero que defiendan mis causas. La causa de la Muerte Honrosa y del viaje sosegado.

En uno de mis poemas bolivarianos la evoco.

A JOSEFA

A Doña Ignacia la dejo cruzar la Estigia
A Doña Ignacia le permito todo.
Se desplaza a los pozos del Hades.
Ha cruzado la Estigia sin permiso.

Entre viajantes a la Otra Orilla, va.
Donde viven las almas que perdieron su cuerpo,
hizo su ministerio de socorro.
A ella que mi Cerbero ni le ladre.
Ni muerda, Bastante ha sufrido
cuando bestias inmundas tomaron la provincia
de Bariñas, en 1813.

Ella ayudaba a heridos, a civiles y republicanos,
perseguidos por España y maltratados
por el colonialismo.
La población se mudaba a San Carlos.
Sí, a la Josefa heroica, nada que ver
con la Marquesa, la conocí en 1813,
en Cojedes y le llamaban Josefa,
Novia del Patriota, apoyo
del futuro prócer Juan Briceño.

Y cuando su madre se ahogaba,
como si cruzara a nado el Hades sin permiso,
dije al Perro Vigilante de la Muerte:
«Sálvales a ambas o deja a su madre
en Mi Visiones de Orilla.

La hija es Doña Ignacia. Mi orgullo.
A ella que vuelva a Tierra de mortales
y siga curando republicanos heridos
porque en la Nueva Granada se hará
su nación libre como ideara Bolívar».

*

A Josefa, la Pordiosera, 1821

La riqueza que han descrito
como propiedad de Josefa en Paraguaná
no es mía. La Muerte me la dio
para conjurar los perros que han mordido la vida.
Es un regalo que utilizamos en Coro
y derrotamos cancerberos de vil enjundia.

A mi riqueza nunca la tomé en jactancia.
No dije son mis esclavos,
trescientos negros de mis haciendas.

En su lugar, en disfraz de pordiosera, dije:
«Son mis valientes discípulos.
Son rebeldes que me han de seguir
a Baraived para que juntos derrotemos
a Chepito González y al realismo remanente
que oprime a Venezuela».

La heroína de Coro independiente es republicana:
sume el valor de sus 300 esclavos
y tiene una idea del espíritu que anima
a un ciudadano virtuoso en Pueblo Nuevo
y a una mujer de su talla.
Es Josefa a quien la Muerte llama *Doña Ignacia*

*[De un libro bolivariano de **Carlos López Dzur**]*

El segundo *seudotipo* se solve con ese destino y, desde sus fuerzas interiores, querrá afrontarlo. Sin embargo, a fin de que este nuevo enriquecimiento de la imaginación colectiva y su específico anecdotario se manifieste en la vida del pueblo, se ha de expresar una originalidad y fundamento posibilitador de los datos epocales que sean contexto y estructura para la expresión de la esencia y la irrupción del mito.

Podríamos decir, que el seudo-tipo es el precursor del *Sujeto Pintoresco* que propicia su mito; el testigo ayuda a que se divulgue y se fije con cierta presencia en la cotidianidad del presente. Los pintorescos son divulgadores y sus incomprensiones son superiores a ellos mismos. Divulgan imitando algo que les pareció maravilloso, particularmente original.

El folclor revolucionario campesino de **Carmelo Cruz,** trovador de las rebeliones de 1898, *Comevacas y Tiznaos,* es tan valioso en su praxis como las trovas de **Pantaleón Chiviricui,** aunque no alcancen el valor tematico y artesanal de las deécimas y trovas de **Julio Soto,** entre otros.

———

Bibliografía y notas

[1] Carlos López Dzur, *Entrevista con Emilia Arbona Vda. de Oronoz,* realizada en San Sebastián, 3 y 8 de diciembre de 1975 y cf. Eliut González, **Pepinianidad,** Parte I y II.

[2] Luis J. Cabrero Méndez, **A Nuestra hermana, Venezuela.**

[3] Andrés Méndez Liciaga, ***El boceto histórico del Pepino*** (ed.1925), 2da. ed. Ediciones Ateneo Pepiniano, 2004, p. 104.

LANZADOS A LA PSIQUE COLECTIVA

Con la influencia de los EE.UU. llegará un desafío y una tentación, cuya intensidad nunca antes se experimentara: un anhelo / desafío por el progreso al que Francisco Alberty Orona definió poéticamente al decir que será la juventud (la que):

Abrirá las puertas
de un mañana promisorio
tornando la semilla en sementeras...

(*«Mirada ausente»,* en: ***Cantares al Pepino,*** p. 2)

El progreso se convierte en un ideal muy propio de los jóvenes. El mañana *(«ir-avanzando»)* dará más que *«lo sido»,* ya acontecido. La desigualdad en la distribución de la riqueza, ese viejo fantasma, tiene que ser superada. Estos márgenes de libertad de acción a la vista son mayores que los que antes hubo con España y su vulnerable autonomía. Vendrán, sobre todo, jóvenes y nuevas generaciones a probarlo.

Es apresurado describir categóricamente la *idiosincracia del pepi-niano,* pero dos momentos han cursado en la historia puertorriqueña en las que ésta ha tenido sus pruebas de fuego. Uno fue el movimiento separatista de 1868 y otro fue la presencia norte-americana y lo que, tras aprobarse los estatutos *Foraker* y *Jones,* se les planteara.

Decía Alberty Orona que el pepiniano, en su fluir de existencia, es añorador y ensoñador. Es capaz de evocar *«tiempos idos»* y *«quimeras ilusorias»;* pero, a la hora de los vendavales y las pruebas intensas de lo real, el pepiniano verifica lo que tiene *«poco arraigo»* en beneficio de la verdad de su ser. En su texto **Añoranzas,** a este proceso cognitivo de su añorar, lo dispuso como un resultado filosófico:

«Trastocar ilusiones en verdades». [1]

Es el poder del trabajo lo que produce esperanzas de vida placentera. Pepino es *«progresista y alerta»* (Ibid). ¿Qué quiso decir con ésto? ¿Qué implicación social tiene? ¿Cuán alertas ante lo irremisible de las espectativas?

Con ésto se infiere cómo incidiera una ideología de importación *«americana».* Futuro y progreso se han asimilado y la resignación a la miseria no es admisible. Ya nomás. Obviamente, en la historia social de San Sebastián hay mucho dolor. ¿Fue una parte de ese dolor el *«olvido de su grandeza antañal»* (frase de A. Rafael Seguí), que se evoca y añora, entre nuestros poetas del pasado y el presente?

Pero el desafío cimero es lo dicho por Alberty Orona: Ha llegado la hora de *trastocar las ilusiones en verdades.* Esto es posible.

El pepiniano concibe una *herencia* sobre la cual fundamentar sus valores; se *«ha forjado un prototipo»* regional (Eliut González). En lo más pobre de sus días y arduo de su vida social, es un pueblo trabajador que Luis Fernando Martínez evocara con los individuos que mencionó colectivamente en un texto. Ellos son hoy una parte del imaginario social de lo pintoresco, pero, que en su tiempo, fueron la sociología viviente del trabajo.

En su poema **A mi pueblo,** esos jornaleros o empresarios miseriosos y que representaron la vida cotidiana del Pepino de 1900 hasta final de 1930, son:

El aguador, el lechero,
el revendón, carbonero
(que) empiezan ya a desfilar

y a la Plaza de Mercado
de su sueño despertar.

La gente comienza pronto
su diaria actividad y allá,
en la sierra, se oye
al leñador laborar.

Larrache, el sacristán de la iglesia,
las campanas toca ya
y Chalo con su batea
de mallorcas bien repletas
comienza ya a pregonar.

Los garrafones de leche
se escuchan ya vaciar
y Catalina, la Negra,
la cande la va a juntar.

Mulas, caballos y vacas
empiezan a pulular
y el sonido de sus cascos
son notas de actividad.

(Luis Fernando Rodríguez, en: ***Cantares al Pepino,*** ps. 94-96)
[2]

El pequeño agricultor, el hatero, el trabajador de la caña y el Ingenio azucarero *La Plata,* revendones, dulceros, carboneros, aguadores, lecheros, criadas, costureras, parteras y maestros, tenderos, carniceros, ventorrilleros etc. tales son los productores de la vida material del Pepino del 1900 a 1930. Estos como personajes tienen su presencia en la incipiente literatura del siglo XX. Como clase y familias privadas, sostuvieron a su prole contra viento y marea, porque muchas veces, como sucedió en el Siglo XIX, el gran hacendado y el comerciante próspero los menospreció y aún les negó sus beneficios económicos, sociales y políticos. Este grupo, ciertamente proletarizado, poseyó más bondad y valores que recursos para vivir. Siempre fueron los más sufridos. Si de algo carecieron fue de educación formal o destrezas para adaptarse al nuevo orden que vendría, a riesgo de hacer ya innecesarios sus empleos.

Según avanzó el proceso de cambio, la educación que se fue adquiriendo fue ya una que identificó«*capitalismo, democracia, progreso tecnológico, educación pública y obediencia a las leyes*» (de los EE.UU.) con el propósito de *americanizar, asimilar,* completándose el desmantela-miento de las «*costumbres de ayer*», «*Costumbres del Pepino del siglo pasado*», diría Mariana Rivera Alers de Rivera.

Un interesante texto del profesor y poeta Jerónimo Ramírez de Arellano, «*Del pretérito*», describe algunos aspectos materiales del escenario pueblerino. Evocó los años del ex-Alcalde Manuel Méndez Liciaga (1884-1964), vividos en un pueblo de «*pretérito glorioso*», «*naturalmente bello*».

En ese «*viejo Pepino*» de los Treintas / la clase mayoritariamnente pobre / los peonajes / si pot algo podía vivir en medio del estrago y la miseria fue porque todavía conservaba la virtud de la solidaridad. Había una estructura familiar con valores tradicionales que incluían la firme disciplina y res-ponsabilidad por los hijos, políticas de buen vecinos o de colaboración entre vecinos. Se adoptaba al más desvalido para darle crianza.

En este asunto fue ejemplar, la esposa del maestro de obra Don José Torres Pino y su esposa Doña Margarita Rivera.

Si juzgamos que el sentimiento de *solidaridad* es el factor cohesivo de las ideologías, al faltar ésta, la *pepinianidad,* la *puertorriqueñidad* y las virtudes unitarias del ser que nos dio el sentido de autoctonía e identidad, se tendría como riesgo que tal pepinianidad se viniera abajo.

La solidaridad como pepinianos fue el arma secreta, el ancla de salvación, en el proceso de sobrevivir como pueblo, a partir del 1900.

En conversaciones con Marina R. de Rivera y su hijo Alberto

Rivera en la década de 1970 (para la preparación de esta monografía), ambos coincidieron en dos hechos: los principales problemas que tuvo el Pueblo de Pepino al despertar a los desafíos del siglo XX y adaptarse al nuevo régimen que impuso los EE.UU., fueron la salud pública y la educación.

Para Doña Mariana Rivera Alers, educación y salud «*van de la mano y una no sabe qué debe ser primero; cuando falta la educación, por desconocimiento, se cometen errores que afectarán la higiene, la salud y la personalidad; cuando no hay salud, sea por el hambre o por el malvivir, la educación no entra al estómago ni a la cabeza*». [3]

En poema suyo, en el que el deseo es «*revivir del pasado cuanto guarda*», aún del siglo XIX (ella vivió 18 años en tal siglo y fue una de las pocas niñas con acceso a la educación, pues provino de la próspera familia de la época, los Alers), señaló ese problema fundamental: en Pepino faltaba un sistema de instrucción, la democratización y masificación de la educación pública. No obstante, a su juicio, Pepino hubiese servido de modelo por la virtud colectiva de su fineza y bondad.

Al envejecer, a la edad 86 años, escribe el poema ***A mi Pepino,*** con la aflicción de cómo han cambiado las costumbres y la calidad moral del pepiniano:

> *¡Cuánto tiempo ha transcurrido*
> *que ya llegué a la vejez!*
> *causándome pena ver*
> *en «Costumbres del Pepino*
> *de fin de siglo pasado',*
> *modelo que fue tomado*
> *de personas que en verdad*
> *no poseyendo instrucción*
> *sólo tuvieron bondad!*

> (Mariana R. Rivera Alers, escrito en diciembre de 1967, e incluído en: ***Cantares al Pepino,*** ps. 83-85)

De ese Pepino epocal, también se recuerdan las fachadas de calles y barriadas. Lo hace la poeta Casilda Cruz Méndez cuando da su homenaje a *Tablastilla*, poema sobre su barriada y otros que son *«parte de la cepa del renuevo»* (Eliut González) en la pepiniaidad. Casilda Cruz Méndez evoca...

Barriada cual laberinto / callejones y pequeños recintos / callejón A, callejón B, / callejón C. / Se rompe el abecedario / callejón del Bacalao / callejón de don Neyo /callejón de Isidro / otros sin nombre definido. / Callejones, / lágrimas y risas, /aueños desvelos / amores y celos. / Calle Tanca / calle principal / guía extraña /conduce a rincones sin par.

González Vélez en *Pepinianidad* evoca el pasado formativo de los asentamientos, o historia de los primeros veganos, es decir, en *«Las Vegas del Guatemala, /tú, primer asentamiento /de la chica madre patria»* a la *identidad fusionada* (que absorbe a los caribeños y europeos).

Caribeño y europeo
de la Cédula de Gracia,
injertaron sus renuevos
en la cepa Pepiniana.

De las Vegas, al Pepino,
más luego, San sebastián,
se concreta nuestra historia
en la Pepinianidad.

Mi lejana voz te canta,
te evoca mi fuero interno,
Yo soy parte de esta cepa
Y de allí son mis renuevos.

Si bien *somos injertos* como productos sociales y etnogreáficos, a esta observación de González Vélez, amplío con una visión existencial de la historia de San Sebastián del Pepino, al considerar que ea desde ese *ahí-del Ser* / Existencia humana / que el historiador o cualquiera que quiera un sentido histórico para sí, conciencia de su historia en cualquiera de los asen-tamientos y las nuevas adiciones étnicas, tomará cuidado y su punto de partida y motivo inspirado, será la esfera empático-existencial donde se moverán siempre, sin transgredir ese campo o salir de él en ningún momento.

Lo expresamos desde el primer momento en la *Introducción*. Esa esfera o espacio es el *ahí-del ser* y estará siempre, antes y después de la muerte del quien quiera comprender, que es la forma de iniciar la historia. El *ahí* no juzga a quien toma o deja historia, esto es, su presencia modificadora en el entorno, Cosa distinta es decir que la adquisición de conciencia histórica, o de un esfuerzo por hacer la historia, vivenciándola auténticamente, no sea necesaria porque el *ahí escénico* no pide cuentas. Es inerte y callado. *«El hecho es que la persona se hace histórica en la medida que comprende. Y el comprender es el modo en que el Dasein se registra en acción. El humano historiarse es actuar, enfrentarse con la realidad, como «existencia auténtica».* [4]

El individuos, aislado o en grupo, es sujeto de continuado *hallazgo.* El «primer existencial» y «lo ónticamente más cono-cido» consiste encontrar y encontrarse. A veces el hombre se pierde en sí mismo; pero siempre se encuentra en la vida cotidiana pues una realidad inescapable. Un «estado de yecto», conocido, y que por más perdidos que estemos nos recoje, templa y alberga. [5].

Revisemos a Heidegger: *Historia no es ni lo pasado, que ya no es, ni lo de hoy que pasa fugazmente; la historia como historiarse es el actuar y padecer cabal a través del presente determinado por el advenir que se hace cargo de lo sido... No todas las referencias hacia la historia pueden devenir científicamente objetivables y situables, y justamente las esenciales no:* Martin Heidegger

Absurdo, inútil y contraproducente, regresar en forma acrítica al pasado, como fuga de un presente caótico, hay que considerar que no se puede perder la fe en la historia sin caer en varios peligros: la pérdida y el equívoco. El conocimiento de la historia funciona como motor de cambio cuando no se suscribe a los llamados discursos canónicos y legitimadores del poder. Eduardo Millán, lúcido crítico de literatura, ha dicho citando a Leminsky, que la batalla contra lo nuevo es una guerra perdida y lo nuevo debe pasar, necesariamente por una revaloración del pasado, no por un retorno de él.

La tentación es engordar el olvido. Con olvido, en un sentido hermenéutico-existencial, miento una actitud que M. Heidegger, describió de este modo: la imposición provocante *(Ge-stell)* de la técnica que conduce al hombre a extravío, a la autodeterminación fatídica, al olvido de su esencia. En los riesgos de la manipulación técnica del mundo, de sus maquinarias y sus aparatos, se oculta un modo precedente del desocultar y el producir, con el peligro de llevar a la fatalidad, al desarraigo. El hombre eregido como sujeto investigador, interpelado por la *Gestell,* inquiere su objeto, ence-guecido, fuera de la constitución misma del ser.

Con la entrada al siglo XX, el líder puertorriqueño oportunista y burgués en general y, en particular, el de cada pueblo de la isla en posición de poder, quiso desautorizar el precedente vivido dentro la política pública de España que mantuvo a Puerto Rico en la ignorancia. «*A menor nivel intelectual en las colonias, mayor sumisión*» (O. Parga, Jr.). Este líder descrito es quien más presto está al olvido ya que se entusiasmará con los ingenieros militares norteamericanos que vinieron con la invasión a construir «*la red de carreteras principales, las comunicaciones telefónica e ina-lámbricas que permitieron la entrada de la Isla al nuevo siglo*».

En fin, con una propuesta existencial del proceso histórico comunitario, se romerá con la modalidad inauténtica de hacer historia desde la exclusión o la indiferencia, que es la forma habitual en que se diluye y pierde la memoria histórica y se nubla el sentido. Heidegger explica que ni el historiador ni el poeta pueden ignorar el sentimiento y la pasión que relacionan al hombre con su condición de *arrojado al mundo,* parea la angustia de saberlo. La angustia de cara al *poder-ser* es lo más honesto que tiene el hombre de lucha, el héroe, el afirmador, para quien el hecho histórico es un aprovechamiento de las posibilidades que han de ser arrebatadas al mundo, en cuanto desde el presente es que se hace historia.

____

Bibliografia y notas

[1] Francisco Alberty Orona, en: Ramón L. Cardé Serrano, *Cantares al Pepino* (1ra. edición, San Sebastián, 2003), ps. 1 y 3. ***Testimonio de Horacio Hernández,*** 1995, desde Altadena, California. Pertenece a su libro aún inédito, y que obtuve por cortesía y amistad de su autor. Su título es **Recuerdos: La gente de mi pueblo,** Capítulo 1; ver también Andrés Méndez Liciaga, **Boceto histórico del Pepino** (1ra, edición 1924; segunda edición (Ediciones Ateneo Pepiniano, San Sebastián, 2004), ps. 88-89, 108, 128-129, 141, 170.

Ver el interesante poema de Juan Roure, Jr., «*A los Hijos del Pepino: Poesía Regional*», en*: Manantial* (Impreso en la Editorial Corripio, C.A., Santo Domingo, 1987, ps. 85-110.

[2] Luis Fernado Rodríguez, incluído en: Ramón L. Cardé Serrano, **Cantares al Pepino,** ps. 94-96.

[3] **Entrevista con Mariana Rivera Alers,** viuda de José Rivera Muñiz. La entrevista fue realizada en mi casa en San Sebastián en 1973. Doña Mariana, nacida en 1882, estudió sus primeras letras con una maestra privada en Pepino, de origen aristocrático, María de Jesús Arteaga e hizo estudios superiores, posteriormente, en el Colegio de Isabel Suárez en Añasco. Publicó en 1969 un libro titulado **Añoranzas sagradas.** Citamos varios poemas suyos en este trabajo, tomados de la antología recopilada por Ramón L. Cardé Serrano, **Cantares al Pepino** (1ra. edición, 2003), p. 83.

[4] Martin Heidegger, **El ser y el tiempo**_(Fondo de Cultura Económica, México, 1951), con prólogo y traducción del alemán de José Gaos, ps. 300 y 310.

[5] Michael Sauval, **El olvido del ser, según Martin Heidegger,** en:

http://www.sauval.com/articulos/olvidodelser.htm

y Carlos Eduardo Peláez, **Heidegger y algunos textos sobre estética**, en:

http://www.utp.edu.co/~chumanas/revistas/rev28/pelaez.htm;

Cf. vid además: Alberto Carrillo Canán, **Poesía, lenguaje e interpretación Heidegger,** en:

http://serbal.pntic.mec.es/cmunoz11/carrillo. html

y *en* y I. M. Bochensky, **La filosofía actual** (FCE, Mexico, 1997), p. 16.

ESENCIA EPOCAL, AÑORANZA Y EXISTENCIA: EL TRUMA DE *RAFA TE VI*

La esencia epocal del Ser es inherente al oculto carácter temporal del Ser y caracteriza la esencia del tiempo pensada desde el Ser. De la época del Ser viene la esencia de un destino en el cual es la propia historia universal: **Martin Heidegger,** en **Esencia de la verdad**

Las definiciones de tipo y tipologías para referirse a la criatura humana y sus actividades son tan contradictorias y diversas que con tales términos es posible aludir a la raza, carácter y género, y lo mismo a los modelos ideales que reúnen los caracteres esenciales de un individuo o grupo, incluyendo figuras y tallas, es decir, cuantificaciones. O se evoca despectivamente su presencia o ausencia como, por ejemplo, cuando se dice: *«Ese fulano tiene mal tipo», «el tipo es sospechoso», «esa tipa o tipo no me agradan»,* etc.

Desde el enfoque que aquí se propone para el estudio de los tipos populares (o todavía designados como personajes típicos, o tipos folclóricos y pueblerinos), aprovecharemos esos términos, con ciertos reparos, aunque hayan sido admitidos como útiles por la convención del uso. [1]

Enfatizaré que, por encarnar precisamente su unidad esencial y existencial y su historiarse y manifiesto *(«Varhandenkeit»)* en lo real, el tipo pueblerino no es lo que es llamado personaje por la *comprensividad vulgar.* Tampoco es lo que está definido como modelo ideal en la noción de tipo que se ofrece en los diccionarios.

El ser que tiene la esencia pensada en el ser solve las posibilidades propias, toca su destinación *(«Schickung»)* y, por tanto, no es un personaje en el sentido de quien representa un papel que no es suyo como lo haría el actor o intérprete de un drama o una farsa. La verdad del ser mismo es la destinación del mismo ser. Quien llama personajes *epocales* (sea del tipo campesino o pueblerino), a expensas de su propia comprensividad vulgar actúa, restándole a su aludido la dignidad y autenticidad que le son propias. Quien lo enjuicia como quien lo viera en un teatro del ridículo o de las rebambarambas oscurece su propio comprender.

Martin Heidegger escribió en su **Carta sobre el humanismo** (1947) que *«el Ser es esencialmente más amplio que todo ente porque es la luminosidad misma»,* mas, entra en el asunto que él estudia bajo el concepto fenomenológico de cuidado de sí mismo. [2]

Al aducir que el ser epocal es personaje, se infiere que no porta en sí ninguna luz, que se apropia de una obra que no es suya, que vive meramente con lo que otros le han dotado. Se infiere que personifica, atribuyéndose una vida y acciones que, en cuanto tales (seres, textos o cosas), no son suyas y no han surgido de su proceso creador personal.

Se personifica, para decirlo aún más concretamente, a lo que todavía no tiene directamente la esencia de una vida realmente humana. Un actor puede personificar a un perro; un escritor dejará en un texto la personificación del Universo tal vez transmitiéndola con la metáfora de su humanización: los *ríos-*

dioses, los árboles-hombres, la roca que tirada por encima del hombro se vuelve una mujer... Pero, obviamente, los tipos populares o folclóricos son gente, personas humanas y, en la idea de estereotipar, aunque sea benévolamente, hay una pérdida. Como dijera Valerie Menard, *«negative stereotypes can tear at the heart and soul of an individual».* [3}

Aún así, en cuanto a lo que queremos estudiar, la vida / *ser-en* de un personaje folclórico o popular no tiene que ver con un «Yo puro» de la consciencia místico-religiosa: *«El yo puro es protoconstitutivo, es primariamente la protoforma de la apertura a lo valioso en general, y con ello de una nobleza eterna».* Y, siendo así, *«La vida genera sólo vida, pero no la intuición absoluta como tal; un contexto objetivo enteramente original y poseedor de su propia legitimidad».*

Bástenos la vida emocional y la inmanencia del pensar y el querer del sujeto estudiado. Y si considerado *personaje,* porque la vida tiene mucho de teatral. Un tipo comunitario, en rigor, no es válido en función de ningún artificio de teatralidad calculada o intencionada.

No son de índole similar el *tipo-intérprete* del arte histriónico que, en el antiguo mundo latino, arrancara de los *versus fescenini,* que el tipo real del folclor, ya que este tipo del *Fescennium tuscano* constituyó una tradición de comediantes por sueldos en las bodas, otra institución que lo describe y la función de tales comediantes fue el choteo pesado, el vacilón agresivo: *«As performers at merry-makings, (they) used to extemporize scurrilous jests of a personal nature to amuse the audience»* (Ronald Boal Williams).

Desde muy remotos tiempos, en la tradición literaria, carnavalesca y teatral, se ha utilizado al histrión; pero éste no se ha articulado necesariamente como persona, sino como intér-prete momentáneo de su papel escénico asignado.

Los personajes-tipos (José L. Canet Vallés) son adiciones a la literatura, nacidas de la crítica-social de un autor o creador individual. Son parte de los géneros de fabulación y farsa que evolucionaron como intenciones y acciones burlescas al teatro; [4]

pero el tipo que buscaremos definir es, sobre todo, humano y se inserta en el hallarse comunitario.

La sutileza con que definiré a la persona del tipo popular es necesaria porque la personalidad humana es una totalidad y, separada de sus posibilidades totales, la persona (Ego) puede desplegarse como máscara (Gustav Jung). Es puesta o referida en el contexto desfigurador del personificar deficiente. A menudo las formas más comunes de desfigurar lo humano se presentan como aversión y personalismo.

En el primer caso, la *aversión* es uno de los modos cotidianos de solver y comprender lo que submite al mundo, lo que angustia y ataca desde él; es, pues, uno de los modos del hallarse en el temor y la angustia. Hay tres momentos del temor, su ante qué, en torno a quién y el temer por, que es *«un modo de cohallarse con los otros, aunque no necesariamente un atemorizarse juntos y menos aún un temer-uno-con otros».* [5]

En la aversión del piensa *«contra los valores»* que no es desvaloriza *«lo que usualmente consideramos como bueno: cultura, ciencia, arte, mundo y Dios»,* sino más bien miedo al ante qué de lo perverso, inverso o trastocado y lo incomprensible de la conciencia trágica. [6]

La aversión de este ante qué se observa de la mirada y por la mirada, en cuanto «la mirada perversa es aquella que mira de través y no de frente. Aquella que anda por lugares oscuros y lo perverso desordena y echa por tierra. Mas en la aversión, en torno a los eventos irracionales y escandalosos, hay un temor en torno a algo más terrible, asociado al orden cósmico y lo divino, *«como si la esencia de lo divino fuera más cercana a nosotros que lo chocante extraño del ser-viviente»* y el sentimiento trágico pareciera «el más conveniente para contener... la idea de lo inalcanzable», así como «la relación entre el amor y la muerte». [7]

EL TRAUMA DE RAFA TE VI: Como el tomar 'Cuidado' con los modos de la aversión son históricos y cotidianos, se graban en la memoria. Los vecinos pueden atestiguar señales en el sujeto que cuidado y *solve* este temor. Un caso donde no hay un atemorizarse juntos ni un temer-uno-con-otros, es el de **Rafael Mayol Navas,** memorable tipo pintoresco.

En mi libro ***Épica de San Sebastián del Pepino,*** lo rememoro con el siguiente texto que explica sus rasgos y la razón por la que se le conoció pueblerinamente como *Rafa Te Vi.*

Un día te vi agravado en tal silencio,
cuando más necesitaba de tu voz y tu relato,
que te acusé, viejo Don Rafa.
Choteé tu ombligo hondo, inmenso, profundo.
Divertidamente me burlé de tu panza.
A medias verijas usaste tus calzones,
a media nalga, de tu narria silueta, gordiflona,
llevaste el secreto a tus espaldas.

Sí, al fin te vi y me llené de tu miedo,
¡por tu origen, tus palabras,
mallorquinamente descaradas!
Agarraste las piedras del camino,
guijarros que a tu paso estaban
y me lanzaste el desprecio de tu estirpe.
Me apedreaste.

Te vengaste de repente.
Me diste todo, cada verbo
paranoicamente provocado
y confesado con insultos
sucios, execrables, canallescos,
tus ruidosas rabietas,
tus pedradas.

Siempre gozaban de ti, con algazara,
los vecinos de la calle, tus amigos,
aún los buenos que llegaban a tu casa.
Rafa te vi, te gritaban, un poco
para quererte, adivinarte, descubrirte,
aunque tú te enojaras,
te escondieras como niño temeroso
o corrieras, agresivo y descocado,

a esa plebe tan traviesa,
tu gente novelera de la Plaza.

Tú naciste arrojado, caído,
accidentado; cayó tu madre María Luisa
aquella noche que las partidas del '98
atacaron tu casa.

Te bajaron por una escalera
protectora del traspatio, a toda prisa,
se quemaba tu casa. ¡Se quemaba!
Ella estaba contigo pero tú...
dentro de su vientre todavía,
indefenso, sintiendo el siglo
desde lo oscuro del alma.

¡Rafa, te queman, vimos
quemarse tu casa!

Navegabas en placenta, Rafaelito,
y la hermosura de tu madre,
atribulada, a reventar por aquel grito:
Vienen a quemaros, María Navas,
las partidas que violan a mujeres,
alzados, tiznaos y *comevacas.*

Y naciste prematuro, quejica bueno,
noble Rafa, sin culpa, casi boscuno,
a flor del frío, brisa de la madrugada.
El monte te escondió por varios días
y tu padre lo supo:
¡Nos quemaron la casa!

Fue tu padre Juan Mayol Castañer,
gran propietario, asociado a las familias
de abolengo: a Castañer, a los Márquez,
a Rita Navas, al doctor Navas Fraille,
a Isabel Ángela,
cepas de Iriarte y Echeandía,
cepa peninsular y hacendataria.

¡Rafaelito, ese año metido está
en tu alma! Aún no desaparece.
Has crecido, te has vuelto viejo
delante de mil ojos y otras generaciones
y el advenir roto, traumante, se ha quedado.
¡Cómo pulsa por salir de ese ombligote!

¡Tienes la tristeza y rabieta de los tuyos,
apenas en asomo, en porvenir en flote!
¡Eres espejo oblicuo de los viejos días,
eres folclor que grita sus clamores!

[Rafa Te Ví: **Épica de San Sebastián del Pepino** (2013), ps. 71-76]

Contrario a otras familias vinculadas a los Mayol, como los Iriarte Echenique y Castañer, la familia Mayol-Navas, Don Juan y su esposa María Luisa Navas Iriarte, permanecieron en Pepino, a pesar de la quema de su casa en el sector urbano durante unos episodios de violencia por turbas campesinas en 1898.

El mencionado Antonio Mayol fue comerciante, líder cívico, fundador y asambleísta del Partido Popular Demócratico en Pepino y, desde siempre, persona muy querida en el Pueblo, como su hermano cariñosamente recordado por *Rafa Te Vi*, por su curiosa reacción paranoica al oír ser llamado de este modo. Por la caída de su madre, desde la escalera, nació prematuramente con algún trauma. [8]

Hasta donde hemos podido investigar, esta familia de mallorquines estuvo muy interesada en la política, siendo conservadores por tradición. La misma rama utuadeña de la familia dio un Alcalde (Bartolomé Mayol) durante el período de 1894 a 1895. Bartolomé Mayol retomó el mando alcaldicio durante los momentos más cruciales de la invasión norteamericana en 1898.

Al intentar escapar por una ventana de la planta alta, María Luisa, la esposa de Guillermo, se accidentó. La caída tuvo, al parecer, la consecuencia de su parto prematuro, donde el niño nacido cuyo nombre fue *Rafael,* fue el recuerdo, ingrato y permanente, de la experiencia.

El mito / o posibilidad / se asocia a la caída como causante de lesión para su desarrollo neuro-emocional. Rafael Mayol se convertiría con el tiempo en personaje pintoresco del pueblo («Rafa Te Vi»). Creció con deficiencias mentales.

Bibliografia y notas

[1] El método de la *hermenéutica fenomenológica existencial* que aplicamos en este ensayo (para definir el *hallarse americano*, o encontrar su ser epocal y más íntimo, así como para definir la esencia de lo autóctono y la adecuación del pensamiento europeo a la realidad hispanoamericana) ya ha sido utilizado por el filósofo Ernesto Mayz Vallenilla en su ensayo *El problema de América: Apuntes para una filosofía americana,* en la revista *Episteme, Anuario de Filosofía,* 1957).

[2] Martin Heidegger, **Carta sobre el humanismo** (1947), p. 24

[3] Valerie Menard, ***Foreword*** (by Cheech Marin), The Latino Holiday Book (Marlow & Company, New York, 2000), p. xiv.

[4] J. L. Canet Vallés, ***Introducción a los Pasos de Lope de Rueda*** (Editorial Clásicos Castalia, 1992, Cap. 2. Ver también: Ronald Boal Williams, ***The Staging of Plays in the Spanish Peninsula Prior to 1555*** (University of Iowa, Studies in Spanish Language and Literature), 1935, Number 5, y W. S. Hendrix, ***Some native Comic Types in the Early Spanish Drama*** (The Ohio State University, University Studies, 1925), vol. Y.

Una clarificación adicional: rechazo la teoría comunal del folclor que explica a los grupos folclóricos y a los tipos populares como portadores de cierto saber primitivo *(«unsophisticated peasants»)* que se elabora en base al esfuerzo grupal; también rechazo la teoría de la sobrevivencia, o remanencia del folclor que explica que la protoerudición proviene de un estado primitivo de la humanidad, *«a savage state of civilization».*

[5] Martin Heidegger**, *El Ser y el Tiempo*** (Fondo de Cultura Económica, México, 1951), ps. 42 y 170.

[6] Cristóbal Holzapfel: ***«El pensamiento a-valórico heideggeriano»,*** en: ***Aventura ética. Hacia una ética originaria*** (Universidad de Chile)

[7] Heidegger, ***Carta sobre el humanismo,*** p.17

[8] Esta familia prosperaron con trabajo honesto en el comercio. Don Guillermo Mayol Castañer, mencionado en una décima de castigo de las *Partidas Sediciosas* en 1898, sufrió la quema de su residencia, y se casó el 26 de octubre de 1896 con Rita A. Navas Iriarte, hija del Dr. Antonio Navas Fraille. Su hermana María Luisa Navas Iriarte, casada a los 21 años con Juan Mayol, el 16

de marzo de 1890, permaneció en Pepino, con sus dos hijos, Rafael (n. 1898) y Antonio Mayol (n. 1895). Una descendiente de la familia de Antonio, María Mayol, fue una de las primeras mujeres pepinianas en ocupar un cargo público, al ser electa por el Partido Liberal, el 8 de noviembre de 1932, como asambleísta municipal en la administración alcaldicia de Manuel Méndez Liciaga.

Guillermo Mayol Castañer fue uno, entre dos hermanos llegados de Soller, Palmas de Mallorca. Estaba recién casado desde 1896 con Rita Andrea Navas Iriarte. Su hermano Juan Mayol, casado con María Luisa Navas, se había refugiado en su casa del Pueblo, por temor al ataque de las partidas sediciosas. La casa de dos plantas fue quemada.

Contrario a lo pensado por tales familias, la ubicación urbana de una residencia sentenciada, «su proximidad al cuartel de Arocena, no detendría a los alzados para cumplir con la agresión. Guillermo Mayol fue visto como cobarde inquilino de la Casa del Rey y cobarde inquilino de la casa de su hermano Juan en el sector Pueblo. Se quemó a la propiedad Juan, su hermano, por cómplice». [Carlos López Dzur, *Comevacas y Tiznaos, Las Partidas Sediciosas en el Pepino de 1898* (Outskirts Press, 2005 y la *Introducción a la Épica* citada, loc. cit, ps. 11-21, por Rachel E. Lopez Ortiz].

DE LOS ESTEREOTIPOS Y LA NOVELERIA PERSONALISTA

El personalismo se alimenta de habladuría (o de escribiduría), con lo cual el habla se hace impropia. Se cree haber obtenido una comprensión acerca de lo percibido, escuchado y verbalizado en toda ocasión y ante todo prójimo. Y se reacciona así no siempre por pretender un engaño consciente, sino porque, como Heidegger concluyera, se arriba a una comprensión que ha perdido su raíz y las referencias acerca del ser que *«son primarias y originales hacia el mundo, hacia el Dasein-acompañante, hacia el ser-en (In-Sein) mismo».* [1]

Al caerse en personalismo, se alude satírica u ofensivamente, ya sea velada o expresamente, a una persona determinada. Se juzga a un tipo popular en un marco de prejuicios, con la pretensión de haber ya agotado el saber que él presenta. El estereotipo juega aquí un importante papel.

Entre la gran cantidad de personas pintorescas que ha dado El Pepino, con alusiones estereotípicas, se encuentran las que se mencionan por un rasgo particular de su *fisonomía* o atributos físicos o *tachas morales,* e.g.:

- Pelo 'e Rata (por la índole del cabello)
- Cheo el Oso / por su pelo
- Moncho Prieto / por su color o raza
- Goyo, el Negro
- Gringo Cubero por su apariencia asemejada a estado-unidense
- Sopanda (Cosme Acevedo) por su cojera
- *Cuatro De'os* / por haber perdido un dedo en la mano
- *Mano manca. El quincallero*
- Carlos el Soco, pirotécnico que perdió un dedo
- Polo el Ciego
- Catín La Coja

- Ana *La Muda*, esposa de Marcelo *La Daga*
- María *Culito* por su exuberante trasero
- Ana la *Boba* por su retardación mental
- Loco Wilson / ibíd. / condición microcefalica
- *Repollo* / o Sammy Diaz / por su blancura o tez o palidez

Por factores circunstanciales, relacionados a su *hallarse* en una determinada época, donde se sufren carencias o se termina una periodo de esencia epocal que se añora o por la idiosincrasia de algunas personalidades o gentes, describir el por qué se vuelven populares, es menos obvio:

- *Moncho Lira* (es Moncho por su nombre de pila. i.e., Ramón María Torres). *Lira* por su condición de poeta y bohemio
- Don Mingo, *el Farolero* por su oficio cuando no había alumbrado eléctrico.
- El héroe (Rodrigo Font Román), veterano de la Primera Guerra Mundial y fallecido como *héroe* en 1918; a diferencia a Sinforoso Arocho, el primer puertorriqueño seleccionado en el sorteo para la misma guerra, se le nombra como *Sinforoso, el Soldado* vs. *Rodrigo, El héroe*, y se le festejó menos.
- Don Lino el Maestro, o *El masón* (Lino Guzmán) por su oficio. Tambi én fue Lino el Cojo o el Duelero
- *Primo El Caballero* (don Víctor Primo Martínez) por recibir una distinción como total de las Cortes de España y su hispanismo. Era un destacado abogado / testarudo y quisquilloso. No necesariamente pica-pleitos. Solía inspirar diversas anécdotas pueblerinas por sus actitudes.
- *El Italiano* (Eleuterio Bottari) por su origen nacional y Don Ferrari (Pietro)
- Monsa *La Comadrona* por su oficio cuando fue usual que se naciera a domicilio con la ayuda de una partera.
- Don Lion, el Levitante por brujo
- Anacleto *Cuatro Esquinas* (Anacleto Alvelo) por comer-

ciante con 4 puntos de comercio.

- Otilio, Mayito y Lano, zapateros
- Moncho Botella por su oficio de botellero
- Yayo *el Turco*, veterano, por haberse «perdido» en Turquía
- Padre Aponte, *Fiera santa* por sacerdote libidinoso
- Guardia Belén / Cascarrabias por policía abusador
- Chencho *el Abejón,* cargador
- Sandalio *La Yegua*
- Félix Soto / *Chimichanga* / excelente carpintero
- Chilín *el Malo* (Echeandía)

Por virtudes o peculiaridades personales:

- Jimmy *Meneíto*
- Guillé *el Loro* por su gusto por hablar y exhibir su memoria portentosa para recabar datos como una *«Enciclopedia Ambulante»*
- Moncho *Bonito*
- Toño *Palomo*
- *Cosa Bella*
- Pedro *el Bujarrón* [Pedro el bujarrón]
- Che *Pelao* por gustarle pelear *a puño pelado*
- Cheo *Pitirr*e por su afición a cantar
- Nico Chavito (Nicolás González)
- Marcelo *La Daga* cuyo mote viene por una canción popular en su época
- *La Carlita,* primer travestí y «gay» del Pueblo, en alcanzar notoriedad [La Carlita].
- *Yegua Blanca*

En conclusión, aún el tipo regresivo y traicionero del objetiva encarnación de la persona en aras de la verdad de la existencia, está llamada a adoptar mediatizaciones. No hay un camino directo e infalible a ser en los cortos periodos de vida que a veces se tiene. El filosofo Francisco Romero dijo muy bien en su libro **La** *filosofía de la persona* (1935), en su búsqueda del sentido y participación en la historia y la sociabilidad, uno puede «*enmascararse*», «*justificarse*» y «*adquirir consciencia*» de su persona, su individuo espiritual, «por diferentes vías». Lo interesante es hallar una vía que se agradable para la comunidad que observa. «*Si no es un criminal, ya es un 'buen tipo'*».

En San Sebastián del Pepino, como en cualquier otro pueblo de la isla y del mundo, la primera tipificación adoptada al influjo del *Uno ideologizador,* es la noción de identidad. Cada nicho ecológico-geográfico caerá en una fórmula, con un valor descriptivo-taxonómico, que permita su control por una ideología hegemónica de la clase dominante que emitirá sus juicios en torno a ella, juicios que pueden ser históricamente plausibles o equivocados.

Lo que importa es que el *emisor de juicios,* como co-participante del fenómeno mental que enjuicia, ponga en su trinchera de persona, otra faceta colectiva de la existencialidad, orientada a lo social. Si tiene los datos básicos del hecho debe entender que existe el folclor, subcultura dentro de grupos mayoritarios, y los individuos que lo representan pueden introducir en la dinámica de la personalidad y de grupo la noción de apariencia democrática y entender las expectativas de las escatologías que son consecuencia directa de la sicología del poder y los grupos dominantes.

Este grupo mayoritario, gente del montón que optará por lo ideológico de las hegemonías, es el inventor de las tipologías y de las clasificaciones, aunque no entenderá el valor trascendente de sus mensajes. Este grupo deslindará y clasificará simplemente lo que como grupo no quiere sea, lo que él espía como previsión para no naufragar en lo incierto del destino, o de lo eventualmente angustioso. Toda ideología de grupo estructurará una especie de autodefensa ante lo eventual y escatológico, lo montruoso de la historia que no debe darse.

———

Bibliografia y notas

[1] Heidegger, Ser y tiempo, ed. cit.

DEL LUGAR COMUN A LAS MASCARAS CAPRICHOSAS Y DESORIENTADORAS

Uno de los problemas es que, por la relación impropia del hombre con su paisaje, nicho ecológico y lengua, el hombre / mujer crean máscaras y con ellas festeja la noción excluyente de las identidades posibles. Inducidos por ideologías, las clases sociales en sociedades donde el trabajo se ha estratificado y jerarquizado han convertido a los procesos de producción en *manzanas de discordia* y han fundado una forma antihumana de identidad y de artificiox para la *persona,* esto es, una equívoca y empobrecida consciencia.

Las ideologías caprichosas han oscurecido la comprensión humana más allá del aspecto social.

Desde esta perspectiva ideológica, las máscaras puede entenderse como lo que Gustav Jung llamara la *persona, «oriented toward society, or more precisely, toward the expectation of society that an individual may have», «the persona is a more or less accidental or arbitrary segment of collective psyche».*

Agregaría Jung que, fundamentalmente, la persona o máscara de persona no es real:

It is a compromise between the individual and society as to what a man should appear to be. He takes a name, earns a title, represents an office, he is this or that. In a certain sense all this is real, yet in relation to the essential individuality of the person concerned it is only a secondary reality, a product of compromise, in making which others often have a greater share than he. The persona is a semblance, two-dimensional reality. [1]

Aurora Nobel escribe en **Las máscaras que usamos** un ensayito que establece la relación entre la máscara [en griego significa *persona]* y las formas de ser que utilizamos para *«representar lo que queremos que los otros vean, de tal forma que podamos agradar a los demás y ajustarnos, a lo que los demás quieren ver de nosotros».* Carl Jung, como Erich Fromm, coinciden en indicar que con máscaras, vestimentas, abalorios y artificios de cabezudos *creemos*que pareceremos normales y comunes / hombres comunes y corrientes / y que así se genera el grado correcto de aceptación o verdadera empatía, *«aunque signifique que nuestro comportamiento vaya en contra de la forma de cómo realmente somos y dejemos de ser auténticos. La máscara que usamos comunica a los demás una identidad que no es la nuestra. Así… terminamos haciendo lo que los demás quieren de nosotros, aunque agradarlos ponga en riesgo nuestra vida y futuro».*

Lo interesante del pintoresquismo enmascarado, de la gente pueblerina que cede acríticamente a las máscaras, es que hace confusa la identidad. El *'tipo del confundido'* no toma decisiones y con ello se vuelve el perfecto *Don Nadie,* el personaje idóneo del rabaño. Este es el que *'se deja ver y no compone ná'.* Cambia permanentemente de idea y de posición, con él o ella nunca se sabe cuál es el rumbo que tomará. Realmente le tiene miedo al compromiso, comunicarse e involucrarse con una determinada forma de pensar, sentir y actuar porque cree que los demás invadirán su vida (A. Nobel).

«Detrás de cada máscara, siempre está el miedo al rechazo, al fracaso, al compromiso, a comunicarnos, a establecer rela-ciones, a cubrir las expectativas que los demás tienen acerca de mí…Toda máscara esconde, protege, defiende e impide que los otros vean lo que realmente somos». [2]

El peor de los casos de la gente oscura, enmascarada, «sin destello», como pudiera expresar Heidegger, es el pesimista. Aquel que como **Marcos el Loco** en sus borracheras destapa *«una visión catastrófica, siempre pensando que lo peor vendrá, que nada es posible, que es mejor no hacer nada porque igual saldrá todo mal. Vive pensando que solo a él o a ella le pasan cosas terribles. Lo que esconde y no deja ver es el temor a ser responsable y a comprometerse y por eso vive paralizado».*

En sus borracheras. Marcos implorana a Dios:

Dios, yo no valgo na,
Mátame, por dios.
Quítame la vida mia...

Los *tipos pueblerinos* que perdurar en el recuerdo de la gente o en la memoria colectiva no son nunca los pesimistas, sino los que encarnan el heroico gesto de combatir contra sus monstruos interiores. Con los borrachines, localmente, se ha tenido cierta cimpatia porque compensan la debilidad de su vicio, siendo serviciales y trabajadores.

Tan indeseable como el pesimista es quien se refugia en la máscara de la comodidad. Entre los que en sus subterfugios cohabitan están los santurrones del «*Yo no fui y yo no sé*», con los que aparecen como ingenuos e inocentes, no siéndolo y transfiriendo sus culpas a los que lo rodean. Nadie puede cuestionarlo porque se las arregla para presentarse como víctima. Es otro con miedo a la responsabilidad, a hacerse cargo de sus actos, a tomar una postura ética en la vida aunque no se justifique su posición es muy cómoda.

No es sorprendente que el ritual del folclor proyecte con frecuencia un lapso, o relapso, de las actitudes del indiferente / valemadrista / y el Don Nadie que por si miedo al rechazo gesticula que no le afecta lo que los demás digan o hagan. Aparenta que nada le importa, que no se conmueve ante lo que ocurre a su alrededor, que no le afecta lo que los demás digan o hagan. «*Realmente le tiene miedo al rechazo, a involucrarse en las historias de los otros y salir lastimado o a que descubran que puede ser vulnerable*». *(Nobel)* Entre seres como ésto se da la gente popular, irascible, a las que conocemos muy pocas ternura, o apertura a la empatía.

Abunda en el carnaval subjetivo de nuestras calles el PAYASO O CHISTOSO [evoquemos, por un momento, a *Moncho Bonito*, quien a pedos disolvía las reuniones, Sopanda / Sopi / Rey / Reynaldo Arocho, repartidor de hojas o volantes de promoción,

Wilfredo (alias *Papo]*. Son ellos quienes creen «*que todo es alegría*», *que se vale la risa, burlarse de todos, que «nada le va en serio en su vida, que todo es superficial y jocoso*». No obstante, que bien observada son célibes y guardan cierto miedo a hacer intimidad con los demás, por lo que pone la distancia del chiste y la carcajada, y evitan cercanías que puedan terminar en situaciones que le descubran el otro lado desagradable de la aversión, hostilidad ajena y extravío.

La máscara del agresivo suele asociarse a la del crítico. En nuestro folclor, abundaron los abusadores y guapos de barrio. Se comienza con violencia verbal, en un anticiparse a que los demás demás lo ataquen. Estos agreden a las personas, son autoritarios y generan miedo, ya que imponen por la fuerza sus ideas y hacen lo que quiere.

Evocaria la estampa que Hernández Campán ofrece de uno de ellos, **Vitin Oppenheimer.** [Veáse la estampa *¡Aquí, viene Oppeheimer!*, incluida en ***El pueblo en sombras,*** ed. citada, ps. 216-119]. El miedo a los fracasos le saca el tapón hasta los bobos sanos o buenos, al no poder comunicarse de una manera adecuada, y no poder responder a las expectativas de los demás. El poder de la agresión, a fin de manejar el susto

Entre las máscaras más comunes, está la del crítico que no es otra que la del crítico y la de los *'don contreras'* quienes siempre están cuestionando a los demás. Aparecen como *sabelotodos* y, desde esa posición, desvalorizan a otros. Algunos pepinianos, conocidos por tales actitudes, incluyen a **Chilín** (Echeandía) *el Malo.*

En realidad, la parte invisible de la máscara es el miedo a no poder hacer, pensar y sentir, de acuerdo a las demandas de su entorno. El temor es mayor a la capacidad para actuar con excelencia y satisfacer las expectativas sociales, por eso todo lo ve mal.

EL FOLCLOR DESENMASCARA: No en balde, en las tradiciones del folclor, la persona (tal como la explicara Jung) suele ser un *motivo de choteo* y desenmascaramiento. La persona es digna de una mofa que, en esencia, es la protesta desde sus máscaras, a través de las máscaras mismas, de aquello que el ser autentico rechaza o sabe obtuso y opresor.

En cierto momento de la vida cotidiana, a alguno, lleno de agudeza, se le ocurrió definir a una persona de poco valer o mérito como *moharracho,* vocablo que proviene de dos vocablos árabes, *muharray* y *muharrab*, aguzado. ¡Pues las acusaciones más aguzadas para echar pullas a las personas con autoridad y que, sin embargo, son tenidas como personas engañosas, risibles y con poco mérito, se las apropió el pueblo llano al inventarse el episodio público de los *diablitos!*

Tanto en Puerto Rico, como en Cuba, [3] hay tal tradición de gentes que se visten de *diablitos* en procesiones y carnavales. En Cuba, solían ser los negritos los que, vestidos de moharracho, el *Día de Reyes* andaban por las calles haciendo piruetas.

En Perú, subsiste un baile en el cual unas pandillas de indígenas se disfrazan como diablitos. En el mes de diciembre, en el Departamento de Antioquia (Colombia) se celebran *fiestas de diablitos.*

———

Bibliografas y notas

[1] V. Afanasiev, *Fundamentos de filosofía* (Editores Mexicano Unidos, S.A., México, 1990), traducción Hernán Juárez, p. 163 y citas de Carl G. JUN

[2] Aurora Nobel, **Las máscaras que usamos,** cf. Ver en; https://www.facebook.com/aurora.noel.79/posts/1420565508176502

[3] Ibid. Esperanza Pérez Suárez, **Peculiaridad de personajes, refranes y anécdotas regionales,** en: **Calle B Sobre la universalidad de lo regional,** dice: «*Existen en Cuba, como en otras tantas naciones, personajes cuyas historias pasan de generación en generación, las que pueden perdurar en la memoria popular o desaparecer con el paso del tiempo. De manera generalizada, es la popularidad de dichos personajes, su jocosidad, su manera de contar los hechos que sucedieron hace tiempo, los que los convierten en personajes de referencia popular*».

LO DIONISIACO VS. TEATRALIDAD

Dice la cubana Lic Esperanza Pérez Suárez (Cumanayagua, 1966) que *«el patrimonio cultural constituye la herencia tangible heredada a lo largo del devenir histórico de una sociedad dada, y sobre él descansa el sentido preciso de la identidad»*. De este patrimonio, lo que no parece tangible como una obra de arquitectura, o un libro o la prensa, son *«las creaciones anónimas surgidas en el alma popular y el conjunto de valores que dan sentido a las obras materiales y no materiales que expresan la creatividad de ese pueblo; la lengua o idioma, como expresión más importante de la cultura»*. [1]

En tan históricamente determinada *«materia prima de actos de creación literaria colectiva y anónima»* y lo que pasa oralmente de generación en generación, incluyo el mito.

El mito lleva en sí los ecos de una estructura social, así como el *hallarse en-el-mundo* forja una conciencia, por igual, in-transferiblemente personal. Cuando el proceso se completa, o va hacia su destinación, abre vías a la vida auténtica, así como a manifestaciones transgresivas, lo dionisíaco desde la cultura. *«En las tradiciones y costumbres de un pueblo o ciudad, estas personas no pueden dejar de mencionarse porque en ellas se encierra mucha de la picardía e historia popular»* [2]

El tipo del *Hombre Común y Corriente*, al que Heidegger designa el *Uno* / o *Don Nadie* / me parece demasiado turbio para decir que éste es especialmente amado por todos. No. Ese primer tipejo no brilla entre los millones que forman su género. Examinaré, por el contrario, al Sujeto / o la persona./ cuya esencia epocal ha de ser apreciada y distinguida en la memoria de un pueblo: una persona especial, consciente de una dignidad de sí mismo y de sus conflictos.

Entre quienes vivieron en el siglo XIX y arribaron al siglo XX, como parte de los anecdotarios de referencia popular se encuentra un pepiniano que me parece ejemplar entre los Tipos Pueblerinos que investigamos y al que lo clasificamos entre los *Incomprendidos Felices.* Examinaré desde esa perspectiva a Víctor Primo Martínez Martínez y su bufonería trágica. [3]

En estos personajes la aristocracia espiritual radica en cierto rango subjetivo que no necesariamente lo reduce a tipo humano adscrito a la pipirijaina, o legión de cómicos de legua. O del folclor de segunda mano y sistema, como es el caso del bufón medieval, «visto como poseedor de un saber ingenuo que le hacía ver a veces como más perspicaz que quienes le rodeaban». [4]

En las Cartas del Tarot, versión de Rider-Waite, con códigos simbólicos: el *Arcano 22* presenta un bufón de corte quien es capaz de mezclarse con el vulgo, o las multitudes. Sin ser bufo en su estilo, Víctor Martínez, padre, y Víctor Primo, hijo, conocieron la vida cortesana. Y tanto que Martínez llegó a ostentar el título de Caballero de la Orden Isabel La Católica y, con esa alusión, pasó a la memoria pepiniana como Don Primo, el Caballero.

En la baraja *Le Fou / Le Mat o* de *El Tonto,* al *Bufón* se le representa: «*Llevando consigo un mínimo de pertenencias y el bastón de peregrino, impulsado por un extraño animal (a veces un gato o un perro), símbolo de la motivación interna que nos espolea una vez que hemos comenzado a cuestionar la naturaleza de la realidad: el Bufón avanza hacia lo desconocido: el Yo interior*» (Fontana, loc. cit.).

Lo que se vale preguntar es qué representan tales componentes visuales. *La Sicología Arquetipal,* de la que Fontana es exponente, coincide en interpretar a la persona en la esfera de los esfuerzos e incidentes imprevistos o los «nuevos inicios inesperados», el sujeto cuando peligra entre un «movimiento imprudente», «*imprudencia impetuosa*» o y la posibilidad abierta, «*el potencial ilimitado y la espontaneidad inherente a cada momento*», estio es, «*El Loco también representa la fe completa en que la vida es buena y que vale la pena confiar*» [5].

Hay, además, una lectura política de los símbolos. Y Mary K. Greer hizo uso de ella para contarnos la historia de un cuadro en su artículo *Lucas van Leyden, la pitonisa*. Cuando se introduce las cartas del Tarot en España por 1450 y la pintura de género, se le encomienda a Lucas van Leyden (1494-1533) una pintura, conocida como «*La Adivina*» (1508), Leyden pinta lo que se alega fue un comentario sobre una «una alianza secreta entre España e Inglaterra en contra de Francis I de Francia» y hay un comentario de Leyden en torno de la imprudencia del los gestionadores, sea el emperador Charles V y el cardenal Wolsey. El motivo del *Loco del Tarot* se hace presente significado por «el cetro de su chuchería» de modo que el Tonto «*pudo haber sido una persona específica en la corte o puede ser un recordatorio simbólico sobre la locura de pensar que un lugar alto y honores mundanos pasado*». [6]

Otras versiones de la baraja, presentan la posibilidad de interpretar al bufón como «espía de rey», más bien, lo más evidente es que sea el vagabundo curioso entre los humildes, aunque tengo origen cortesano. Víctor Primo salió de su aldea, siendo de familia acomodada, circuló por el mundo europeo y, a su regreso a la aldea de su partida, trajo una sabiduría aprendida que la mediocridad pueblerina rechazará. Esto lo observó el Dr. Joaquín Torres Feliciano en su artículo, **Las dimensiones trágicas de Don Victor Primo Martinez.**

> Así empezó a tejerse de lleno una madeja de intrigas, chacotas y falsas acusaciones en su contra, sin que él ni nadie imaginaran la magnitud de los sañosos impulsos que finalmente habrían de dejarlo en la ruina y olvidado para siempre... [...} el clima y la hora pepiniana congregaba a una ciudadanía domesticada y débil que se tiraba de pecho a la españolería servil y palaciega que dominaba y domaba la vida de cada quien como un puño de hierro y fuete de campanas... [...] despúes de llegar a un pueblo como éste, *cagao* con mierda de caballo por las cuatro esquinas, y donde enfrentarse a don Narciso era lo mismo que echarse la soga al cuello, o morir aplastado como una cucaracha, ... podía ver con claridad... la enigmática perversidad de un grupo sin credos espiri-tuales resintiendo la caída de un imperialismo bárbaro e inmisericorde como el régimen español en nuestro suelo: Joaquín Torres Feliciano, en **Las dimensiones trágicas de Don Víctor Primo**

Martínez [7].

Por su actitud que contradijera a los caciques o *janchos* del pueblo, *«estaba sentenciado a llevarse un seto de frente»* (Joaquín Torres, loc. cit.), don Víctor Primo fue un *incomprendido* y, posiblemente, lo fueron muchas de sus pocas amistades. Torres Feliciano nos cuenta de algunas: Hay de locos a locos.

A los más, se les tiene compasión, o una lástima a la distancia. En lo cercano, miedo a lo impredecibles que especulamos que sona y otros hay los que cavilan con mayor logicidad que los cuerdos.

Hay sanos y sensatos que, por su pura cordura, son aburridos. Sin embargo, este Arquetipo itinerante que aplicamos a Víctor Martínez tiene sus ricos aspectos: el principio del Movimiento Instintivo, la transformación de la Materia Prima, la reorganización del Caos originario, la voluntad dionisíaca como expresión que rompe protecciones y cautelas conservadoras. Las formas de locura de lo Dionisíaco en las que *«hay un eterno recomenzar después de haber superado un estadio espiritual, es decir, El Loco es el Comienzo y / o el Final. El Loco es la Conciencia Cósmica, la Causa sin Causa de todo lo que es»* [Daniel Imerlin, loc. cit.].

En el anecdotario social pepiniano, entre quienes lo encarnaran con toda su riqueza, está don Víctor Martínez y Martínez (n. el 9 de enero de 1873), fallecido en 1944. Este es uno de los pocos pepinianos que se percibe públicamente exaltado. Entre los nombres de tipos dionisíacos, incluiría además a Luisa Bottari, Marcianita Echeandía, Joaquín N. Oronoz («Cucán») y Don Víctor Primo.

Aún considerado «hombre inquieto, audaz, inconforme, y apegado a los ideales de igualdad humana durante una era, continua Torres Feliciano ...

Pocos vinieron a ser sus amigos pero entre los que gustaban de sus entusiasmados temas y de la fuerza de imán que había en su retórica, en el sonido de su voz – grave y nasal al mismo tiempo– y en la inflexión de su acento, estaban don Manuel Durán, que era como Ananías el piadoso varón de Damasco, don Pascasio Moreno, peninsular extremadamente liberal, don Demetrio Hernández y don Vicente Viñas; así como dos hombre considerados para esa época como de cuidado y un tanto peligrosos. Ellos, don Juan Tomás Cabán y el cojo Lino Guzmán, a quienes posteriormente se les acusó por lo bajo de ser los cerebros de los actos de venganza y sangre perpetrados por las Partidas Sediciosas. [...] Su cerrada amistad entonces, más que con otro, con el cojo de marras («maestro rural y despedidor de duelos que tenía una cojera muy bien disimulada y por ello un tremendo complejo de inferioridad, además de ser un hombrecito bastante feo» − según Cucán Oronoz) llevó a muchos a pensar que el joven Primo Víctor de algún modo estuvo ligado a los llamados cerebros de las Partidas, algo incierto.

Para calmar o borrar la apatía que se tejía en su contra desde el mismo instante de su regreso al Pepino, procedente de España, su padre había conseguido que el gobierno español le nombrase en algunas posiciones públicas y otros puestos honoríficos. [Torres Feliciano, loc.. cit.]

La temprana leyenda de sus antecedentes liberales fue tema del poema que hice en su honor [8]:

El Caballero Don Primo

Don Víctor Martínez y Martínez,
dicen que usted no quiso al Pueblo.
¡Que fue el jefe de la Plana Mayor
de Voluntarios, Teniente Coronel,
cuando quemaban, uña y mugre
del Fiscal de Andalucía,
Juan Hernández Arvizu.

Dicen que usted es
la Espada Blanca verdadera
de la que habló don Cheo Font
cuando enojado, que es usted
quien aquí manda, no Cabrero.
Que le rimaron en décima

su componte, diciendo que se vaya
o que lo matan, ¡sí, las Partidas!
La mano negri-blanca-roja
que a Jaunarena rancheara.

Dicen que usted aquí
decide quién se educa y se manda
a Madrid, o Barcelona, a Compostela
o París, según su gusto, dicen
que con Luis G. Soler, de Barcelona,
no hay quien pueda embarcarse
al Viejo Mundo si usted
no da el permiso, si no hay nota
suya para esos buques de la ida
como el Alfonso XII
o C. López y López
o el vapor Cataluña.

Usted tiene muchas tierras.
en Pepino es casi dueño de los bosques,
pero... yo no digo que usted es malo,
sólo explique, ¿por qué deja que vengan
Castañeres de Mallorca, por qué
deja que arriben catalanes
de la cepa de Amell, los Carbonel(l)es
que tanto daño hicieron
desde Aguadilla y Lares?

Usted sabe que José Castañer
casi nos quema el Pueblo,
es hombre terco,
como muchos mallorquines
del descaro que sólo quieren
dependientes de su sangre
y al pobre criollo lo asignan
a los cerdos y los cañaverales.

[**El Caballero Don Primo** en: el poemario *Épica de San Sebastián del Pepino* (KoolTourActiva Editores,San Juan, 2013), ps. 98-100, **de Carlos López Dzur**]

Mas este Caballero que, en apariencia o sotta-voce de algunos no quiso al pueblo, tal vez fue quien más lo quiso. Era una víctima del habla novelera. Es cierto que amaba a España (razón para que perteneciera como Teniente Coronel en la Plana Mayor de Voluntarios durante los días de la Guerra contra España, en 1898)l es cierta la amistad de su familia con el Fiscal de Andalucía, Juan Hernández Arvizu, quien jugó un triste papel en la historia de la represión del cantonalismo y el movimiento anarco-campesino en España. Es cierto que hizo causa común inicialmente cuando se funda el primer Comité del Partido Republicano (anexionista) en El Pepino; pero no fue conservador como su padre (cf. como explica Gualberto Rabell en las memorias genealógicas); su padre sí, sin que ésto significara juzgar políticamente a quien se asigna amistad y aprecio humano, basándose en criterios políticos). Esto es parte de la grandeza incomprendida de la familia Martínez.

En el poema *El Caballero Don Primo* se recuerda el papel qiue Víctor Martínez se asignó para auxiliar a estudiantes, donde tuvo contactos., habiendo sido él uno de los privilegiados en la época en estudiar en España y hacerse abogado:

> Dicen que usted aquí
> decide quién se educa y se manda
> a Madrid, o Barcelona, a Compostela
> o París, según su gusto...

Tampoco es cierto que, políticamente, representara la *Espada Blanca* e injusto fue que lo amenazara una décima con la que el trovador Carmelo Cruz lo representara como un personero del colonialismo español y su falta de generosidad para el campesino.

> Dicen que usted es
> La Espada Blanca verdadera
> de la que habló don Cheo Font
> cuando enojado, que es usted
> quien aquí manda, no Cabrero.
> Que le rimaron en décima
> su componte, diciendo que se vaya

o que lo matan, ¡sí, las Partidas!
La mano negri-blanca-roja
que a Jaunarena rancheara.

En la expresión espada blanca está codificada la defensa del esclavismo y el racismo de ciertas clases, la mentalidad de Cheo Font y otros criollos pro-peninsulares que, finalmente, encuentran en el anexionismo de José Celso de Barbosa un resquicio para seguir manipulando el poder bajo el nuevo régimen, mas ahora enclavado en la versión estadounidense del colonialismo.

Esta reiteración del *Se dice* en mi poema es código que designa, sin nombrarlo, la calidad de los chismosos y la categoría a la que representan: el *Tipo Común y Corriente («Das Man», El Uno, Don Nadie),* que no estrecha comunión con personas y proyecto, mas sin embargo, presume o habla como si concretara una *«Zusammengehören» (mutua pertenencia),* cuando sólo ha caído en la dictadura del cualquiera y del nadie anónimos. El impersonal *das Man* corresponde a la mentalidad del *«Se»* de quien cree que sabe todo y no sabe nada.

Sobre este Nadie anónimo que habla impropiamente por todos, por lo que su acusación y su menosprecio duele, Heidegger ha dicho:

Das Man se comprende como el «se» que nunca es un verdadero proyecto; las cosas de que habla el «Se» no son encontradas en el ámbito de un proyecto concreto, decidido y elegido verdaderamente por alguien. Si las cosas son instrumente y el instrumento es ya únicamente en el proyecto, el proyecto implica empero una elección y una decisión de proyectar; sólo en un proyecto así concretamente querido, las cosas son verdaderamente lo que son. El proyecto del «se» nunca es decisión de alguien: es sólo una especie de fondo que tiene necesidad de elección del individuo, pero sólo como fondo para destacarse de él. En el «se» las cosas desligadas de un verdadero proyecto no se presentan en su verdadera naturaleza de posibilidades, sino que se presentan sólo como «objetos»; hasta los conceptos del ser de las cosas como *vorhandenheitse* revela así vinculada con la inautenticidad con la falta de apropiación que caracteriza al *das man*. [ref. **La muerte en Heidegger y Levinas: Diálogo con Heidegger**] [9]

Joaquín N. Oronoz Font, quien jamás participaría en los modos de concebir un proyecto social y político que motivara a Víctor Primo Martínez, como otros compueblanos de la época, asignaría a él *Zusammengehören* (mutua pertenencia) a proyectos equivocados. o ser de los cómplices de las Partidas (por sus simpatías extrañas por los cabecillas, Cabán Rosa, Lino Guzmán, Pascasio Moreno, etc.) o ser un anacrónico bohemio, o tirar su fortuna por la borda. En su estampa sobre Victor Primo, Joaquín Torres cita a Oronoz Font cuando hablara con el «*Se dice*» que:

Cucán Oronoz, que fue célebre en este pueblo, y que tenía una mirada parsimoniosa como Alfonso XIII, y que parecía un caudillo pintado por el Greco; y que a lo último desde su balcón levantaba la mano izquierda y saludaba únicamente con la palma vertiginosamente acelerada 'a lo Margaret Thatcher'; decía con lamentado humor africano mientras se tomaba un *Bloody Mary* en el Hotel La Sierra: «¿De qué le valió a don Primo Martínez haber pasado casi toda la flor de su juventud estudiando en España, caminando pa' Francia y pa' Inglaterra y montándose en esos globos, y cuando no en los mismos dirigibles en que se montaba Dumont, desafiando el peligro, tan por lo alto, exponiéndose a que el aparato se reventara como un gran *peo,* y a desaparecer como el alcanfor? Y que entonces al tiempito alguien diese la noticia de que lo encontraron por allá, *clavao* en un pico de la Haya, o más *pa'bajo, congelao* como un pollo americano en uno de esos zanjones de los Pirineos donde hay capas de hielo desde hace qué sé yo cuántos siglos! Ah ... de qué le valió todo eso al hombre, pa' después llegar a un pueblo como este, cagao de caballo por las cuatro esquinas, y donde enfrentarse a don Narciso era lo mismo que echarse la soga al cuello, o morir aplastado como una cucaracha! ¡Así como te lo digo! (**Joaquín Torres,** loc. cit.).

Desde este lamento de humor y teatralidad, se dicen muchas cosas sobre lo que a Primo le hizo el *Incomprendido Feliz,* pero también el *El Loco* marcado por lo trágico. Como loco, sabía gozar las aventuras descritas por Oronoz Font. Trágico, en el sentido que lo profiere, porque cayó en pobreza y se desafilió de la clase poderosa que Torres Feliciano describe: «*Tenía un destino y una misión como pocos, y con ello una palabra que por leal, fue peligrosa y le sacrificó lo que para otros en su lugar hubiese sido más provechoso: la ambición de lucro personal. (...) la magnanimidad de don Víctor Martínez emanaba de la profundidad de sus ojos… (...) Su mayor problema fue haber regresado con esas ideas en una época crucial para el blanquitaje peninsular, y cuando ya se acercaba la liquidación de los restos del imperio Español... Para el grupo de peninsulares conservadores y recalcitrantes, el comportamiento del joven a la luz de los temas que discutía era cosa de "un espíritu contrariado y con ideas oscuras*» (loc. cit.).

Para fines de mi aproximación heideggeriana a los tipos pintoresco, tener destino y misión, como dice Torres Feliciano, es fundamental.

«Todo pueblo o comunidad tiene personajes pintorescos que se destacan en la vida cotidiana por su carácter, vestimenta, acciones, anécdotas, servicio a la comunidad, etc.»; en adición, *«en las tradiciones y costumbres de un pueblo o ciudad, estas personas (...) se encierra mucha de la picardía e historia popular»,* [10] mas una riqueza extraordinaria es que tengan lo primero, destino y misión. Esto les eleva sobre el mero rumor del habla impropia y del impersonal *das Man* que termina en el anonimato y se olvida. El rango de Tipo pintoresco y folclórico que encarna el mito de su propio destino y misión es lo que hace que perviva en la memoria como algo más que teatralidad y novelería.

Una comunidad que no siente su propio nihilismo reitera el desarraigo y se desinteresa de aquellos Sujetos que en la cotidianidad padecen profundamente el empuje de una historia encubridora, desencanta, sin proyecto ni misión. Entonces, el *Tipo significante* no revela nada, pasa como otro más, común y corriente. Si algo queda memorado de él fue el detalle estrambótico, la vestimenta, o alguna condición que dejara expresa en un estereotipo o taxonomía de lo pintoresco. Esto sucede cuando el vecino observante despoja o se desvincula afectivamente de la misión o destino al tipo significativo.

Si sólo se interesa del tipo histórico la condición de personaje que le da la ciencia histórica o la sociología, aquello que es único y esencial de él, se pierde y sucede, como con los poetas mal estudiados e incomprendidos, que su obra, «no habiendo ganado aún su espacio de tiempo específico», no acontece tampoco su poder histórico, su mensaje de esencia epocal y, en cuanto seres significativos, cada *Tipo Pintoresco / Pueblerino / folclórico* que merezca así llamarse encarna una esencia que combate el desarraigo, perder raíces y cercanía con lo que para él es sagrado.

La posición de clase no es sagrada. Es un accidente o una herencia que la determina una serie de concatenaciones sociopolíticas. Dicho así, esos primeros tipos que entran al tiempo histórico, como los personajes pueblerinos del siglo XVI en Castilla (e.g., los que se leen de **Lazarillo de Tormes.** *El Negro, El ciego, El clérigo, El hidalgo, El buldero,* o alguacil, el *El Capellán* o *El fraile)* son olvidables, si carecen de algo más profundo, misión y destino. Si bien un personaje como éstos sirve para divertir, o generar una crítica en un poblado que los tenga, con la interacción entre estos tipo y pueblos, la intención del primero es revelarse como ser con destino y, en muchos, casos con misión.

De hecho, en el teatro que parte del *«introito, a lo Torres Naharro»* y de la fase de su profesionalización y *«la inclusión de escenas episódicas humorísticas, provenientes de otras tradi-ciones»,* religiosas, bucólicas, cortesanas, etc., se ha buscado más frívola que responsablemente una apelación a la risa fácil, al escarnio, al echarse pullas, al cliché y al estereotipo negativo. La serie de ejemplos que Canet Vallés presenta con su estudio de **La comedia Rosabella** (1550) de Martin de Santander presenta personajes-tipo: *Fabrillo, el criado bobo, el Alguacil, el Galán; la intención de Martin de Santander, el* autor, es *«describir el modelo antifemenino por excelencia»* (Canet Vallés), imitar al Arcipreste de Hita, cuyas descripciones de la mujer en sus escenas pastoriles son infamantes.

En *Rosabella* se dice al describir a una mujer:

… una frente que es más ancha que un harnero…
unas cejas como vellones de ovejas,
unos ojazos de gato; la barva de putas viejas
y blandachas las orejas como çuelas de zapato… [11]

Desde la primera mitad del siglo XVI, el teatro español reflejó la costumbre humana de echarse pullas, de vituperar a todo lo que se tiene enfrente. El teatro enseñó tanto a lamentar y maldecir, como a temer y quedar sermoneado, al fin y a la postre. En cuanto a los méritos admisibles, de ese teatro destacaría que dio una presencia ante cualquier público (el hombre común y corriente) a criados perfectamente definidos como tipos. En el séquito de un Galán, aparecerían el bosquejo de los criados domésticos (por ejemplo, *Jasmenio, Perucho*, el *vizcaíno y Antón*) y, con ellos, su linaje, sus quejas y procedencias regionales: los tipos del Vizcaíno, el Aragonés y el Negro.

Algunos de estos personajes expresan la nostalgia por volver a su tierra ante un amo que no les paga sus sueldos o les mata de hambre. *«Cada uno narra las excelencias de su patria».* Otros personajes, además de pastores y criados, son la Negra, el Fraile Apaleado, el *Soldado Cobarde*, el Ciego, el Cojo, el Manco, la *Zagala, la Ventera, Engañados* y *Burlados;* pero las *commedia alla villanesca* como las farsas teologales tienen una fórmula, manipulada por las intenciones morales e ideológicas y no son una plenitud del hallarse, no son la vida como posibilidad de luz y soluto, irse-resolviendo-avanzando.

En algún momento de la historia puertorriqueña del siglo XVII y XVII, cuando casi todo poblador se miraba a sí mismo, social y políticamente como peninsular frente a indígenas mestizos en desaparición y negros esclavos, surgió el primer gran *Tipo del folclor de la identidad: el jíbaro.* .Los peninsulares vivieron con él, a veces sin llamarlo, «hombre de campo», o labriego. El mito co participativo de su esencia epocal fue lo que lo convirtió en pintorescamente significativo, con misión y proyecto. No todo peninsular de entonces, aún dedicado al trabajo de campo, dijo ser un jíbaro, quizás fie menos el sentimiento de rechazo si fue criollo o nacido en el Caribe. El hecho es que ese primer *Tipo del Hombre Nacional,* aunque en extinción, tiene todavía la misión de ser un recordatorio de su esencia y tuvo un destino: presentía lo sagrado y sabía que estaba íntimamente arraigado a las formas de su autenticidad.

En un momento crucial de la desaparición de lo que fue sagrado para el jíbaro, el campesino como tipo colectivo, el más universal de los pepinianos entonces (don Víctor Primo) ha de sentir la amenaza de parte de los campesinos armados de las Partidas). En un incidente de lucha por la tierra, los *comevacas y tiznaos* lo emplazan. Se le hizo una copla de *componte* [12] que si bien no se cumplió fue porque era un hombre bueno y no un consabido abusador de peonajes.

Usted tiene muchas tierras.
En Pepino es casi dueño de los bosques,
pero... yo no digo que usted es malo,
sólo explique, ¿por qué deja que vengan
Castañeres de Mallorca, por qué
deja que arriben catalanes
de la cepa de Amell, los Carbonel(l)es
que tanto daño hicieron
desde Aguadilla y Lares?

Usted sabe que José Castañer
casi nos quema el Pueblo,
es hombre terco,
como muchos mallorquines
del descaro que sólo quieren
dependientes de su sangre
y al pobre criollo lo asignan

a los cerdos y los cañaverales.

[*El Caballero Don Primo* en:
Épica de San Sebastián del Pepino, ed. cit,., ps, 99-100]

Al explicar esta situación, Torres Feliciano precisa:

«*Entonces el Pepíno con una población de cerca de 12,000 habitantes que en el censo eran clasificados mediante el origen (peninsulares, puertorriqueños, y extranjeros), sexo, estado civil, raza y condición (blanca, negro, mulato, esclavo, libre). El capital neto ascendía a unos $861,470., y ello incluía riquezas sacarina, agrícola, pecuaria, industrial, y comercial. [...] El padre de don Primo llegó al Pepino desde Furnias (Las Marías), pero siendo oriundo de Cádiz, por la línea maternal estaba emparentado con el famoso político y escritor dan Francisco Martínez de la Rosa; quien fue uno de los precursores del teatro romántico en España. [...] Su madre era puertorriqueña, hija de peninsulares. En el hogar – como me señalaba doña Bisa Rodríguez–-, se respiraba un catolicismo piadoso y austero... la casa era una especie de santuario benéfico y la magnanimidad de don Víctor Martínez emanaba de la profundidad de sus ojos... [...} Pero, naturalmente el clima y la hora pepiniana congregaba una ciudadanía domesticada y débil que se tiraba de pecho frente a la españolería servil y palaciega que dominaba y domaba la vida de cada quien como un puño de hierra y fuete de campanas... [...}*

El público no olvidaba tampoco que fue la persona que asesoró al Capitán Bradford en cuanto a quienes designar para alcalde y secretario municipal, en un momento donde los peninsulares saboteaban al militar norteamericano y rehusaban cooperar. Además cuando otros intuían que el cambio de soberanía traería actos de venganza contra la seguridad personal de algunos españoles y sus propiedades. Sus enemigos resentían todo esto. [...] El final de siglo había sido apabullante para las fuerzas de herencia que constituían la tradición y el pasado, y que se enfrentaban a las tramas del futuro impredecible». (Joaquín Torres, loc. cit.]

El primer contenido de lo que sería el proyecto humano de don Víctor Primo fue político-social. El segundo, emocional, tras su caída y ruina económica, porque era un hombre de acción, que no se rinde. A su regreso de España al Pepino, en 1892, aflora más claramente en el su sentido de deber con el país. Es luchar contra la «obstinación narcisista, infame y adulona entre las claques de una y otra época» que pervive en el Puerto Rico colonial. Estaba recién graduado de Derecho en la Universidad de Santiago, en Galicia. Se sentía saludablemente alimentado por sus lecturas de Federico Nietzsche, filósofo dionisíaco y vitalista, enemigo de la *«ética de mayorías conformistas y otra de minorías idealistas».* Su estadía en España hizo que se codeara *«con los hijos de los liberales»,* con ambientes de tertulia donde se discutía el anarquismo, el marxismo, las causas de las crisis tanto en las monarquías como en, el capitalismo salvaje. Se hizo sensible el problema de las religiones, la inmortalidad del alma; la Libertad y pensó que *«ahora podía ver con claridad que los que hablaban y escribían sobre la vida, la evolución, el progreso y la transitoriedad de las verdades, confundían deliberadamente verdades con creencias, tomaban las cosas en broma; fingían resolver los problemas y en fin, jugaban con los derechos del hombre»* [Joquím Torres, loc. cit.).

El poeta Juan Avilés Medina, citado por Torres, dijo sobre el abogado Víctor Primo Martínez:

«Se la pasó pleiteando contra el gobierno casi toda la vida, y si perdía, apelaba cuantas veces fuese necesario. Era una especie de Quijote, claro está, no con una aventura apócrifa, sino partiendo de una realidad social que en su derecho le correspondía abrazar. Don Primo era además un hombre dramático y analítico. El giro de su discurso era incisivo y terso. Su fraseología, decidida y brillante como el filo de un sable al desenvainarse. Nadie le metía los mochos y no se

doblegó siquiera cuando se peló   como un chucho después
de haber heredado un capital tan lindo … que comose dice, se
lo robaron con trampas». [13}

Hay un segundo poema de mi autoría [**Don Víctor Primo
medita sobre Pepe**] que trata sobre la personalidad política de
Martínez González y que destaca su valentía ante los puertorriqueños más poderosos de su época.

Don Pepe es una referencia al aguadillano José de Diego, con
quien llegó a encararse en los tribunales. Don Primo llegó a
acusarlo de ser un hipócrita, defensor de los intereses de las
centrales azucareras y los latifundistas.

Don Víctor Primo medita sobre Pepe

1.

A Pepe me lo encuentro cada rato.
Cuando postulo en tribunales, o voy por rumbos
de Caparra a Puerta de Tierra. Desde 1908, él siempre
se queja de lo mismo: la prisa del Aguila del Norte
y sus halcones por devorar esta presa, flaca y mustia,
que somos, pueblo moquiento, que McKinley
si no hubiese sido asesinado habría comprado,
junto a Cuba, por menos de un par de millones.

Mira al pobre Pepe, tan patriotudo y da pena,
porque, no lleva un año como jefe de la Cámara
y la Cámara no tiene presupuesto y la Ley Foraker
no sirve ante la crisis y es el Gobernador quien puede,
al fin de cuentas, joder o *desjodernos.*

McKinley ofreció a España la compra de la isla
(que primero fuese Cuba, dijo y, más tarde,
Puerto Rico), pero, ¿qué hicimos en lugar
de organizarnos? abandonar al que piensa y combate,
inatentos a De Hostos, aquel sabio de Río Cañas
que nos habría organizado las escuelas

y universidades, los servicios de trenes y locomotoras
y las alianzas con el mundo antillano...
[pero, ¿qué hicimos, Pepe? desde que vino
el general George Davis,
o el Secretario de la Guerra Elihu Root,
con la idea que somos tontos e incompetentes para darnos
gobierno y democracia y justicia... ¿qué hicimos?....
aislar, desmentir, entorpecer a Hostos, el mayagüezano,
y, sobre todo, congregar a cagatintas,
periodiqueros malos, míopes, bizcos, y aplaudirlos y santificarlos;
... dimos vuelos a Barbosa, pedimos que el hijo de un albañil
acabe de desacreditarnos, como modelo de pueblo sumiso,
pazguato, inconsecuente que cambia de amo.

Y él se inventó la ilusión republicana
(pero al estilo gringo) y usted,
desoyendo a José Negrón Sanjurjo
y Manuel Fernández Juncos,
amigos de Muñoz *el Bizco,*
usted peleándose dentro de la Unión por pendejadas
(porque de facto son dos autonomistas en la práctica,
dos caras coloniales del independentismo imposible).
In jure.

2.

«Yo se lo dije a usted, Don Pepe»,
cuando aún le tuve respeto: «yo no sé para quién
usted trabaja, el Partido Federal representa
a los hacendados azucareros, a quienes alguna vez
llamara usted los viejos opresores, dueños de los campos;
y mírese, los Federales son anexionistas
y a las nuevas corporaciones cañeras
y propulsoras de monocultivo, como abogado defiende.
No se queje. Vaya a la oficina de los Forakers
y exija el cambio.

Con el bizco y mudo del *Zar de Barraquitas,*
no cuente; va a seguir tomándose de moños
y rasgándose escotes como dos señoritas.

Déjelo a él, Pepito de Diego, en Washington,
leyendo a Víctor Hugo y a Gaspar Núñez de Arce.

3.

A Pepe me lo encuentro cada rato.
Cuando de San Juan me desplazo al Pepino,
puede que, al viajar, me detenga en *El Parterre* aguadillano
y lo vea triste, todavía pensado que Barbosa
es una excepción a la especie porque, según anhela usted,
el pueblo no quiere asimilarse y la americanización
es condena a la identidad de la cultura patria.

«Mira, Pepe, no odie tanto al hijo del albañil»
(para quien si los hacendados azucareros
son yankees, mejor serán que el borincano),
él se fue al Norte y se hizo médico; Muñoz el Bizco
anda en lo mismo, en Nueva York o en Washington
educa al hijo; un día sí
que no habrá *Crisis de Presupuestos.*

Saldrá el dinero de hasta debajo de las piedras
(¿acaso no sale su salario aburguesado de la defensa
de las corporaciones y de los intereses privados
de los yankees?)… hay que aspirar a la modernidad,
fíjese que es la consigna favorita de los *republicanos*
(incluyendo al negro que le disgusta y que a las clases altas
pone nerviosas hace berrincheos).

Cierto. Con ella anda, con los ricos y elos lo medio-esconden:
abogados, médicos, ingenieros, banqueros, pero,
en campañas electorales, lo visten bien, lo sacan a paseo
y lo nombran el Doctor y asocian su anexionismo.

Discursan todos sobre lo Racional, Moderno, Progreso
y Democracia: no en balde, la negrada en Pepino lo endiosa.
Font de todos los colores, Alers, Esteves, Beníquez,
los Pesantes, los Padró, socialistas que fueron
alzaos con las Partidas del '98.

... ¡Qué paradoja, Pepe! usted *Caballero de la Raza*
y de la Lengua, usted sangre de Ateneo e Hispania
y en la colonia ex-hispana, el inglés oficializado
y este 4 de julio, el pueblo grita en marchas
porque el yankee asegura

que la isla completa es un establo de rocines,
no hay salud ni higiene y, aún en esta fecha de festines,
la bóñiga de caballo se barre de los atrios eclesiales
y por las calles del recorrido, la banda escolar
frente a la plaza, que aprendan a aplaudir los niños...

«*Pepe, Pepito poeta de las Pomarrosas,*
escriba sobre esto: alza en los juegos de azar
y hay que suprimir de la consciencia el evangelismo
que los protestantes va fundando.
La nueva ley de divorcio sigue el paso
a tanto masón y espiritista que han aparecido desde 1900».

Lo que le voy a decir, especialmente,
después de San Ciriaco porque hizo más pobre al pobre,
es que si ya se han suspendido impuestos y deudas
de los antiguos ricos, no se queje. No hay dinero.
Hay una crisis fiscal y el dinero para pagar servicios
hay que ir a pedírselo a los americanos,
al Gobernador. Usted es el presidente de la Cámara
de Diputados, con las manos atadas, deje el orgullo.
Todos ellos y usted son pordioseros,
mudos y escondidos y por eso le digo:
lo miro y me da pena, tan patriota y tan a merced
del enemigo, o sabe dios de qué carajo.

03-09-2005

—

Bibliografía y notas

[1] Esperanza Pérez Suárez, ***Peculiaridad de personajes, refranes y***

anécdotas regionales, en: Calle B Sobre la universalidad de lo regional, dice: *«Existen en Cuba, como en otras tantas naciones, personajes cuyas historias pasan de generación en generación, las que pueden perdurar en la memoria popular o desaparecer con el paso del tiempo. De manera generalizada, es la popularidad de dichos personajes, su jocosidad, su manera de contar los hechos que sucedieron hace tiempo, los que los convierten en personajes de referencia popular».*

[2] Ibid.

[3] Joaquín Torres Feliciano, **«Las dimensiones trágicas de don Primo Víctor Martínez»,** en **Blog de San Sebastián del Pepino** / **Revista Maguey:**

Vid. cf. PDF. **Gualberto Rabell: Sobre Genealogía de los Cabrero**. En una porción de este trabajo se explica la amistad de las familias de Víctor Primo Martínez con Manuel Joaquín Cabrero Echeandía:

«Tenía Don Manuel Joaquín predilección por su sobrino varón que con él vivía, llamado Narciso Rabell Cabrero a cual visualzaba como seguidor seguro de la tradición comercial de los Cabrero... Era Don Manuel Joaquín el mayor de los hijos de Don Andrés Cabrero que quedaba vivo y era la autoridad suprema de la familia y por lo tanto aquel a quien había que consultar y respetar. (...) En sus años de soltero tenía ideas liberales autonomistas lo cual no evitaba que fuese íntimo amigo de Don Víctor Martínez que era un notorio conservador. Don Víctor Martínez era notario domiciliado en Las Marías y al vacarse la notaría de San Sebastián compró la plaza (como se acostumbraba) y se trasladó al Pepino. En San Sebastián a Don Víctor se le murió una hija de viruelas y entre los pocos que le acompañaron la hija toda la noche, venciendo el natural temor al contagio, estaba su amigo político Don Manuel Joaquín. Este gesto cimentó la amistad entre ambos. Eventualmente, un hijo de Don Víctor, Víctor Primo Martínez, se casó con una sobrina de su hermano Cesáreo Cabrero Echeandía, llamada Pilar Cabrero Echeandía».

En el website de **13 Monografías de Carlos López Dzur,** en la página de **Funcionarios del Pepino / Ilustres,** López Dzur cita la décima de amenaza que alude a Víctor Primo. También elabora sobre el asunto en su libro **Comevacas y Tiznaos: Las Partidas Sediciosas en el Pepino de 1898 (**Ouskirts Publishing, Denver, 2005):

Dile a Braulio Caballero
que toda deuda se paga
y a Francisquito Laurnaga

que pronto perderá el cuero.
A Mantilla y a Ranero,
ese par de serafines,
les dirás que nuestros fines
son de a Guijarro coger
y arrimarle a Castañer
junto con Víctor Martínez.

[4] David Fontana, *El lenguaje de los símbolos: Guía visual sobre los símbolos y su significados* (Editorial Blume: Barcelona, 2003), p. 292.

[5} Daniel Imerlin, **«Desde la calle del Terror»**, en: Ver: **Tarot** 11 de noviembre de 2009

[6] Mary K. Greer, **«Lucas van Leyden, la pitonisa»**, en: **Tarot Blog.**

[7] Joaquín Torres Feliciano, loc. cit.

[8] Carlos López Dzur, *El Caballero Don Primo* en: *Épica de San Sebastián del Pepino*]

[9] PDF: Páginas de Filosofía, UCCOR. *La muerte en Heidegger y Levinas: Diálogo con Heidegger,* en: *«Concebí el tiempo a partir de la muerte del mismo y concebir la muerte del otro modo a partir del tiempo».*

[10] *«Personajes históricos de Condega»,* en: *La Tradición Oral en la conformación de la identidad histórica-cultural del Municipio de Condega.*

[11] Canet Vallés, *Comedia Rosabella,* en: *Miscelánea, Homenatge a Enrique García Diez (*Universidad de Valencia, 1991), pp. 61-70.

[12] Juan Avilés Medina (1904-2004), poeta pepiniano, citado por Joaquín Torres, loc. cit.

Avilés falleció en Nueva York y quiso ser enterrado en su pueblo natal de Calabazas. Por gestiones suyas, los restos de la poeta Jula de Burgos fueron trasladados de Nueva York a Puerto Rico. Como poeta, Avilés Medina fue uno de los más populares y aclamados por su pueblo, siendo también el autor de la letra del himno de la municipalidad de San Sebastián. Ver: Rubén Arcelay Medina, *Diccionario biográfico pepiniano* (Aguada, 2000), ps. 9-10.

[13] López Dzur, poema *Don Victor Primo medita sobre Pepe,* incluído en *Épica de San Sebastián del Pepino (*Kool-Tour-Activa Editores, San Juan, 2013), ps. 101-108.

DEL HOMBRE PINTORESCO, INCÓMODOS JUGLARES Y SABIOS RETRÓGRADOS

Valoro al *'hombre pintoresco'* como un portador de sabiduría para la vida y cierta *Paideia,* aunque sea un alma no preparada plenamente para verter la esencia del conocimiento. Es, por tanto, un alma en transformación. Una que huye o teme a la visión técnica de la realidad porque sabe que ésta lo anularía, sistemáticamente. El alma iconográfica de relatos y figuras que él representa chocan con la estructura de creencias dominante. De ahí que les ronde el crítico que utiliza el término *folclore* en un sentido peyorativo y no le reconozca un espacio empático desde el que se le pueda valorar. Ni conceda valor estético y educativo al folclor.

No obstante, el investigador y poeta Fidel Sepúlveda Llanos (1936-2006) contribuye a que identifiquemos, valoremos, preservemos y difundamos «*el uso y beneficio social de las diversas manifestaciones que constituyen nuestro patrimonio cultural, en especial de aquellas referidas al patrimonio inmaterial, y en la comprensión del rol protagónico de las personas y comunidades en la identificación y significación de lo patrimonial como acervo y construcción social colectiva, integral y dinámica que, constituyendo una herencia de generaciones que nos han antecedido, son valoradas, apropiadas, vividas y enriquecidas por las personas y comunidades en el presente, con vocación y voluntad de proyectarlas para el futuro y para las nuevas generaciones*». [1]

En esta propuesta interpretativa, se dispone una valoración de la identidad colectiva que miento en el primer poema de la *Épica* del Pepino. Esta tiene que ver con los procesos hacia la madurez, la integración y la vejez. A la sabiduría y logros es lo que contextualiza como experiencia por vejez. No creo en pueblos iluminados, que aprenden rápido y sin escollos. Esto se da, por excepción, con los individuos; pero, en las naciones y las comunidades, hay fuerzas externas para romper los consensos. La épica implica lucha, *agoniar* colectivamente.. La voz narrativa, fidedigna, es compasiva y paternal a veces. Del pueblo del Pepino, una metáfora posible que la totalidad del pueblo, así como engloba a los sectores, pobres y humildes que son el objeto de este libro, dirá:

> Sé que él sufre, que perdió la memoria
> como un viejo de más de dos centurias,
> pero es mi viejo bueno de los siglos
> (y noble cuando quiere y tonto)
> y, con sus defectos y manías, sí...

Es que de tal cosas se trata la empatía. Se amará al pueblo-Niño, se irá cuidando lo que épicamente surja de sus heroísmos y etografía, en consonancia del fondo de su espacio nostálgico, espiritual. Esta es la meta de mis metarrelatos, ante seres que han optado por lo bueno antes que por lo malo, servir al civismo y el sentido y corregir errores.

La presencia de la esclavitud debe verse como lo malo; la rebelión del Capitán Pedro de Loizaga, quien *«enseñó el alzamiento, el motín»*, para adquirir derechos ante el gobierno colonial, como señal buena. Lo heroico. Los tiempos de Fernando VII son malos y repercuten en España, Puerto Rico y en Pepino y doy las estampitas locales de *Mariana Rubio*, niña-hija de un padre realista conservador, que termina desencantado, junto a la de **Mantillita**. Hay una relación esencial que las une. En el rastreo geneológico de la primera Mariana, se connota Caracas (Venezuela) que fue sustrato durante las migraciones de huída y guerras bolivarianas de muchas de nuestras familias.

En el ínterin, pasado los años, ya ni padre ni hija admiran ni compadecen al rey Fernando VII, por todo lo que comenzó a representar entre sus súbditos: *«reestableció la Inquisición, /*

persiguió la prensa, el pensamiento libre, / las imaginaciones de los espiritistas, / los masones, los poetas afrancesados».

En el poema, se cuenta que Fernando VII:

> ... odió a Simón Bolívar, a Sucre, San Martín,
> Itúrbide; odió a Miranda, a Washington,
> a uno y todos los enciclopedistas, a Dantón,
> y sin faltar ninguno... a jacobinos,
> a pobres de La Bastilla...

[Ha muerto tu rey, Mariana]

Es interesante la manera con que en estos poemas sobre Pepino se explica un periodo de la vida de España que concierne a los Borbones, el periodo del resurgimiento del liberalismo, las guerras bolivarianas y otros eventos a la vez que se nos presenta la historia de familias inmigrantes que llegan, con la emisión de la Cédula de Gracias que trae a miles de pobladores, europeos y suramericanos, a Puerto Rico.

> Mariana, hija de Mestre, pionera
> entre los Oharriz y Rodones,
> ¿qué hiciste con la vela?
> por saber de un rey muerto en los años
> de tus inmigraciones?

y, en este ínterin nos cuenta la historia de Mariana, quien en su vejez quemó accidentalmente el pueblo (*«Nos quemaste, Mariana»}*. Para hacer la historia de tipos pueblerinos, se vale echar mano hasta de las trovas de **Pantaleón Chiviricui** o aquel precursor trovero, con estilo mambí que nos dejara las décimas de las *Partidas Sediciosas* de 1898: **Carmelo Cruz.**

Otro poema que brinda su razón de historia sobre el crecimiento o decrecimiento económico y social de Pepino es *Los sueños de Gabriel del Río, 1826-1830.* En términos generales, los ochenta poemas que están en mi **Épica,** en cuanto aluden a hechos históricos tras ese nacimiento en Las Vegas (primer nombre, antes de Pepinito), se organizan lineal y cronoló-gicamente: a los vecinos pobladores de Cristóbal González de la Cruz siguió pues la llegada de inmigrantes.

Hay eventos que se vuelve simbólicos en el curso descriptivo de la cronología: la descarga eléctrica de 1861 que destrozó la imagen del Patrón San Sebastián y una porción del Templo Católico, los incidentes del Gruto de Lares (1868) y los clamores de pánico de Joaquín Sosías, los años de pobreza en el Pueblo desde los tiempos de Juan de la Pezuela y del *posgrito* en Lares, la edificación del Casino peninsular y del autonomista, el periodo de los *Comevacas y Tiznaos,* la Invasión Norteamericana (1898), la Destrucción / Incendio / y Restauración del Guayabal, los destrozos del Templo Católico por el Terremoto de 1918, la fragmentación de la vida pueblerina, misma que produce toda una serie de 'tipos / o personalidades pintorescas' que López Dzur, rescata con el pincel de la evocación y la nostalgia.

Entre los personajes pueblerinos del poemario: el *duelero* y viejo maestro masón *Lino Guzmán,* el poeta *Moncho Lira* (Ramón María Torres), Pascasio Lamourt, Rafael Mayol Navas (**Rafa Te ví**), el Caballero **Don Primo** (Lcdo. Víctor Primo Martínez), el trovador revolucionario Carmelo Cruz, José Benigno Vientós, padre de Nilita, Don **Narciso Rabell Cabrero**, el comerciante e inventor Anacleto Arvelo (4-Esquinas), los zapateros Mayito y Don Ramón, el negro Atán, el poeta **Herminio Méndez Pérez,** la compositora **María Juana Beníquez,** Sandalio *La Yegua,* Don **Aguedo Vargas Labaille,** y Juanito Pana, el flautista, *Pelo e' Rata,* antiguas comadronas, Luis Vélez, **Morgan,** el fiebre del juego de flipper y de baile del merengue, la aclamada modista **María Peregrina,** el poeta nacionalista César G. Torres y otros personajes gloriosos y célebres.

Estos pueden ser el **Cura Ramón Durand,** quien fundó, en el 1835, el Cementerio de los Coléricos en la parte Oeste del Cementerio Viejo, o el homanaje que brinda a **Don Aurelio Méndez Martínez** o la diversidad de campesinos mulatos o afrocaribeños, que Carlos López Dzur destaca por sus aportes los hermanos **Padró Quiles,** por ejemplo.

La *Paideia [en griego* παιδεια, educación] *que este sujeto exhíbe en sí es su 'Bildung',* o lo que adquiere como formación libremente en cuanto puede y es el *'amañamiento'* que Heidegger definiera *como el acceso a la esencia misma del alma* (Ethos), *para una etapa de formación, con su solverse cotidiano,* Se dará mañas para sobre-vivir, adquirir su gramática parda o luminosa. Desde este fundamento de la condición humana se vive y pervive Hay, pues, una educación sinceramente sentida y buscada y que, por tanto, se hará el mensaje que él o ella da, aunque carezcan de la plena y rigurosa *Paideia* (παιδεία) como los 'cultivados' y 'civilizados'. Este sujeto que llamaremos el Tipo / con rol folclorizado / tiende a ser un viej@ / sabi@ / por los años vividos / y retrógrad@ por su aferramiento nostálgico y la testarudez con que teme a la torsión ética que lo descalificaría.

Resumiría aquí lo que hasta ahora dijimos sobre el espacio empático donde el hecho y la persona del folclor surgen. El espacio empático es imprescindible, como sitio natural y cultural de aprendizaje y formación, del Tipo humano o el evento que se focloriza. Para que haya folclor, de cualquier tipo, el espacio empático provee un diálogo, un atestiguamiento público, una crítica constante de la novelería, en que no falta un choteo verificador, pero que nunca llega a ser escarnio. Se alimenta de cierta complicidad y tolerancia de la persona, aunque haya comicidad y/o excentricidad en sus posibles anécdotas y evento folclórico que lo asocia.

A menudo el espacio empático / formativo / de los atestiguadores / crece y asocia a otros. Novelerea equívocamente como si quisiera recrear sus fronteras y predominar sobre la persona que es tipo pueblerino, metiendo a todos en el mismo asunto. Entonces, los parentezcos son evocados en el espacio de empatía y aplicados arbitrariamente con quien no encarna un Personaje Típico drl folclor. Por ejemplo, **Ñito Cubero**, carpintero, buen guitarrista en sus ratos libres, persona seria, era popular por ser sobrino de **Don Funda,** el padre del *Gringo Cubero,* a quienes hay asociadas anécdotas de intenso folclor. Mas no califica por esencia con una categoría pintoresca propia del folclor. [2]

Entre los pepinianos asociados a folclor, se ha alegado que está Sinforoso Vélez Arocho. Mas haber sido «*el primer soldado recluta puertorriqueño del US ARMY y combatiente en la 1ra Guerra Mundial*», no le hace personaje folclórico ni pintoresco. No reclamaba 'heroicidades'. Dice el Dr. Torres Feliciano: «*Ni él mismo hablaba sobre haber sido el 1er soldado en servicio de los EE.UU. en Puerto Rico.... Un gran hombre y buen vecino de nuestro en Tablastilla, vivió casi 100 años y nadie le conocía como personaje típico del pueblo*» [op. cit.].

Otro compueblano que sólo compartía, dentro del espacio empático, la tendencia a folclorizarse y ser choteado con un apodo humorístico fue Anacleto (Cleto) Arvelo, a quien se le nombraba como **Cleto *Cuatro Esquinas.*** «*No era personaje típico del pueblo. Era comerciante con tienda de todo tipo de mercancia en la calle donde vivía Hernán Sagardía, exactamente donde William Quiles tenía la farmacia. Era un hombre serio y bondadoso*». Tener una tienda, en cada una de las cuatro esquinas del pueblo, fue la razón del bautizo como Cleto 4-Esquinas. [3]

EMPATIA QUE ROMPE IDENTIDADES, LENGUAJES Y PRO-CEDENCIAS: Es característica del espacio empático llevar un registro dialógico de lo que fue primero y tenderá a desaparecer, i.e,. la carreta y la persona del carretero. A la carreta la sustituye el camión de recogido o carga o la guagua de pasajeros. En este renglón, habría que considerar a uno de dos italianos que se hicieron populares en el Pueblo de Pepino. La novelería centró su curiosidad en la persona de **Eleuterio Bottari,** alias **Don Bottari,** quien desde el primer decenio del siglo X, fue «el primer chofer de carro público en Pepino, viajando ida y vuelta 3 veces al día hacia Lares (tiempos en que la carretera era terrible y cuando llovía se inundara). Se tardaba el día en esos 3 viajes», contaría el padre de uno de sus pasajeros (Torres Feliciano, loc. cit.). Lo único que haría foclórico a Bottari, padre de Calín y Luisa, sería su origen italiano y marcar una transición revolucionaria en el transporte. Su carro fue el primero en ser visto en pueblo y campo en nuestra aldea. **Don Eleuterio Bottari** inicia la etapa en que habría que verse la carreta como un transporte en vías de extinción en la vida comercial y social. [4]

UN ITALIANO AMADO Y RESPETADO POR PEPINO: PIETRO FERRANTE: El espacio empático perpetúa la memoria de otro italiano, quien bien juzgado no fue hombre peculiarmente folclórico; tampoco el único extranjero que conviviera en el Pueblo. Este fue **Pietro Ferrante Avella,** ganadero y agricultor, fue amigo de Don Cecilio Echeandía, quien también se dedicaba a lo mismo. En la finca de Ferrante, *«se manufacturaban dulces de frutas que cosechaba y disecaba, enlatándolas con mieles de varios sabores; y quesos blancos que exportaba a USA y a Europa».* Es descrito como *«un tipo de buen semblante y muy gregario, así como su hijo Bambino».* [5]

La moral de trabajo es cualidad que se valora en el espacio empático y que trasciende hasta el hecho y anecdotario folclórico. Consideremos el caso de *Chalo La Mancha,* pregonero y dulcero que, con artesa bien decorada sobre a cabeza, al vender sus dulces pregonaba: *«¡Llora, llora nene pa' que te compren dulces sabrosos!»* El manufacturaba su propia mercancia. Vestía muy bien. Torres Feliciano le describe: *«Era un tipo alto y blanquirojizo, místico y luminoso».*

También, como curioso dulcero y pregonero, fue el hijo de Polo Castro, maestros de Pepino. Ambos, padre e hijo, tenían espíritu de vendedores. Los dulces que vendía Rey Castro se los compraba a su padre. Contrario a los arriba mencionados, donde el buen semblante y la actitud emocional iba pareja a destrezas sociales de convivencia, Rey Castro mostraba cierta retardación mental, explosivos ataques de histeria al pensar que se le quería engañar con el pago de la mercancía o el temor a las avispas. El Pepino le recuerda como Rey, el **Bobo de Polo Castro.** Y ni bobo ni disfuncional lo era. En condiciones normales, sin tensión, era muy simpático y se enamoraba a lo adivino de niñas escolares.

SABIOS AMAÑADOS: Repasaré ahora el concepto heideggeriano de amañamiento. Dice Heidegger que «el ser descansa sobre una profunda vocación ética en la medida en que aspira a auspiciar el surgimiento de una nueva relación con el ente en su totalidad». O, lo que es lo mismo, a crear un estado de situación y nuevo Ethos que renuncie al afán de dominación, inautenticidad y competencia, que aumentan su zozobra. [6]

Nos referimos al espacio empático no sólo como «*el lugar de residencia esencial del hombre, es decir, su Ethos*» (Heidegger), sino como el donde se prueba la calidad de persona que se es, el marco para su análisis de conciencia. «*El rasgo esencial de la existencia humana en su anhelo por tocar la dimensión originaria del Ethos*». La humildad es necesaria en este estado formativo. Existe el que falla.

Se despotencia y desvalora. Esta es la historia de Nico Chavito.

Desde éste espacio empático del Tipo, es que sufre las implicaciones éticas de su comportamiento y la presión de la facticidad social, su pobreza y su éxito, la intensidad de su aceptación y su rechazo por la comunidad en que ha nacido. En el ethos de la culpa sufre; por la depotenciación de la subjetividad moderna «*que cuestiona la soberanía que ésta se atribuye a sí misma*», que genera los vicios y las ofertas tentadoras, [7] sabrá si el alma que forma su *paideia* es humilde, En la peor, de las acepciones, la del sujeto seco, merecedor de verse bajo el humus, el espacio lo prueba. Hubo un serenatero en el Pueblo de Pepino que como tal fue aceptado: pero el rotulista, predicador pentescol y serenatero **Nico Chavito** manifestó «*una torsión de la ética*» en su vida. Un retrotraimiento que no pudo echar luz sobre la existencia del ser, amenazado por las drogas, al punto de situarlo contrariamente en el habitar deseado, que fue el espacio empático.

Dejó su historia, malamente amanada en el *ethos,* en una frase: «*Este es un pueblo cagao. Yo no quiero que me entierren aquí*».

Conté su historia en un cuento que resume su vida. [8]

Sobre Nicolás González es que la carta de Joaquín Torres, en mi Archivo, alerta: «Nico Chavito, casi a las puertas de la muerte, cuando le dijo a su esposita 'dominicana': '*Aqui, en esta tierra de cocodrilos y salamandras, no me entierres. Hazlo en Aguadilla, a los pies de aquellas mareas; aunque me arrastren los marullos y las orcas más humanizadas me hagan caricias en el culo».* [9]

En este enfoque hideggeriano sobre la esencia del folclor es útil conocer 'qué' estaría implícito en el término *Bildung / Formación /* tal como Heidegger lo utiliza y lo primero es el 'acto formador' (ein Bilden) que «imprime, o impone, a la cosa, un carácter o rasgo, según el cual ella se desarrollará, pero al mismo tiempo, conforma, constituye, a esa cosa, en relación a algo que se llamará o erigirá en el *'modelo' (Vor-bild)»* y, a partir, de este modelo comprensivo o de portación, se exhibirá públicamente la verdadera Paideia que el Sujeto Pintoresco ha anunciado con su conducta, ya que es movido por un acto formativo que *«atrapa y transforma al alma misma para hacerla apta a esta percepción de las cosas tal como son».* [10]

Y las cosas del mundo, en cuanto a cómo son, y la forma concreta que incide en éste / sujeto incómodo / el incómodo retrógrada en nuestro tiempo es esencia de todo ente sometido y submitido a voluntad de poder y oscurecimiento de su ser. Por esta razón, digo que los tipos incómodos / estorbos anti-metafísicos en una sociedad que no quiere juglares y nadie que capaz de mentar la 'ausencia de ser', a ellos se les relega al olvido.

Ejemplifiquemos esta tensión o incomodidad, pero con pepinianos que si han entrado al corazon colectivo y honraron el Ethos y la Estética de la Sabiduría Popular.

AMAÑADOS POR DISTORSION PERCEPTIVA: En el espacio de empatía, visto como unidad psíquica, etiológica y etnológica, donde se adquiere 'ethos', personas que articulan las *«características que nos hacen humanos (creatividad, toma de decisiones y autorrealización»),* a fin de afianzar la dignidad humana y protejerse del *amañamiento* en el camino de la educación .

El amañamiento negativo / reinterpretante / conducirá a confundir la libertad con libertinaje o interpretar equívocamente lo amenzante o los rigores de la ansiedad, que proviene de lo externo.

El espacio de empatía es como el espacio de guerra, en el que el Yo (quien soy realmente) accesa un Yo ideal, «lo que tal vez la sociedad pide que seamos». A mayor empatía recibamos, más las que devolvemos o reciprocamos. En las relaciones de la persona, hay dos direcciones de amaño: la intrapersonal (la relación con nosotros mismos, saber *auto-querernos,* para que, en el examen interior, seamos humildes, calmos) y la interpersonal (la relación con los demás, con la reciprocamos, con el asomo generoso hacia los demás). No importa cuán humildes y pobres seamos, la humildad es la magia que atrae y seduce como la flauta de Hamelin.

Torres Feliciano, sicoanalista, aplicó la noción de 'atracción' de la fábula de los Hermanos Grimm a la descripción de un personaje pintoresco de Pepino. Sobre **Pelo'e Rata** dijo: «*Era flautista y aglomeraba gente mientras tocaba. 'Pelo 'e rata' debido a ser flautista como el de Hamelin que atraia gente como si fuesen las ratas y por tener el cabello gris abultado y reseco*». [11]

Carl R. Rogers estudia que el *amaño* / que instruye o desorienta al Self (al Yo) / incide sobre «*la valoración orgásmica de las necesidades y recepciones de recompensas positivas*»; pero el Yo armónico, calmo y humilde, puede sufrir de incongruencias. Esto es lo que es llamado la *'incongruencia de Roger'*, o más adecuadamente, «*la neurosis de estar desincronizado de tu propio Self y del Ser ideal, del Yo soy y Yo debería ser*». [12]

Vistos desde la perspectiva de la Teoría de Rogers, en estos amaños y distorsiones, pudo verse la presencia en el espacio de empatía y comunidad Nico Chavito, **Marcos el Loco,** sobrino de Polo Castro y el pirotécnico **Carlos el Soco.** Descrito por Torres Feliciano de este último, dice: «*Carlos El Soco perdió su brazo pescando en el Lago Guajataca con 'Cohete de Bomba'. Tenía mucha chispa. Vivió en Chicago. Se las daba de Dandy. Vestía muy bien y decía ser conocedor de todo tipo de mujer: 'Esta voz ladina sabe conquistar, y cuando el de abajo me traiciona, el soco entra en acción'. Años luego, se dio a llevar niños a la Iglesia Presbiteriana los domingos. Dejó el alcohol para siempre*». [13]

EL AMAÑO ETICO DEL YO-IDEAL: Dentro de lo posible de su espacio, el atestiguador y quien novelerea como vecino el fantasma el folclor y de una ética originaria, [14] el tipo pintoresco expone su simpatía.

El borrachín **Marcos El Loco**, quien era laborioso en sobriedad, trabajaba como pintor de brocha larga. Estas observaciones sobre su conducta son interesantes, reflejos de incongruencias: «*Como alcohólico caia con ataques de pataleta en medio de la carretera. Para los días de la Guerra de Korea, se vestía de Kaki como los soldados, y salía calle por calle, saludando al vecindario. Compraba el uniforme usado, en la Plaza de Mercado*». [15]

A la discontinuidad de conductas de personas como **Millán Matos,** Ray Castro, Nico Chavito, Marcos, el Loco, **Carlos el Soco** y el mismo **Sopanda** puede que corresponda un amañamiento del yo ideal, a un lesionamiento del mismo, que no tiene que ver con humildad ninguna en la mayoría de los casos. Ser pobre, en términos de ingresos, no garantizara que se ha introyectado el valor de la humildad como manera de compensar una desventaja social. Ser pobre no justifica los vicios ni la falta de ambiciones. Ser pobre no significa ser poco higiénico o puerco.

En torno a **Bernardino Sánchez,** hay historias que apuntan a explicar su Yo-ideal: «Siempre enchaquetao y perfumado, destaca *'pero soy humilde, y soy el Barbero de los ricos*». [16]

Era un creyente en el espiritismo doctrinario kardecsiano, y del valor descrito por el amar al prójimo. La ansiedad de la distorsión perceptiva lo hizo víctima y sobre ésto hay un cuento incluido en mi libro El pueblo en sombras. [17]

También indiospensable es que se reconozca que cada obrero es digno por derecho de su salario. **Reynaldo Román,** alias **el Rey,** hijo de un barbero (Don Eulalio). Por los últimos 20 años, ha vivido en Villla Sofia, con una hermana. Sin embargo, graduado de la Escuela Superior Manuel Méndez Liciaga, su empleo es ir casa por casa, negocio por negocio, y una mochila a la espaldas en el reparto de hojas sueltas, volante de ventas, papel de regalo o cajas para épocas. Nacido en noviembre de 1969, recibe la crítica de que repatir volantes no es trabajo suficientemente ambicioso para quien tiene terminada su High School. Mas, Rey no maneja, se mantiene soltero y aun asi es proveedor en la casa de su hermana. Es trabajador, honrado, amistoso y con mucha disposición. Vive del reparto de propaganda.

Otro Rey (aunque de las Novias) es el pintoresco **Martínez Pérez Molina,** nativo del Barrio Cidral, nacido en 1933. Uno es que se enamora a lo divino y tiene sus novias. Su padre era un campesino que vivía de la agricultura y su madre, también fallecida, fue costurera. Célibe a los casi 80 años de edad, sin hijos, dice que a sus novias jovencitas, no le gustan las mayores, les hace favores. *«Les trae sus cafecitos y les tira sus piropos».* Una persona que no hace daño a nadie que recién es que vive en areas urbanas, pues prefiere más el campo, vive de la compraventa de frutos, vendiendo chinas y aguacates. Se aposta con su mercancía en el área del Chorro de Collazo o frente al supermercado *Mr. Special.* Ahí ayuda a los clientes a llevar sus compras al auto a cambio de un menudito. Entre sus virtudes y destrezas, sabe manejar vehículos y tocar sinfonía de boca. No fuma ni jamás ingiere licor. Tiene valores y predilecciones. No ser vago es uno. Sensibilidad a la belleza de las muchachas, sin faltarles el respeto. Es piropeador. A pesar de la edad, ocasionalmente recoge café en alguna finca. Se ha observado algunas peculiaridades de su folclor.

«Al ca«minar se coloca uno de los brazos en la espalda sobre la cintura y con esa mano se agarra el otro brazo». [18]

Bibliografia y Nota:

[1] Fidel Sepúlveda Llanos, *«Patrimonio, identidad, tradición y creatividad».* Centro de Investigaciones Diego Barros Arana, Dirección de Bibliotecas, Archivos y Museos de Chile (DIBAM). Santiago. Chilem 2010 y *El valor de la solidaridad en la cultura tradicional.* 1987 *Arte-vida, folklore, identidad latinoamericana.* Revista **Nuevamerica** n°12. Buenos Aires. Argentina.

[2] ***Carta personal del Joaquín Torres Feliciano.*** Archivo 2013.

[3] *Homenaje a Anacleto Arvelo / 4 Esquinas,* en: Carlos López Dzur, *Épica de San Sebastián del Pepino* (San Sebastián, Ed. KoolTourActiva, 2013), ps 137-142. Ver texto en la red:

http://carloslopezdzur-carlos.blogspot.com/2009/06/gustavo-arvelo-md-fueron-muchisimos.html

[4] Sobre el primer chofer del Pepino, el italiano Don Bottari y la pintoresca hija suya, la bella Luisa Bottari, he incluido estampas en varios de mis libros. Ver: *Luisa y Chilín,* en: *El pueblo en sombras* (ed. cit.), ps. 34-40. O rn la red: http://carlos92701.tripod.com/bottari.html

Además: *Carta personal del Joaquín Torres Feliciano.* Archivo 2013. En una de estas escribe sobre Ferrante y Bottari: *«Me parece que los dos italianos vivieron como cualquier parroquiano accesible en los espirales de la época. Uno triste, pobretón, y resignado, y el otro en las cosechas del éxtasis que le traia la fortuna. No sé cuan especial pudo ser cualquiera de ellos para tener el privilegio de ser enlistado en ese rollo de personajes iconográficos del 'pueblito cagao' que refirió Nico Chavito, casi a las puertas de la muerte, cuando le dijo a su esposita 'dominicaina': 'Aqui, en esta tierra de cocodrilos y salamandras, no me entierres. Hazlo en Aguadilla, a los pies de aquellas mareas; aunque me arrastren los marullos y las orcas mas humanizadas me acariciasen el culo».*

[5] Ibid. Más concretos datos sobre Pietro Ferrante Avella (nacido en Palermo, Italia, en 1889) nos los ofrece su hijo (Federico Ferrante Patriarchi, alias *Bambino).* En carta personal de agosto del 2013, don Federico nos envía dos páginas que constituyen una pormenorizada biografía. Sobre la llegada de Pietro Ferrante al Pepino nos cuenta:

«En el año de 1914, al comenzar la Primera Guerra Mundial, fue reclutado por el ejército italiano y sirvió durante un poco más de dos años hasta que fue herido en combate. Al terminar la guerra estableció en unión a sus dos hermanos una fábrica donde se producían aceites esenciales de frutas citrosas y el sabroso vino de naranja. En 1927, decidió emigrar a los Estados Unidos y le vendió su participación en el negocio a sus dos hermanos. A principios de 1928, llegó a la ciudad de Nueva York en unión a dos amigos italianos. Uno de apellido Gambino y otro de apellido Mángano. Los tres se asociaron y planificaron establecer una fábrica en los Estados Unidos, similar a la que tenían en Italia... Luego de investigar sobre el lugar más propicio para establecerse, supongo que dentro de sus averiguaciones, alguien les informó del territorio de Puerto Rico que pertenecía a los Estados Unidos y que tenía un clima favorable para establecer este tipo de empresa y los tres viajaron a Puerto Rico y se establecieron en el Pepino. Escogieron a San Sebastián ya que algunos años antes se había establecido aquí otro siciliano, amigo de ellos, llamado Eleuterio Botttari, quien les orientó de que en esta zona de la isla habían grandes plantaciones de frutas citrosas que era la materia prima que usaba la fábrica que ellos pensaban establecer, Aconsejados por el señor Bottari, vinieron y se establecieron en el Pepino.

Llegaron a Puerto Rico y a los tres días de haber llegado azotó a Puerto Rico el huracán San Felipe que causó mucha destrucción y muertes en el país. Atemorizados, ya que en Europa no se conocían estos fenómenos naturales, pensaron que habían elegido el lugar menos indicado para establecerse, pero el señor Bottari que había llegado varios años antes les informó que esto raramente ocurría y por lo tanto decidieron quedarse...

A principios del año 1929 establecieron entre los tres la primera fábrica manufacturera en la historia de San Sebastián. Debido a la gran demanda que existía en los Estados Unidos por los productos que producía la fábrica y por la gran abundancia de la materia prima en la zona, decidieron establecer dos turnos de trabajo de ocho horas cada uno. En cada turno trabajaban de entre 50 a 80 personas. La mayor parte e de los empleados eran de Piedras Blancas y de la Barriada Pueblo Nuevo... A la china se le extraía el aceite de la cáscara, el que se exportaba a los Estados Unidos, al igual que la cáscara que también se exportaba en barriles de madera y agua de sal para conservarla. Del jugo de la china se preparaba un vino exquisito que era distribuido a través de toda la isla.

En el año de 1935, el señor Gambino decidió volver a Italia y le vendió su parte a Don Pietro. En 1936, también el señor Mángano decidió también vender su parte y se marchó a Brooklyn, New York, donde estableció un mercado de frutas. El señor Ferrante se quedo solo como único propietario».

Su hijo Federico cuenta además sobre el carácter, amistades y otras cualidades de su padre en San Sebastián. Dice, por ejemplo, «a mi padre nunca le entusiasmó la política ya que pensaba que él era un extranjero y no debía meterse en estos asuntos que, según él, era de la incumbencia de los puertorriqueños».

Con una dama pepiniana, Luisa Alers, tuvo un hijo que murió como soldado en la Guerra de Corea en 1953. El respeto y carño que **Don Pietro Ferrante** se ganó de los pepinbianos se ilustra bien con esta anécdota:

«En el año 1939 dio comienzo la Segunda Guerra Mundial en que Italia,

Japón y Alemania eran enemigos de los Estados Unidos; entonces, el Servicio Secreto de los EE.UU. ordenó el arresto de todos los ciudadanos pertenecientes a esos países que residían en Puerto Rico, incluyendo a mi padre que todavía para ese tiempo era ciudadano italiano. Apenas fue arrestado y transportado a San Juan, se reunieron un grupo de personalidades del Pepino, entre las cuales estaban el Alcalde para ese tiempo, Joaquín Oronoz Font, el señor José Padró Quiles, el señor Bernardino Méndez y el señor Luis Rodríguez Cabrero, entre otros. Se dirigieron ese mismo día a San Juan para intervenir en favor de mi padre. Luego de una reunión con las autoridades federales concluyeron que el grupo se haria responsable de su persona y fue liberado bajo esas condiciones, trayéndole de vuelta al Pepino. Tan pronto terminó la guerra, mi padre se hizo ciudadanos americano.

A su retiro, su familia le pedía que regresara a Italia a pasar los últimos años de su vida junto a ellos; pero él decidió pasar los últimos días en el Pepino donde la gente tanto lo apreciaba. Recuerdo que me decía que al fallecer quería que sus restos descansaran en el pueblo donde pasó los mejores años de su vida y así mismo se le respetaron sus deseos».

[6] Para el exitoso *amañamiento,* a fin de entrenarse en la sabiduría que lo amaña, se aprende a jugar con el advenimiento. Según Heidegger, «*Ereignis* es al mismo tiempo un *Ent-eignis*. El advenimiento, adviniendo y para poder advenir, se sustrae». Vivir sabiamente es advenir y sustraerse. El terreno de la sustracción es la ética, el habitar del hombre en medio del ente en su conjunto, en cada época histórica, en cierta disposición afectiva fundamental y. en particular, la que se corresponde con su Espacio Empático. «*El advenimiento de la disposición afectiva fundamental propia del nuevo Ethos proviene del destino del ser y no puede ser forzado por el hombre*». Cf. **Teoría humanista de Rogers,** en: **El Rincón del Vago**:

http://html.rincondelvago.com/teoria-humanista-de-rogers.html

[7] Juan Carlos Tealdi, Director, **Diccionario Latinoamericano de Bioética** (UNESCO y Universidad Nacional de Colombia, 2008), cita de Mónica Cragnolini (Argentina) y de Javier Luna Orozco (Bolivia) sobre el concepto de consentimiento comunitario. «*La realidad ampliamente diversa de los grupos que conforman lassociedades humanas, de acuerdo con características genéticas propias de su raza, idiosincrasia,cultura, religión, lengua y medio geográfico en el que habitan es, de por sí, un tema que debería llevar a un análisis mucho más profundo de las nociones de consentimiento que han venido aplicándose en la práctica médico-asistencial y en la investigación. Aceptar únicamente la definición médico-legal de consentimiento informado (...) es una definición limitada que no da lugar a considerar esa diversidad*» (p. 223).

«*De Lévinas en adelante se observa «una urgencia para pensar la alteridad de una manera más radical».* «*En esta línea de pensamiento, en la que el otro es extranjero, es necesario pensar conceptos como hospitalidad,amistad y comunidad, algunos de los modos actuales de mentar la alteridad. Hospitalidad es un término que remite a Lévinas, y ha sido retomado por Jacques Derrida... En Lévinas el rostro es la huella del otro, que inhabilita la posibilidad de ser pensado en relación con un yo (sea por identificación, homologación o apropiación»* (ps, 22-25). Ver pdf. en:

http://www.unesco.org.uy/shs/fileadmin/templates/shs/archivos/DicoParte l.pdf

[8] López Dzur, **Nico Chavito,** en el libro en preparación **El pueblo en sombras.** Cf. leer versión en la red en:

http://carloslopezdzur-carlos.blogspot.com/2008/09/nico-chavito.html

[9] *Carta personal del Joaquín Torres Feliciano.* **Archivo** 2013

[10] Martin Heidegger acuña el término *"ética originaria"* en la **Carta sobre el humanismo,** pero se niega a dar pautas morales o de conducta al *«negarse a escribir una ética»* o plantear la adquisicón de una formación en términos del *amañamiento* y la estancia. Asimismo, explica que, por acto formador, «se debe pensar la esencia del lenguaje a partir de la *correspondencia (Entsprechung)* con el ser, concretamente como tal correspondencia misma, esto es, como *morada* (Behausung) del *ser humano",* con la consecuencia de que, en todos lo casos, «ya se trate del propio *Dasein,* del mundo, del ser, de la palabra o de la técnica, es el paradigma sujeto-objeto el que debe ser superado. La superación del humanismo es simétrica a la superación de la metafísica: el hombre no es un sujeto, ni el ser un simple objeto». Vid; Luis César Santistéban Baca, **La ética del 'otro comienzo' de Martin Heidegger** en: **Diánoia,** vol. XLIX, no. 53 (noviembre 2004), ps. 71-92.

Heidegger declara que el advenimiento de la disposición afectiva fundamental propia del nuevo Ethos proviene del destino del ser y no puede ser forzado por el hombre. El tránsito hacia ese nuevo *Ethos,* u *Otro Comienzo,* es asimilado a la *torsión* o *superación* (Verwindung) de la metafísica, como un mero dejar atrás el estado de cosas que ésta representa.

[11] Torres Feliciano, ibid.

[12] «En su última etapa, Carl R. Rogers enfatiza la relación terapéutica como el único motor de mejoría del cliente. Esta relación debe tener tres características básicas: la autenticidad (o congruencia, el terapeuta debe ser

sincero, sus no-juicios no deben ser fingidos sino auténticamente sentidos, no debe temer expresar sus propios sentimientos, sus propias debilidades; si no es así la terapia acabará fracasando), la consideración positiva incondicional y la comprensión empática… Desde estas posiciones se entiende que la conducta es indeterminada, ya que, por uno de sus axiomas centrales, la persona es libre.». Cf. *Teoría humanista de Rogers,* loc. cit.

[13] Torres Feliciano, op. cit.. En torno al personaje de *Carlos El Soco* revise el cuento, integrado a *El pueblo en sombras,* en: http://carloslopezdzur-carlos.blogspot.com/2008/09/la-casa-embrujada.html

[14] En torno al concepto de la ética originaria, v, cf. del Prof. Jorge Acevedo Guerra, «*Ética originaria; Heidegger y la psiquiatría*» (*Revista Observaciones Filosóficas,* Universidad de Chile, ver en:

http://www.observacionesfilosoficas.net/eticaoriginaria.html

En su artículo se define «*El sentido fundamental de êthos no es, como se indica usualmente, 'carácter propio' o 'modo propio' sino estáncia, morada (Aufenhalt), lugar del habitar,,, ética"* entendida como modo de pensar (que) tendría que apuntar en la dirección de un meditar la estancia del hombre, el lugar donde habita o mora… El hombre habita en la verdad del ser *(Wahrheit des Seins),* su elemento originario. Tal verdad del ser fue denominada sentido del ser (Sinn vom Sein)». En *Ser y Tiempo* (1927), para referirse a lo mismo, se hablará del lugar *(tópos)* localización del ser *(Erörterung des Seins).*

«*Lo que Heidegger denomina* ética originaria *(ursprüngliche Ethik) no es pues tanto un conjunto de normas o indicaciones para el buen vivir, sino la estancia». Para fines de nuestro estudio sobre el folclor, la ética al espacio de empatía induce, a lo que Gustavo Cataldo Sanguinetti, llamara* «el habitar poético». *Y es principio que,* «sólo hay mundo donde hay lenguaje». Y este lenguaje está ricamente amañado en mundo: « Todo lenguaje poético, tanto en este sentido amplio como en el más estricto de lo poético, es en el fondo un pensar. La esencia poética del pensar guarda el reino de la verdad del ser… Poetizar es propiamente dejar habitar. Poetizar, como dejar habitar, es un construir». Vea: *El habitar poético: La crítica de Heidegger a los humanismos históricos* (Universidad Andrés Bello. Santiago de Chile), en: **THÉMATA**. Revista de Filosofía. Núm. 39, 2007, ps. 217-222.

El amañamiento positivo se presenta con el fenómeno del *Mitsein* o coestar. Es por lo que, aunque en desventaja educativo, el hombre o mujer pintoresca, busca empatía, caer bien a la comunidad. No quieren ser asociales y las artes ayudan, aunque pueden convertirse en instrumentos de información manipulados y manipuladores. «*A través de la distorsión perceptiva, discutida por Singer, se incide en una torsión de la ética que se retrotrae a la dimensión originaria del Ethos con la intención de superar su olvido».*

[15] Torres Feliciano, loc. cit. Ver además el cuento *«Marco el Loco»,* incluido en: Carlos López Dzur, *El corazón del monstruo* (Outskirt Press, Denver, Colorado, 2001), ps. y en la red, en:

http://carloslopezdzur-carlos.blogspot.com/2009/08/marco-el-loco.html

[16] Torres Feliciano, ibid.

[17] Ver en la red *Los tipos folclóricos de Pepino,* el cuento *«La mosca muerta y el barbero»* que formará parte del libro *El pueblo en sombras* en:

http://www.reocities.com/baudelaire1998/moscamuerta.html

[18] Manuel A. Román, en: *Siglo XXI,* Sobre *Martin Pérez Molina.*

JOSE DE DIEGO Y VICTOR PRIMO

Este poema no es sólo sobre la ojeriza mutua que se tenían el poeta aguadillano José de Diego, presidente de la Cámara de Delegados en 1910, y el político y abogado pepiniano.

Es una anécdota histórica que pinta en la vida de Victor P. Martínez González los detalles de su carácter pintoresco

Repasa los temas del tiempo que antes consideraran y acontecieron en Puerto Rico: la *Crisis del Presupuesto* de 1910 y las opiniones que tenía Martínez sobre Luis Muñoz Rivera (ese mismo año, Comisionado Residente en Washington), el Dr. Jorge Celso Barbosa, padre del anexionismo y fundador del Partido Republicano. De Diego y Martínez coincidían en su menosprecio político por Barbosa, aunque este Partido recibía el apoyo de los Gobernadores y de las clases ricas y profesionales, en aquella época de miseria. Martínez se gozaba en poner los dedos en las llagas de los autonomistas, anexionista y los diferendos en el seno del Partido de La Unión, donde De Diego representaba el ala independentista, crítica de las ambivalencias de Muñoz Rivera.

La amistad entre De Diego y Martínez terminó tras la presunta escritura por Martínez de unas coplillas libelosas que, por poco, le cuestan el desaforo de los tribunales. En el poema hay una referencia al Partido Federal que, inicialmente, tuvo en su programa la incorporación a los EE.UU. (la estadidad) y a cómo los EE.UU., desde antes de la presidencia de William McKinley, asesinado por un anarquista, le obsedía la idea de comprar a Cuba y Puerto Rico como si fueran fincas cañeras.

Sobre las coplas libelosas y un anónimo cursado, Torres Feliciano elabora:

Según Juan Avilés, [1] en uno de sus viajes desde Nueva York al Pepino, don Primo le contó de cuando su escribano – un tal José

Dieppa, que había llegado desde Ponce— sonsacado por sus enemigos en bebelatas le alteraba uno y otro documento para favorecer no sólo a los que se quedaron con sus tierras, sino a los que gozaban ridiculizándole frente a jueces y otros colegas en las cortes. Para después endilgarle el mote de picapleitos en el empeño de devaluarlo profesionalmente.

Dieppa mismo —según otros relatos de don Fran Cabán— testificó en su contra, en conexión con un anónimo   escrito   por   otro abogado natural de Aguadilla. En esa ocasión el escrito fue mecanografiado en un papel procedente de un paquete que había sido perforado por la polilla. [...] Días antes de que las autoridades allanaran su consultorio, ubicadoen su misma residencia (la casona derribada no hace mucho donde construyeron la iglesia presbiteriana), instruido por los planificadores de la infamia,
Dieppa colocó medio bloque del mismo papel apolillado en una de las gavetas que apenas don Primo abría. [...] Las autoridades llegaron y dirigiéndose al lugar exacto, extrajeron el medio bloque de papel de la gaveta en cuestión, y procedieron a montarle el del anónimo para así verificar la exactitud del agujero de la polilla, comprobando sin dudas que el infamante libelo procedía de aquella casa y por ende, «de la autoría» de don Primo. [...] Le procesaron y con el calculado testimonio de Dieppa, fue declarado culpable y multado. Ciertas consideraciones y una que otra intervención de colegas de San Juan evitó el desaforo. Pero los malditos se mofaron de él hasta la saciedad y de ahí en adelante, su suerte estuvo echada. Y fue grave porque no tuvo la solidaridad del justo para reivindicarlo. [loc. cit.] [2]

Otro contenido de lo que sería el proyecto humano de don Víctor Primo fue emocional y antecede a la ruina económica, cuando «a lo último ni las moscas se paraban en su oficina. [...] ... si fue cierto que murió fracasado económicamente, la intros-pección de los últimos años de su vida le aseguró —como si la propia consciencia de Aristóteles le hubiese hablado— que en su transformación, su destino de ser ignorado, desestimado y escarnecido, se cumplió; la misión de ser comprendido y reivindicado por la Historia que casi un siglo después ha señalado apócrifos a los ilustres desvergonzados de su época, también hubo *de cumplirse»* (Torres Feliciano. loc. cit.).

De esta dimensión humana e íntima, trata otro poema contenido en **Épica,** con el título **Tu corazón generoso, don Primo.**

Yo le vengo a preguntar,
delante de su hijo, Don Primo,
abogado, por qué aún se dice aquí,
en pueblo y campo, que usted es malo,
si usted mandó por madera de su fundo
y junto a Rabell Rivas el Pueblo reconstruye,
usted regala materiales, sí,
y nosotros regalamos el trabajo.

Usted, pues, no es tan malo como dicen
y si vamos a ver, vamos parejos...
¡Queremos al mismo Pueblo
y lo soñamos otra vez como era antes
o aún mejor, larga su calle y parques
y jardines y hospitales y su iglesia
y su plaza con glorieta
y un casino; pero sin Casa del Rey
ni Ayuntamiento ni Corte!

[Del libro *Épica de San Sebastián del Pepino,* ed. cit., p. 100]

El texto nos remonta a los días llamado el Fuego de Castañer que prácticamente destruyó el poblado urbano; testimonio ofrecido en 1977 por Pablo Arvelo Latorre (n. 1883), hijo del hacendado Juan Francisco Arvelo del barrio Pozas, de San Sebastián del Pepino... También el poema se contextualiza lo que fue el aporte de la familia Martínez ante otras desgracias pueblerinas:

En 1906 un fuego arrasó más de 70 casas en la manzana del pueblo y como consecuencia, para detener las llamas precisó el desmantelamiento de otras 60 chozas ubicadas en el Guayabal. [...} Don Primo organizó un grupo de ciudadanos que se dieron la tarea de reconstruir muchas de las chozas de los pobres con maderas y otros materiales de las fincas de su padre, y claro, suyas por herencia. Lo mismo había hecho años antes durante la devastación del ciclón San Ciriaco —como me contaba en su ventorrillo allá en Tablastillas, don Fran Cabán, hijo de don Juan Tomás Cabán, alegado cerebro de Las Partidas Sediciosas. [...] También había ganado simpatías por haber sido el donante del nicho y las imágenes que junto a la de San Sebastián Mártir han permanecido hasta el momento en el Altar Mayor de la iglesia católica, aquí en el Pepino. Gestión esta, realizada en España poco antes de su regreso a nuestro pueblo. [Torres Feliciano, loc. cit.]

El lado más emocional del arquetipo del *Bufón o el Incomprendido* en la Psicología de los Arquetipos «*representa el pasado, las cargas, los obstáculos, lo vivido, las personas que ya conoce, las personas menos evolucionadas que él, la parte del camino que ya ha transitado*», [3] «*las claques ultra hostiles, envidiosas y vengativas que dentro y fuera de nuestro pueblo pensaron hacer de él un árbol caído, en más de una ocasión*». [4]

A éstas, una vez conocidas con sus defectos y traiciones, son a las que se refiere Don Primo, al lamentar, sentándose se espaldas a la ventana, con la afirmación:

> *este pueblo me ha dado la espalda*
> *y ahora soy yo quien se la doy a él...*

Una aproximación a este lado dolido de la personalidad de Martínez González lo trato en un cuento titulado La bacinilla de porcelana. Más que una voluntad de resignación o incapacidad para la integración, en una personalidad como la suya, sus actitudes ahora constituyen un «ver el entorno de una manera diferente», tal vez sin mirar directamente para no acusar airadamente, pero con mente abierta, con «*tenacidad socrática*» y «*minuciosa introspección*»

En las interpretaciones tradicionales del Loco / Tonto / o *Bufón del Tarot*, se refiere esta al parecer «*negatividad*» *irreverente como* «*una facilidad para inventar historias o cuentos (sin referirse a la mentira), habilidad creativa*» (Fontana, loc. cit). Esto sobreabunda en los hombres felices cuando han cumplido su misión y es su verdadera *catarsis*.

Notas bibliográficas

[1] Juan Avilés Medina (1904-2004), poeta pepiniano, citado por Joaquín Torres, loc. cit. Avilés falleció en Nueva York y quiso ser enterrado en su pueblo natal de Calabazas. Por gestiones suyas, los restos de la poeta Jula de Burgos fueron trasladados de Nueva York a Puerto Rico. Como poeta, Avilés Medina es uno de los más populares y aclamados por su pueblo, siendo también el autor de la letra del himno de la municipalidad de San Sebastián [Rubén Arcelay Medina, **Diccionario biográfico pepiniano** (Aguada, 2000), ps. 9-10.

[2] López Dzur, poema **Don Victor Primo medita sobre Pepe**, incluído en **Épica de San Sebastián del Pepino** (Kool-Tour-Activa Editores, San Juan, 2013), ps. 101-108. Sobre esta años de actividad como abogado y político, Torres Feliciano explica: «*Estábamos más o menos entre 1908 y 1910, Y ya don Primo había sido autor de reglas de aplicación de penas en la Isla, y de artículos sobre los derechos de los hijos naturales; así como otros sobre los méritos y deméritos de la legislación hipotecaria, publicados en la revista Legislación y jurisprudencia del Tribunal Supremo de Puerto Rico. [...} Conocía de códigos jurídicos internacionales, de idiomas como italiano, francés, inglés y latín. Desde que tuvo entendimiento adquirió los hábitos de leer, escribir, y enfrascarse en disputas sobre lo aprendido, muchas veces con su padre que era Notario Público, y que le instaba a los estudios de Derecho mientras él prefería la Medicina*». Torres Feliciano, loc. cit.

[3] Fontana, loc. cit. y N.S. Gill, **Myth vs. Science and Religion**

[4] Ibid.

LA MIGRACION Y LOS PERSONAJES PINTORESCOS DE PEPINO

1. A MI ALDEA / HIMNO DE SAN SEBASTIAN / JUAN AVILES MEDINA

Puerto Rico ha representado el caso de la colonia más antigua del Hemisferio y tal vez del mundo. Derrotada España en la Guerra Hispanoamericana del 1898, la misma crisis de dirigencia política en el contexto colonial, la miseria crónica al comienzo del siglo que se extiende a los hitos de *La Mogolla* y del *Lamento Borincano* del jibarito Rafael contribuyó a que se abriera una válvula de escape, o proceso económico y migratorio en que se sobrevive, *«aunque sea en el corazón del monstruo»,* Este proceso es importante para identificar y describir la conducta de algunos de nuestros *Tipos de Pueblo.*

Después de la invasión, muchos boricuas han tenido que mudarse de espacio, abandonar la isla. Algunos reclutados para el corte de cana en Hawaii, o el servicio en guerras extranjeras. Viéndolo en perspectiva, la reacción migratoria del puerto-rriqueño se incluye en el movimiento diaspórico hacia Nueva York y que se designa Pioneer Migration (1900–1945). [*La Emigración Puertorriqueña,* en: **La Gran Enciclopedia Ilustrada,** Fundación Educativa Héctor A. García, 2009].

Un segundo brote migratorio se observará durante los años 1946–1964. Durante la llamada *Gran Migración,* 35, 000 boricuas por año imitaron el peregrinaje del que diera ejemplo la Migración Pionera del 1900, aunque con su cifra modesta de 2,000 emigrantes por mes.

En los EE.UU., el inmigrante borincano es uno de los pioneros en establecer asentamientos y forjar lo que hoy se llama el '*bloque hispano*', o latino, compuesto las más diversas olas migratorias (cubanos, dominicanos, haitianos, mexicanos y centroamericanos). El director de la *Hispanic Society of America*, de Nueva York, Theodore S. Beardsley, ha dicho en su ensayo *The Hispanic Impact Upon the United States: The Immigrant Experience in America* [1], que, en menos de un siglo, los hispánicos superaron el arribo numérico de los primeros colonos británicos. Cada etnia extranjera pasa por el cedazo del rechazo y es pretexto para el estereotipo y el señalamiento de defectos, en que los prejuicios imperan.

Históricamente, el migrante que arribó desde su Inglaterra o cualquier otro punto de Europa), se explaya con crítica siempre controversial en torno al *Otro* / inmigrante, sea o no blanco / que es el depredador y hasta cierto punto deseable. Se excluye de la conducta, a pesar de las salvajadas que cometió con el indígena nativo americano. El hizo nuestro territorio su botín de guerra en 1898 y el puertorriqueño ha sabido, como el mismo Agüeybaná el Viejo supo ante España, que el desenmascaramiento del *Anfitrión Perverso* es prioritario, que en Norteamérica no será bienvenido. El boricua sabe que el, pese a migrar al Norte, allí no tiene un anfitrión bueno y, más bien, está rodeado de alimañas.

La primera etapa de cualquier diáspora migratoria es creerse bienvenido, pero no lo es ni legal ni clandestinamente. Al migrante le toca descubrirlo. Es la razón por la que explico que el inmigrante siempre es indeseado, visto como un transgresor nato, por una clique de anfitriones con dobles estándares para juzgarlo. Buen inmigrante el que se deje explotar pasivamente y se pueda arrinconar en los espacios en que se le define útil y necesario por el otro / contratante o beneficiado.

Ser inmigrante incluye una cualidad de sospechoso y objetado que solo el tiempo / la asimilación y otros procesos de adaptación / quitan. Ninguna puerta se le abrirá si él no la empuja en la calidad del transgresor obstinado que sabe negociar su presencia. La integración social y cultural no será fácil, Sin embargo, el inmigrante trae su propio *Relato Redentor*.

Claudio Iván Remeseira, director del *Proyecto Nueva York*

Hispánico del *Programa de Estudios Americanos* de la Columbia University, explica:

«*Hace más de dos siglos preocupaba que muchos inmigrantes alemanes abrumaran la cultura predominantemente británica de Estados Unidos. A mediados del siglo XIX los inmigrantes irlandeses eran despreciados como borrachos y perezosos, sin mencionar a otros grupos católicos. A principios del siglo XX se creía que una ola de nuevos inmigrantes, polacos, italianos, rusos judíos, eran muy diferentes como para alguna vez ser asimilados en la vida norteamericana. Hoy en día, los mismos temores son esgrimidos contra los inmigrantes de Latinoamérica, Centro América, Caribe y Asia, pero los actuales críticos están equivocados, tal y como lo estuvieron sus contrapartes en épocas anteriores*». [2]

Con los grupos puertorriqueños, puede decirse hasta cierto punto, que jamás ha sido la queja de que lleguen clandestinamente a tierras estadounidenses. A partir de 1917, son cuidadanos estadounidenses, cuyos primeros puntos de ingreso a la nación fueron Spanish Harlem, sur del Bronx y Brooklyn. Se ha determinado que, desde 1917 hasta 1970, la Nueva York legaron cerca de 1,500,000 boricuas. El total de puertorriqueños en la nación se eleva a poco mas de 4,000,000 para el año 2000 y 700,000 residentes boricuas en la Florida (Remeseira, loc. cit.).

Los números crecen, nunca disminuyen y las razones de la emigración al Norte son las mismas que en el 1900. En su estudio *From Colonia to Community. The History of Puerto Ricans in New York City,* la socióloga Virginia Sánchez Korrol, puntualiza los factores que empujan al puertorriqueño a emigrar:

(1) búsqueda de oportunidades económicas

(2) niveles de desempleo alarmantemente elevado en su isla

(3) los bajos sueldos que devengan los obreros no diestros o no profesionales.

Pero del puertorriqueño hay que decir que su *Relato Redentor* es intenso. Convendría que lo definiese aquí. El *relato redentor* es una proclividad a la resistencia auto-afirmativa; una capacidad de mostrar que no se renuncia a lo que se es por más prédica del

Anfitrión Benévolo que le da bienvenida, aunque su disfraz y presencialidad real es la del Anfitrión corruptor que no desea la aculturación, la transculturación, sino la asimilación o cualquiera sean sus teorías de *Melting Soap* o integración incondicional o total.

En este proceso del *Relato Redentor,* según los sicólogos argumentan, *«los recuerdos suelen seguir el patrón»* y aún los elementos negativos de *«un estado no deseado (de dolor, pérdida o exclusión)»* se filtran hacia *«un estado positivo (de aceptación, euforia o triunfo)».* [3]

Hay un bello poema de Juan Avilés Medina (1904- 1994), fallecido en Nueva York, donde fue inmigrante desde 1926, hasta su muerte, ilustra este carácter de resistencia y el el esfuerzo de forjar una suerte de ideología crítica-existencial que haga posible una identidad esencial, mediante el soluto o un el modo del habérselas que es exploración del lenguaje y el paisaje y con relaciones de destino a destino.

Su pepinianidad se fortalecera aun después de salir de la aldea. A ella le dedicara sus triunfos. A el se le encomendó la letra del *Himno de San Sebastian,* compuesto por Guillermo Figueroa.

El poema en cuestión se titula **A mi aldea,** referencia a su pueblo natal de San Sebastián del Pepino. El poema data de 1924 y me sorprende gratamente porque refleja que el sentimiento de identificación con la autoctonía, alimentado por *«la función restauradora de la nostalgia».*

El texto es anterior a su larga vida como inmigrante en los EE.UU.. y, como pepiniano, hay que saludar en su persona un afirmador de lo propio, el español, los derechos civiles y el temple creador.

Al parecer, la esencia de este poema se clava ensu estructura inherente de *Relato Redentor* y desafía las viejas nociones de que, como se creyó en otros siglos, la nostalgia es un sentimiento debilitador. Hoy se entiende, por el contrario, que es un mecanismo de recuperación, que alivia la exclusión social.

Definamos el marco histórico de la tierra de la que provine. En este enfoque oral-heideggeriano-general sobre la historia de

Pepino y el establecimiento de un concepto de «yoidad fáctica», existe lo que hemos llamado *pepinianidad*. Enfatizamos la necesidad de entender los mosaicos regionales internos del país, es decir, las diferencia étnicas y las demandas particulares de su base regional, antes darnos conclusivamente a dar respuestas a las actitudes de «*sujetos absolutos*» como son los representantes del Estado, los caudillos, el Partido, la Igesia y aún los oprimidos, que son las voces teóricas que se proclaman capaces de legislar sobre los asuntos tan diversos de moral, justicia social y universalización de derechos o ideologías sobre el Estado-nación, el progreso material-econónico y la identidad cultural-espiritual.

A MI ALDEA

Yo soy el hijo tuyo
Que vivió cuando niño en tus montañas
El que alegre corría por tus montes
Celebrando la aurora de su infancia.
El que tenía sueños imposibles
Cuando alegre jugando en tus montañas
Más allá de la infancia percibía
Noches de hondo luchar, noches amargas,
Momentos de combate
En que el esfuerzo y el honor triunfaran.

Yo he sido combatiente
Y he mirado la luz que nos engaña
De un efímero triunfo
Que casi apenas al nacer se apaga.

He sentido el dolor de la existencia.
Que me ha parecido amarga
Esa lucha fatal en que se agitan
En ruda convulsión todas las razas
Y he visto la verdad de lo que un día

Escribía un poeta de mi patria,
Que si en la lucha entramos inexpertos
«Subimos hoy para caer mañana»,
pero yo tengo un corazón valiente
que va impulsando al triunfo mi esperanza.

Me agito en el deber
Sin temer al dolor y a la desgracia,
Porque sé que es cobarde quien se rinde
Y no puede triunfar quien se acobarda.

Yo tengo sed de triunfo
Porque quiero volver a las montañas
Donde pasé mis alegrías de niño,
Mi inolvidable infancia,
Jugando alegremente
al lado de mi madre y mis hermanas.

Noble aldea, yo soy el hijo tuyo,
Que del regazo de tu amor se marcha
Dejando al fin tus ríos,
Tus valles, tus montañas,
Porque sueño gloriosos horizontes,
Porque alienta mi amor una esperanza,
Porque tengo sed que ha de calmarse
En las fuentes de ciencia de las aulas.

Yo soy el hijo tuyo
Que lleva al ausentarse,
la esperanza
De volver al hogar donde me esperan
Los más caros afectos de mi alma.
Yo soy tu hijo que si triunfa un día,
Retornará de nuevo a tus montañas,
Porque mi vida se enlazó a tu vida,
En un beso de amor de nuestras almas...

[Juan Avilés Medina, **A mi aldea,**
 incluido en **Boceto histórico del Pepino,**
 ed. 2004, ps. 117-118.] [4]

Durante los siglos XVIII y XIX, la nostalgia era considerada una enfermedad. El término se usó para definir el estado de añoranza que sufrían los mercenarios suizos repartidos por las cortes europeas. Ya en el siglo XX, los médicos la catalogaron de desorden psiquiátrico que, mediada la centuria, rebajaron a la categoría de depresión. Sin embargo, expertos de cuatro universidades de EEUU, Reino Unido y China han realizado varios estudios (publicados por la Asociación de Psicología del Reino Unido) para demostrar que la añoranza hace más bien que mal [Miguel Ángel Criado, loc. cit.].

Este poeta de **La Aldea** es uno de los pepinianos más respetados en el exterior, aunque Puerto Rico le ha brindado menos atención que la que merece. Esto sucede con casi todos los autores que residen en el exterior, en EE.UU., principalmente, si escriben en español, el idioma del subordinado. La solidaridad comienza en las ciudades, donde va y desde donde expresan la nostalgia y estímulos de sus vidas. Debido a ese relato redentor, la esencia se libera.

Somos de los llanos, somos de la sierra.
Somos de los valles, somos de la tierra que lleva
muy hondo clavada en su entraña la feliz historia
del Río Culebrinas, las nobles leyendas de hazañas taínas
y la historia escrita con sangre de España.
Tenemos orgullo, forjamos cultura.
Labramos rencores, sentimos bravura.
Guardamos amores en el corazón.
Pero en un instante, cultura y rencores,
bravura y ternura, orgullo y amores,
se postran de hinojos a nuestro Patrón.

[Juan Avilés Medina, **Frag. «Himno de San Sebastián»**] [5]

Este pepiniano, templado afectivamente por el paisaje, no es sólo un sujeto insertado en un cerco objetivista o sustancialista de la metafísica. Ni tampoco entrampado en una idea, en cuanto concepto. *«Para saber quién es hay que ponerlo a la luz de esta referencia constitutiva a lo que no es él, a lo que en su desbordamiento y exceso permanente le fuerza a ser el expuesto, o el arrojado (geworfen) en su arrojo a un poder imponente y super-potente (Überwältigendes), que no puede domeñar».* [6]

DE PEPINIANOS AUSENTES: Desde el decenio de 1940, se puede hablar de un grupo numeroso de pepinanos ausetes, qie son ;a secuela de una intensificada emigración a los Estados Unidos. Abundan quienes, desde nuestra municipalidad, forjan como su destino Perth Amboy New Jersey. ¿Cómo no ha de surgir una *Asociacón de Pepinianos Ausentes* si, en el 1953 y 1958, había entre 3,000 y 5,000 pepianos en la Ciudad y el númerp crecía antes que disminuir? Crecía para la Navidad y la temporada de Fiestas del Patrón el deseo de hacer visitas al Pepino de la Ausencia… Se decía pues que «Perth Amboy es el barrio más distante y poblado de San Sebastián de las Vegas del Pwpino» (Arceley Medina). A Perth Amboy compitieron otras ciudades como Chicago y el Bronx (New York) como se de muchos de nuestros migrantes.

Entre inmigrantes connotados, asentados en Perth Amboy, son mencionables, Agustin Cubano, Juan Roure Marrero, Santos Torres, Mathías Hariberto Rodríguez, y Pedro Jiménez. **Desde Chicago destacan compueblanos como Julio Cardona Jiménez, Jim Pérez, Luis A. Sosa y Luis Gutiérez. Este último un maestro de escuelas y trahajador social, salido de las campiñas nativas, que osó postularse una vez que emigró a Chicago por el Distrito #26 al Congreso de los EE.UU. y desde 1991 fue electo y se reelige hasta hoy.** Son muchos los universitarios que se forman en los EE.UU. y terminan quedándose, aunque jamás olviden raíces o sólo regresen con la vejez. O la fuerte dosis de la nostalgia.

En este estudio se honra la idea de que todo pepiniano tiene un pedacito privado —y público— de la historia de su pueblo, es decir, de lo sido en esta geografía y sociedad —como posibilidad existentiva— en que se precisa el destino propio, el destino en común y la historia del mundo. No varía el hecho porque se hayan mudado a otra geografía distante. De modo que cada uno de ellos, en cuanto compueblanos, son parte de la historia que nos interesa y del libro o los libros posibles que otros y, aún escribiremos.

La historia total de San Sebastián de las Vegas del Pepino es tan monstruosamente gigantesca como pepinianos, o puertorriqueños de otras vecindades, haya disponibles para aportar su pedacito de relato, su pieza para el rompecabeza general y colectivo, el *Gran Relato,* con páginas de historicidad y destino en común, *Geschick.* En este momento hacemos el momento inclusivo de tomar notas en torno los más humildes.

CESAR TORRES, EL POETA Y EL REGRESO: César Gilberto Torres (1910-1994), nacido en el barrio Juncal, fue militante del *Partido Nacionalista de Puerto* Rico en el decenio de 1930 en su Pepino natal y en Nueva York, donde emigró y continuó su militancia. No pocas veces se le daba la referencia del tipo pueblerino esterotipado, como el Nacionalista, con la misma estatura con que se podría mencionar a Paulino Orta, el arquetípico pipiolo, o un Hermes Acevedo. César fue preso por sus actividades, se negó a participar como recluta en la Segunda Guerra Mundial. Con Avilés Medina comparte el mérito de haber sido co-fundador del *Círculo de Poetas Iberoamericano de Nueva York*. Publicó uno cinco libros de poemas, entre ellos, *Abanico de Fuego* y *Resolana* / antología recoge sus mejores textos y publicar desde el decenio del '30 lo hizo admirado en el Pepino.

De los pepinianos ausentes yo lo hice mi preferido. Le escribía desde adolescente a los presidios en que estuvo. Fue mi primer Oscar López Rivera. Yo escuchaba a mi padre, siendo yo niño, en su lectura declamativa de *Jíbara santa* y *La Jíbara del Gandubán,* que son textos que el historiador de literatura puertorriqueña tildara de piezas destacadas del neocriollismo. Así como me tentara escribir mis primeros ensayos de apreciación literaria sobre él, [7] a su persona dediqué el siguiente poema / *A César Gilberto Torres* / de mi libro ***Épica de San Sebastián del Pepino.*** [8]

Cuando proyecto el reino de la libertad
con su *ashavá* de amor y bendiciones,
doy a mis obreros este mandamiento.
Confírmenlo en mi pacto.
tu labio, así como el prepucio de tu oído.

La primera piedra de la edificación
que sea tu humildad, combatiente.
Entonces, dame tu corazón circuncidado.
El humilde va donde le digo y se prueba.

A los humildes de mi promesa,
yo personalmente instruyo,
hago su vaso fino
porque su luz no verá desperdicio
y la historia dirá sobre ellos:
«Con libertad hicieron el Reino
de Maljut eterno
y no con instinto de manada,
o falso consenso».

Solitarios, mis circuncidados, marchan
en diáspora, paradójica separación
[yo los aparto para hacerlos puros,
incontaminados],
para que no comulguen
con los culebrones y los *culequeros,*
colonialistas que dicen:
La libertad es un espejismo;
la patria, una imposible utopía.

Esto es lo que existe: la cuculí
(la peseta) que con tahures se juega,
tentados el avaricioso y el hambriento...

Solitarios, César, en sospechoso menosprecio,
así nacen los que instruyen a otros
«Sé libre, pon tu viva libertad en la vasija».

Solitarios, César, han de ser, ausentes
de la algarara y aplauso,
en sesgos de punto ciego,
aparentemente inescuchados,
en muchas ocasiones, perseguidos.
Así es que instauro la valía, la belleza
que sobrecoge al temeroso.

Solitarios, César, sin nadie
que les ofrezca un voto o en público
su mano, su elogio, su amor...

II.

Oirás sobre huracanes de éter hiriendo en la miseria
y la PRERA avanzando en medio de la crisis
y de matanzas en Río Piedras y Ponce.
Al Apóstol, Albizu Campos, el más humilde
y leal de los obreros, lo condenarán.
Será en días del sufragio femenino
y ser nacionalista será el tabú de entonces:
el sello de mis solitarios. La herejía.

Pero yo sé cómo sufre
quien es procesado en *Shiflut...*
Les doy extraña voz de liderazgo
aunque estén en ausencias o en prisiones.

Contigo haré un poeta, César Gilberto.
Circuncidaré tu boca; hablarás
del fuego que yo ponga en tu vasija.
Consuela a la gente del Barrio.
Grita en Harlem, Brooklyn, el Bronx
que la aviación y la milicia del Imperio
bombardeó en Ponce y veinte muertos
dejó tirados en la calle

y más de cien heridos.

¿Que amas a Juncal? ¿Que el espíritu
en tu vida son flores de la patria,
aromas de sus limonales?

III.

Prepara tu maleta, obrero del Reino Libre.
Te vas a Harlem.
Te vas a donde yo te diga.
Hay que estar sin estar, sobrevolando
ante el nido, echar desde arriba
tu alimento en boca de quienes
son alas frágiles, apenas pajaritos.

A los libertadores, hacedores de pueblos,
les quito la ilusión de control para que no
los quebrante su ego y su percepción selectiva
sea lo primero que se sacrifique.

…porque van a hablar sobre la Libertad
y la Nación Deseada, de las Delicias posibles
de su Ciudad. Hablarán de alimento
para el alma de los desposesos.

Tú hablarás sobre la belleza
del *Nosotros, la Patria*. De tí no necesito
más: tu corazón humilde, tu cuerpo
hinchado en dolores, tu verso ígneo,
en abanico y resolana…

07-06-1996

Del libro **ÉPICA DE SAN SEBASTIAN DEL PEPINO**
[KoolTour Activa, Editor, San Juan, 2013], ps, 181-184

César G. Torres, el poeta nacionalista, ensoñador de los campos y jíbaros pepinianos. Desde 1972, trató de comunicar la vida en Nueva York, la soledad que allí viera, el deseo del regreso.

_____

Bibliografia y notas

[1] Theodore S. Beardsley, *The Hispanic Impact Upon the United States: The Immigrant Experience in America* [Boston: G.K. Hall, 1976. pp. 9-43].

[2] Ivan Claudio, *Remeseira: Hispanic New York, A Sourcebook* [Columbia University].

[3] Miguel Angel Criado, *La nostalgia: Arma contra la soledad y la exclusión social,* en:

[4] Su poesía se aferra al *criollismo* y al amor a la patria, aunque hay resabios románticos en el tratamiento de sus temas amorosos. Para este creador lírico pepiniano, *«todo poeta tiene algo nuevo que decir, algo que no sabíamos o no habíamos escuchado nunca»*... Muchos de los textos que publicara en revistas y diarios, tales como *Puerto Rico Ilustrado,* los desaparecidos diarios *El Imparcial* y *El Mundo,* han sido recopilados en sus libros *Cantos de la mañana,* 1936, *Los caminos sin sombras,* 1954, *Tercer paso hacia el tiempo,* 1971, *Antepenúltimo canto,* 1972, y *Hasta otro día,* 1993. Miembro honorario de la *Real Academia de la Lengua Española,* Avilés Medina ha defendido el uso más puro y ennoblecedor del idioma español frente al esnobismo del *slang* y el barbarismo anglicista. Con César G. Torres, uno de los fundadores del *«Círculo de Poetas y Escritores Iberoamericanos»,* con sede en Nueva York, Sirvió como miembro en la «Comisión de Derechos Civiles» de la Ciudad de Nueva York.

Cf. Carlos López Dzur, **Literatos, poetas y narradores profesionales destacados / De Trece Monografias** ver: *Mi pueblito en su épica histórica inicial* (1) en:

http://www.galeon.com/carlosdzur1998/aficiones2623428.htmltp://es.re ocities.com/baudelaire1998/literatos.html

y *El sentido de comunidad,* en:

http://www.galeon.com/carlosdzur1998/aficiones2624885.html

[5] Andrés Méndez Liciaga, *Boceto histórico del Pepino* [Ed. Ateneo, 2004] incluye el poema *La Aldea* y las primeras composiciones conocidas del entonces incipiente poeta; Rubén Arcelay Medina, *Diccionario biográfico pepiniano* (San Sebastián, 2000) incluye el *'Himno de San Sebastián',* encomendó en1986, p. 98. Arcelay nos presenta una nota que puntualiza la gran migración de pepinianos a Perth Amboy (New Jersey), mas que a ninguna otra ciudad, también pobladas de nuestra gente han sido Chicago y New York. En las tres se destaca la obra de dirigentes y compueblanos como son Pedro Jiménez, Agustín Cubano, Juan Roure Marrero, poeta, Santos Torres, Matías Heriberto Rodríguez, etc. De los destacados en Chicago se vale recordar a Julio Cardona Jiménez, Luis A Rosa, Luis Gutiérrez, el congresista, y el músico Jim Pérez., p. 90.

[6] *Las citas han sido tomadas de* **El ser y el tiempo** (Fondo de Cultura Económica, México, 1951), traducciones de este famoso libro de Martin Heidegger. En el texto *«Contribuciones a la Filosofía (Del acontecimiento). 1936-38»,* Heidegger se interesa en definir al hombre histórico occidental, analiza la crisis de los '30, el destino político alemán y los temples afectivos que inciden sobre las relaciones de *«destino a destino».* Admite la «necesidad de un pensamiento pensante» sobre la historicidad del destino nacional, ya que el destino mundial arriesga a convertir «a todos los hombres en apátridas». «Muy pronto la televisión, para ejercer su influencia soberana, recorrerá en todos los sentidos toda la maquinaria y todo el bullicio de las relaciones humanas». Este peligro está asociado a la técnica como *«forma de la verdad, que reposa en el olvido del Ser»* y está también asociado a las ideologías, que se niegan a pensar. *«Ninguna época ha sabido tantas y tan diversas cosas del hombre como la nuestra. Pero en verdad, nunca se ha sabido menos qué es el hombre».* Cuando al hombre piensa su destino, filosóficamente, como actor creador, se prepara para disolver las ideologías.

El paisaje será su brecha al ser-ahí, el lugar abierto para que se solva y por donde irrumpa lo otro. Lo otro también será una conexión esencial con la pregunta de cómo le va con el ser. *«La pregunta por el hombre no es en modo alguno antropológica, sino histórico metafísica»* (**EM,** 107) [viii].

[7] Carlos López Dzur, *«César Torres: Un luchador y poeta de la libertad»* [**El Gorrión,** Año 3, Vol. 3, Núm. 83, 28 de agosto al 11 de noviembre al 13 de diciembre, 1975, ps. 12-13 y *«Los máximos poetas sebastianeños: Juan Avilés Medina y César Gilberto Torres»* [**El Gorrión,** Año 3, Vol. 3. Núm. 89, 29 de noviembre al 3 de diciembre de 1975, ps. 14-15.

[8] Ibid. *Épica de San Sebastián del Pepino* (ed. 2013), ps. Ver en: http://carloslpezdzurpuertorico.blogspot.com/2013/10/a-cesar-gilberto-torres-del-libro-epica.html

Ver además: Gladys Josefa Cruz, *«Se silenció el poeta César Gilberto Torres Rodríguez»,* **Programa de Fiestas Patronales** (Anuario, San Sebastián, 1995), ps. 39-40., Ramón Vargas Pérez, **Antología de poetas de San Sebastián (Pepinianos)** (España, 1977), ps, 13-14; *«César G. Torres; Poeta de la Naturaleza»* [**El Progreso,** 19 de mayo al 2 de junio de 1994), pág. 11

LA AVERSION Y LOS RETROGRADOS AMADOS

[Perico, Mantillita, Cheo Font, el Pie de la Espada]

Presentaré aquí a tres personajes que se relacionan al carácter y modo de su moral propia. Con *Don Perico* y su modo de articularse socialmente con un ave sobre el hombro, se discurre sobre el habla de la aversión y el lenguaje del silencio. Este sujeto pintoresco, de la comunidad navarrense en Pepino, si bien no es simpático con la gente del pueblo en que habita y se solve, se le entiende. A uno de sus primos hermanos (Pedro Jaunarena Azcue) se le dio arteramente un machetazo en el brazo [1] que influyó en que pusiera una barrera entre él y sus vecinos. Esa barrera fue su perico.

Del receloso y tímido Jaunarena Oharriz (alias Don Perico) pasaremos a otra barrera de la aversión. *Mantillita* es una bella mujer folclor, localmente folclorizada, como *beata.* La barrera de aversión que ella (Doña Josefina Yparraguirre) utiliza es la *mantilla* de las beatas y la utilizó mucho antes que el Padre Aponte [2] fuese el párroco local y lo demandara, aunque la costumbre había decaído Josefina, alias *Mantillita,* [3] fue fiel A su mantilla desde principios de siglo y hasta su muerte.

Antes de definir lo que es *aversión* como concepto político y siquiátrico y que se encarna con *Cheo Font, el Pie de la Espada* Blanca en San Sebastián, concretamente, reparo en la lectura de un artículo titulado **La ética originaria y la psiquiatría** [4] del profesor Jorge Acevedo Guerra y en el que se define: «El sentido fundamental de *êthos* no es, como se indica usualmente, 'carácter propio' o 'modo propio' sino estancia, morada *(Aufenhalt),* lugar del habitar... ética entendida como *modo de pensar* (que) tendría que apuntar en la dirección de un meditar la estancia del hombre, el lugar donde habita o mora»... El hombre habita en la verdad del ser *(Wahrheit des Seins),* su elemento originario.

Tal verdad del ser fue denominada sentido del ser *(Sinn vom Sein)».* En **Ser y Tiempo** (1927), para referirse a lo mismo, se hablará del lugar *(tópos)* localización del ser *(Erörterung des Seins).*

«Lo que Heidegger denomina ética originaria (ursprüngliche Ethik) no es pues tanto un conjunto de normas o indicaciones para el buen vivir, sino la estancia».

Para fines de nuestro estudio sobre el folclor, la ética al espacio de empatía induce, a lo que Gustavo Cataldo Sanguinetti, llamara *«el habitar poético».* Y es principio que, *«sólo hay mundo donde hay lenguaje».* Y este lenguaje está ricamente amañado en mundo: *«Todo lenguaje poético, tanto en este sentido amplio como en el más estricto de lo poético, es en el fondo un pensar. La esencia poética del pensar guarda el reino de la verdad del ser... Poetizar es propiamente dejar habitar. Poetizar, como dejar habitar, es un construir».* [5]

El *amañamiento positivo* se presenta con el fenómeno del *Mitsein* o *co-estar.* Es por lo que, aunque en desventaja educativo, el hombre o mujer pintoresca, busca empatía, caer bien a la comunidad. No quieren ser asociales y las artes ayudan, aunque pueden convertirse en instrumentos de información manipulados y manipuladores. *«A través de la distorsión perceptiva, discutida por Singer, se incide en una torsión de la ética que se retrotrae a la dimensión originaria del Ethos con la intención de superar su olvido».*

Desde el punto de vista del recelo y la enemistad política, con que agravado por el colonialismo, la invasión norteamericana, los revanchismos de las quemas de 1898, es difícil que se pueda hablar de convivencia y civismo en el Pueblo. El camino más fácil y de menor esfuerzo es ser tribal. En el Pepino de los albores de siglo hubo mucho resentimiento elitista. No se puede estudiar el folclor local y pueblerino sin comprender estos contextos de los modos de pensar y actuar, el carácter ideológico y epocal que los permea, la genealogía de los grupos que buscan un dominio de su sector sobre otros.

Antes de admitir un *co-estar,* juntos pero no revueltos, me gustaría dar referencia de la experiencia de *hallarse* / solverse / en la aldea, experiencia de *co-estar* / *Mitsein* / en Pepino y estilo de comunicación que **Jaunarena Oharriz** eligiera.

EL CO-ESTAR DE DON PERICO: Entre tipos pintorescos que Pepino diera, a principios de siglo XX, esta **DON PERICO.** Su historia me la conto muchas veces Pedro Tomás Labayen, con quien trabé amistad, porque donde hay gente de talento y sensible me pego. Don Pedro colaboraba en mi proyecto de historia oral con su conocimiento y entendía mi tarea de cronista: recopilar historia de fuentes vivas y la persona de *Don Perico* fue muy querida para él. Hasta lloraba al contarla y me conmovía. un familiar suyo. Pedro J. Jaunarena Oharriz, alias *Don Perico* dice así:

DON PERICO:

A Pedro J. Jaunarena Oharriz,
nacido en 1885, en Iturren, Navarra

A quien decían Don Perico fue un inmigrante español a Pepino, tío y padrino de Pedro Tomás Labayen. Fue el último dueño y administrador de *Laurnaga y Co.* En su tiempo, antes de su muerte, el tío navarrés y esposo de Quintina Ramírez, pepiniana, fue el contable.

El motivo para darle ese nombre fue que no separa de si al ave, al Perico, se entendían como dos humanos. Un reportero madrugador en la radio, cuando se funda la WFBA, quiso que Don Perico supiera que el pueblo lo quiere aunque prefiera hablar solo con el pájaro. El pueblo dio otro homenaje a Jaunarena Oharriz cuando empezó a llamarlo Don de Perico, como si una cotorra fuese siempre digan de ser copia del dueño, o un perico siempre una cotorra o perico que acompaña e identifica a quien le enseña groserías. No es el caso.

Para investigar las diferencias entre dos entes, Piri les pesquiso a ambos por separado. Descubrió que la cotorra o perico, *«lo que haya sido»,* sólo repite sonidos cuando escucha la radio. Sin embargo, Don Pedro / *el Perico* / cuando lo azuza la nostalgia de España, el dolor de Pedro Jaunarena, *el Manco,* esposo de Doña Cleofe, durante aquellos tiempos amargos de 1898 y la violencia campesina en el Pueblo, es cuando más habla, en voz alta y a solas. Don Perico, periquín a escucharle...

En realidad, Jaunarena Oharriz fue como todos los vascos y navarrenses en el pueblo de entonces: una comunidad cerrada, recelosa, unida entre ellos por los vínculos de familias, sus propias cofradías, sus silenciosos y ocultos hábitos, siempre elitistas y amigos de incongruencias para que resultara difícil el juicio que los objeta, porque, obviamente, no son como otros criollos. Estos evitaban los nexos con criollos y con el populacho.

Don Piri / alguna vez adopto el pretexto de ser como un PAJARITO INVESTIGADOR, no dudaba que Jaunarena adoraba su cotorra. Es más, pasea con ella. Mas cuando tiene la nostalgia de la idiosincracia apaga la radio. Demanda silencio de la cotorra. Y su Perico se calla porque se calla. En esas horas, dedica algunos pensamientos a los *viejos Laurnagas* que se regresaron a España; recuerda a los Echeandía Vélez (y los Medina) de Cidral, a los Micheo Irigoyen, Zarratea y Martiarena, la parentela del ex-Alcalde Manuel María Liciaga, que fue gente muy diferente a los emparentados con los Méndez y González.

Dado su antipatico y receloso ancestro, Don Perico, con la simpatía pública que pueda darle su cotorra, le basta. Utiliza utiliza el recurso de que esta en dialogo / o periquiando con su DON AVE, como el apoyo. Ahora de viejo se apoya por igual en el bastón de araguaney, color aceituna, pero siempre va metido en su propio fondo emocional, en la historia y al caminar tiene un aire cogmatista de Zenón, el Estoico. El no fue conversador.

Lo devora una timidez cautelosa y no se permite el pleno acercamiento a nadie; solo a su esposa. Pero, ahí está Don Perico. O más bien, una avecilla verdigrís *Myiopsitta monachus,* con su pico amarillo. Será de origen suramericano, del Uruguay tal vez, de donde le vino el bastón de color aceituna.

A veces al navarrés, el Pueblo de Pepino lo juzga. Mas

distonico o pintoresco de lo que es. El afán de poder y justificación religiosa de los controles nos hace camaleónicos, carnavaleros, mentirosos. Seres con una afectación neurológica difusa que asemeja el coraje que siente cuando cuando le hablan a su pájaro. Nadie le pregunta algo profundo, emocionalmente valido o histórico. Es un poco culpa suya para su cotorra como el no se muda del pasado.

El no puede ser así. No quiere estos juegos; prefiero ser Zenón el estoico y hablar poco con el populacho si ha de aportarle poco. No fingirá que es democrático si no lo es. *«El que quiera hable convenza a Don Perico de que no ha de ensenarle groserías»*, parece que dice.

06-04-2003 [6]

***

EL CO-ESTAR DE DONA JOSEFINA, MANTILLITA: Para recordar a Mantillita, aquí su historia:

> A Mantilla y a Ranero,
> ese par de serafines,
> le dirás que nuestros fines
> son de a Guijarro coger
> y arrimarle a Castañer
> junto con Víctor Martínez...

Copla guerillera de 1898 / de las **Partidas Sediciosas**

Ella fue un pozo de hermosura. A Pepino llegó huérfana, frágil, melindrosa. Quizás con la edad de diez o doce años. Y era una niña blanca, menuda, con sus cabellos negros. Un sorocho, o nuevo fruto, con promisorios primores y alegrías, según dijo Julián Caballero.

Don Miguel Yparraguirre se la sacó de su manga para adornar su conuco y quizás, al dar posada franca a la chiquilla, él lamería la poza y la discreta fortuna de su estirpe.

En los primeros días, se alojó en Juncal, en la haciendaLas Mantilla; pero se dijo allá, al considerarse con rigor su recibimiento, que habría en acecho, a causa de los papavientos conocidos y villanos hartos de ajo, sus peligros. Que los rivales de España dirían que ella es prole y descendencia de serafines y cachacos. Que podrían agredirla. ¡Asesinarla! Que indagarían sus raíces. Que buscarían zaherirla y difamarla. Que sabrían las peninsularidades de sus progenitores.

No se había olvidado aquello que cruzara los campos del Pepino como nubarrón enfurecido del caos: los comevacas y mambises, cuño anárquico del 1898. Ni la ira de Dios en los cielos se olvidaba. Y Juncal empobrecido y cada barrio en hambre y en tristeza. ¡No se olvidó!

Josefina García Mantilla para adular a su marido Miguel Yparraguirre dijo: —Tu sobrina es fina como una porcelana y mejor es que venga con nosotros y no viva aquí, Juncal violento, porque a estos campos ya los atacó San Ciríaco y otro agosto viene con sus aires, se contempla tan cercano… Y el dolor y la muerte, si bien cayeron en el pozo, aún no se olvidan y amenazan y no son secretos rigurosos como la envidia que quemara nuestros valles y colinas. Aún arden con odio las haciendas. El combustible es rencor. Se acusa nuestro nombre… Seamos cautos, generosos, previsores. Que no venga la nube a plantar su sombra con cenizas. Que no venga la palabra de Avelino. Que no sepan que ha llegado una niña de Vizcaya, que no sepan…

¿Y qué quiso decir? Tiempo tendría para averiguarlo la nueva Josefina pubertaria, bautizada de los Mantilla por las niñas García que eran josefas y, por razón de santorales cada año, niñas españolas de abolengo, seguirán llamándose josefas…

—¿Quién es aquí el que reza?— preguntaba Hipólito García. Y era que la niña se montaba sobre ancas del potro negro, bien conocido, el de Miguel Yparraguirre, e hizo persignaciones porque nunca antes subió a un caballo…

La que subió sobre las ancas del potro estéril de Mantilla, a pesar de que cabalgaba yparraguirre, el Vasco, se llamó Josefina. E Hipólito le dijo: —Querubín de Juncal, llévate ese ángel inmaduro, ese capullo, hasta el Pueblo y ténla por su bien en tu casa, donde la Guardia protege y está la Corte con su ley y la vergüenza. Al parecer, se vivió una tormenta en que hubo rayos tardíos de San Ciríaco. Y Miguel tenía celo por la sobrina, porque su hermano fue serafín y su nombre se dijo en décimas de escarnio.

Ella abrió sus ojillos, espantada, y dijo: —Josefina, como usted, yo quiero que vayamos hasta el pueblo; le tengo mucho miedo al campo y sus caminos…— Sonrió tímidamente. Y Josefina, esposa del Tío Veedor y creyente de la *Gran Espada* de Font, aunque Cheo estaba muerto, ya la amaba… y le dijo: —Sí, niña, te vamos a llevar al Pueblo, aunque ya fue quemado y da tristeza...

Mas no tardaría la niña en pasar, con aflicción de huérfana, a las agridulces tiranías de hijastra. Como si se compensara su pestaña soñolienta, la vascona durmió sus noches de Juncal, una tras otra, y se confió en la promesa de conocer las calles del Viejo Pepinito y los predios que conoció su padre, serafín como Ranero y Guijarro, huéspedes de Mantilla, el hacendado juncaleño.

Josefina Yparraguirre subió a la Plaza Baldorioty y caminó por las calles que llamaron Hostos, Ruiz Belvis y M. J. Cabrero, y aunque cada día fue pesadilla para ella y fiesta de coquíes, ruidosamente atronadores en negrura, despertó por un vaso de leche de las cabras del aramio, y no vio cabras. Eran las 6:00 de la mañana y caminó rumbo a la Iglesia y estuvo más feliz ya en el pueblo que en el campo, aunque fue la cara de Miguel quien le hablara sobre unidad de producción, sin discontinuidades. Eso es y será la familia, lugar donde obedeces y te crías, tu filtro de socialización definitiva.

Simplemente, ella dijo que su padre, aquel ausente por años, agonizó en su casa, que le cerró los ojos y tuvo miedo. Organizaba emocionalmente los residuos del pasado; buscaba su aprendizaje sentimental y narrativo, porque perdió la matriz de aquella identidad que construía y, de pronto, quedó trunca por la muerte.

Recordó que su padre regresó enfermo, bebía mucho y lamentó hallarse en el dolor de la derrota en el espacio salvaje que llamaron Barranco del Lobo. Fue militar de carrera. —¡Que bueno hubiera sido que fuese sacerdote, o maestro! —, dijo ella. El fue sitiado por huestes marroquíes. Había sido despreciado por rifeños. Huyó. Sí, llegó enfermo... Y, por toser, en larga noche, ella no dormía.

Ella era sana y hermosa; pero este pueblo de incendios y quebrantos la asustaba.

—Aquí no hay lobos, criatura—, le dijeron. —No hay rifeños ni soldados terroristas de Ferrer La Guardia... Aquí se dormirá bien. Nadie tose, ni maldice.

El tío Miguel quiso llamarla su criatura, niña nerviosa y lastimera. La sacaría del campo. Y espantaría sus temores de guerra, fortaleciendo, con el peso de su ideología, lo que quería de ella: la familia es fórmula obligatoria para pulir la Espada Blanca: fe en un orden divino delegado al ensamblaje productivo de los tradicionalistas, como él. Y la mujer, García Mantilla, su madrastra, le dijo: Porcelana. Serás el adorno más dulce de mi pueblo, dechado de virtud e inocencia, protegida de las manos de la montonería; te criarás sin fantasmas de anarcos ni partidas…

En algún recoveco del alma, se había fraguado cierto miedo vago y difuso, porque viajar por mar es conocer el vómito y la muerte; pero pasar de Juncal al Pueblo de Narciso Rabell, también fue, para ella, su calvario. E imaginó a su padre, como le dijeron de niña: Enfermó en Barranco del Lobo, asediado por gendarmes, odiosos y salvajes. Y tosía mucho, por esconderse, sin abrigo, entre montes…

La vascona recordó su vida en Lluno, antes de llegar su padre. A rezos conjuró la muerte de su madre… Ella sí conocía al que vende jabones, con tan gratas fragancias, al que trajera a sus puertas, su lencería y sus vestidos. ¿En qué otra mujer confiará? ¿Quién adivinaría que estaría ya mocilla y que menstruaba? ¡Tuvo miedo! Aquí, ¿preguntarán por la niña de Vasconia y quiénes serán los que den la bienvenida con orgullo? Sin recelos, ya que los cuentos de Miguel cierran las puertas y la invitan al sótano y al autoritarismo… porque ninguno fue confiable todavía.

Antes de ese año de carretas, ella no vio tantas pobrezas como las que gritaron las calles chamuscadas de Pepino. Y es que todo, del viaje al embarque que la trajo, fue una pena, presagio de amargura y desamparo.

En el camino, rumbo al Casco Urbano, Josefina, la chiquilla, vio las carretas de las reconstrucciones con cargas madereras y entendió un poco más sobre el pueblo al que llegaba. En Pepino habían cundido varios fuegos y se culpaba a Castañer y, para más enredos y simiñocas, también a las partidas. Se esperaban huracanes y, por más joder de Niké, ¿ni qué? fortuna amarga…

A pocos meses de su llegada a Juncal, el año anterior, cuando se pregonaban huracanes como San Ciríaco, volvieron las llamas al pueblo. Lo redujeron a nada. —Este es el Pepino conflagrado; este es un Pepino que da miedo—, decía Narciso a los vecinos que le daban sus lamentos en la calle, yéndose, al final, jíbaros tristes, a los bajos de la Loma y El Tendal con sus ayes, el primicial Pueblo Nuevo. A los papavientos, villanos ambiciosos, olorosos a ajo y ñame recién desepultado de las jaldas, los llamaban aún los tiznados de Poza, juncaleños comevacas, estigmatizando así a cada barrio, y señalándose sus nombres con escarnio.

—¿Quiénes son ellos?

Y la muchacha señaló a las carretas que llevaban al pueblo los árboles cortados, tablas aserradas de las fincas de Narciso Rabell y el señorazo de Martínez, con la zeta en los labios y su bastón labrado en mano, como si cojeara de veras, siendo un gesto de su gusto aristocrático.

—¿Quiénes son, don Miguel?

Ella insistía.

—Peonaje de los bobos, pues. Gente son que quieren a este villorio a expensas de sus centavos, pero son políticos en busca de los votos...

Josefina Yparraguirre se estremeció porque su tío no se explicaba de todo a todo y sus palabras maldecían, queriendo o no queriendo.

Don Miguel picó los ijares del caballo y llamó la atención a la chiquilla que, sentada sobre las ancas, iba abrazándole a él por las costillas:

—¡Arre! Que voy de prisa.

En una carreta, tirada de mulas, iban el cochero, Doña Josefina, y el equipaje de la recién llegada. Como si hablara sola, o no importara que ella oyera, la mujer de Yparraguirre habló acerca de Don Manuel, casado con Isadora Corchado Ruiz. Esta fue la cepa de García, la que nos trajo. Desde entonces, ella dijo: Todo es blanco como nube que está llena de promesas; blanco como la leche de las cabras; blanco como la piel de todas las García...

Según se informó, más tarde, la muchacha llegó de Lluno, provincia de Vizcaya, y dejó relacionados en su tierra, sus inmediatos parientes españoles. Sería Portugalate y Guernica. Esto repetió el pueblo porque salió de la boca de mujer que fue electa entre muchas por ser pura, como si surgiera de lo no sensible de la Nada. Una mujer sin puentes, carente de ensamblaje con imágenes opuestas. Era una copia pasiva de Miguel y lo adulaba, suficientemente racista, como para no desear los hijos pródigos, como aquellos que nacieron de Manuel, casado con una Juarbe que azuzara en los campos la visión republicana. Se dijo a la pequeña: Busca a Dios y no tengas temores que él oye y salva, porque Dios es apertura y autotrascendencia.

Y la vascona quiso obedecer. En Lluno no la quisieron los suyos, rememoró Josefina. Ellos, porque su padre viudo y ahora muerto, fue enemigo conocido de la administración de Maura, y la embarcaron. Le dieron bola negra. Su padre habló con tono zumbón sobre la nieta de la reina Victoria de Inglaterra, reina-consorte del soberano de España. En fin, mujer de Alfonso XIII, hijo de María Cristina. ¿Cómo se atreve? Y la niña pensó: —No diré más cosas.

Tenía miedo.

¿Y quiénes serían pues Miguel e Hipólito Yparraguirre, tíos ultramarinos en las sombras, para preguntar por qué él lo hizo? ¿Quién esta madre postiza que la compara con la pureza blanca? Es que, por cartas, se supo del pie del que cojearon los que viajaban, yéndose a Quisqueya o Filipinas, estos hombres que entraron al Edén por Aguada, dizque desterrados...

¡Fue su padre, un señor que gustó el vino y las mujeres! ¡Crió voz pública y fama! Vivaqueó con rifeños en el Barranco del Lobo y, hasta en el último de sus días, produjo loas por Francisco Ferrer, el condenado... Josefina no dijo nada. Su madrastra le dijo: ¡Pureza! y su padre fue un secreto impuro y fue mejor no mencionarlo. Defraudaría expectativas de hermosura. Y fue, pues, por la familia que le diera sustento, que ella comenzó a tapar el pozo y el misterio.

Miguel sabía y, bien que sabía cómo callarla, al hablar sobre las coplas subversivas y sobre ese pueblo que fue quemado una y otra vez y prefería sobrevivirse, porque hay bobos que gastan sus fortunas y lo reedifican, como gente hay que pregunta, ¿quién llegó y con qué fines? En la fábrica de personalidades son expertos. Muñoz Rivera es el dios bizco de los tontos. Y en unidad de producción están los menos, en lamento, en espera y en recelo...

Que su padre echara a burlas a una reina inglesa para España dolió a Don Miguel que llamó a su padre el mal hermano, lo mismo que hiciera su mujer sobre Manuel, del que dijo que Corchado lo engañaba... Que Battenberg fue motivo y palanca de choteos para su padre, el serafín y aventurero, ¡mala cosa!... ¡pero a él, don Miguel, confiaron los secretos y tesoros, lo llenaron de chismes como bota vinera en la plazas taurinas de Bilbao! Y aún así, la admitió. A la niña, la llamaría, su tesoro. Y Mantillita fue la razón de sus celos...

—Observa esa casa por un instante, niña—, le dijo Don Miguel una vez que la desmontó del potro y la cargó en sus brazos, sin ponerla en sus pies sobre la calle.

—Ahí vivió Agustín María Quintero, pie de la Espada, puntal de España, auténtico soldado, ortodoxo nuestro, hijo de la Madre Patria que se fue, como Honorio y Laurnaga... Font no dejó solo a ninguno ni aún a los hijos de la España que en desamparo temieron, yéndose ellos sin desnudar los sables, como en Guacio. ¡Qué vergüenza, hijita mía! Acaso todos los padres fueron como el tuyo, que apenas cuidaron de ti, pero tú eres España y ninguna culpa tienes... Cuando armadas de machetes, las turbas enardecidas, con sus negros y sus pardos llegaron a matarnos, Agustín el de la Espada estuvo ahí... y mira su casa, niña. La han quemado. Así, como la suya, han destruído otras casas e hicieron mofas de nuestros apellidos. Esperaron que él muriera para incendiar a escondidas esa casa en particular, la de Don Cheo. ¡Mirala, pequeña! No olvides esa casa ni un segundo, ni la casa de Mantilla que pisaste ni la Casa en Urréjola del pobre Francisquito...

Sobre el techo de la casa que te digo, de Cheo' Font, yo y muchos otros vimos el Barranco del Lobo verdadero. ¡Los malagradecidos! Lobos de tu desamparo y tu traición, Josefina, y echamos tiros, es verdad... porque ardieron las haciendas de nuestros desvelos, tu heredad, Josefina. ¡Pero don Cheo no dejó que nos quemaran! El dijo: —¡Basta de sus burlas, bastardos! ¡Eramos la espada blanca de justicia! Y aún lo somos y vamos a serlo, vivamos en Marruecos o en Quisqueya, en Juncal o en Hato Arriba... Ahora, niña, vamos a casa. Tiempo tendrás para caminar estas calles. Este nuevo mundo de América, a veces tan perverso, nos exigió que como espadas, velemos. ¡No olvides que eres parte de este espíritu, la Espada Blanca!

II.

Para que fuese de la Confradía de Font, la Espada Blanca, ninguno permitió que la niña se hiciera vecindona o diablo con faldas en la calle. La instruyeron sobre las coplas de venganza que en Juncal fueron cantadas a son bandidaje y quemazones. Ella las memorizó como si las hubiera oído como rosario o serenata de amor en sus ventanas.

Dijeron que su padre visitó el Pepino, siendo apenas un novato en la Escuela de Milicias y que, por odio y envidia hostilizante, mancillaron los nombres de Mantilla, Guijarro, Font Feliú, Martiarena, Yrigoyen, Zarratea, Jaunarena, Caballero Ayala... al buen Laurnaga-Sagardía... y éramos muchos en la pupila de ese sol quemante del odio y la violencia... Cantaron en medio De penumbras: 'A Mantilla y a Ranero, le dirás que nuestros fines, son a Guijarro coger y arrimarle a Castañer...'

En fin que ahora, con el tiempo, la motejaron Mantillita, porque está sola y ellos no olvidan el antiguo fundo de Mantilla que, en Juncal heredaron los García y el vasco Yparraguirre. Nunca cuajaron los riesgos que dijeron los padrastros, pero la hartaron de miedo y sistematizada reclusión y una dulce e inquieta paranoia que estuvo más en su paso que en sus ojos tranquilos, profundos, soñadores.

Caminaba con el ajoro de su decoro riguroso y su santa beatería. Erguida la cabeza, finamente cubiertos con mantón el torso, los hombros y su pelo, ya semicanoso. Dijeron que le pasó la mocedad casadera, plenitud de pozo, hermosura deseada, y ella ni cuenta se dio. En verdad, porque fue pura como la idea de lo inefable que la difunta

Josefina García metiera en su carne. Obediente y discreta, por igual, como quiso Don Miguel, también difunto.

Con ojos de comeré tus primores, una que otra higuera trepadora, con alardes de espinos, subió al pie de su ventana. Se asomó a su techo, en vano. Ella iba al Casino, pero no la bailó ninguno, aún solicitándola en piedad, yéndose a los rediles que el Padre Aponte tuvo tan prohibidos como custodio del imperio del espíritu y la carne. En celo de virtud, desenvainó la Espada.

En oscuro rincón de su piso, bordaba, tejía y, a las seis de la tarde, por rigor de la misa y el tañido ritual de las campanas, fue a misa. Vio la pobreza después de San Felipe que cundió como el diablo hostil con que los viejos del '98 humedecieron los últimos residuos de las quemas; oró por ellos, los bendijo y sacó valentías de las memorias olvidadas, remanentes, mientras decía: Fíate a la Virgen y no corras. En pública voz y fama, Mantillita, la vascona, envejeció, sola, olvidable… Y fue su irónica voluntad que, ninguno en el comercio del Pepino, ni unionista ni liberal, ni republicano del PER ni agitador de la Pava, le supiera el tamaño de sus corpiños ni el color de sus lencerías.

¡Era pura hasta en el alarde secreto de sus intimidades! Y, a Mayagüez, Cucán Oronoz y Julián Caballero, atravesando montes, ríos y noches, iban a comprar sus pantaletas, toallas sanitarias para sus menstruaciones y, así también, algún capricho, algún perfume…

Para ser lo que los García-Yparraguirre quisieron que ella fuera, la escalera que subía hasta la puerta de su casa, fue una Espada. Diría en su alma: no subas tú, machete de la vulva, no veas la blanda arcilla de mi vientre. La espada resplandece y ciega al hombre. Y oscuro es sólo el mantón con que cubro mis hombros; pero del ombligo irradiará la nube y el sol de estirpe… No suba diablo alguno con sus almas tiznadas y rebeldes. No suba el mambí ni el anarquista. Ni el ateo ni el masón. Ni el obrero anarco ni los lobos del barranco, porque volvería la orfandad y al miedo que son la muerte y la sangre…

21 de febrero de 2003

***

EL CO-ESTAR DE CHEO FONT, PIE DE LA ESPADA BLANCA: Como vemos en este relato, a principios de siglo estos dos personajes (incluyendo a **Cheo Font** y **Josefina Yparraguirre**

fluyen juntos. Cabalgan, por asi decirlo, sobreel contexto de un espacio empatico-social y psicológico de aversión, en el que se solven los españoles en Pepino durante el tramo final de 1898 y el primer decenio del siglo.

He aquí tres personas / que encarnan una epocalidad: el *Desastre de 1898*. Ninguna siente el Deber de ser *('Sollen')* ni de pensar *('Denken')* porque van rumbo al desarraigo. Están conturbados con las imágenes de la apariencia *('Schein')*. Donde Cheo Font-Feliu levantaría la bandera española o el prestigio de su clase (que se ha ido a la bancarrota) ya no es posible. Fue el derrotado en el siglo. Del campo de batalla el que viene están vencido.

Josefina / se siente atemorizada de su Devenir (Werden) / y lo que es se reduce a una huérfana de padre, como al parecer este enfermó en Barranco del Lobo, asediado por gendarmes, odiosos y salvajes. Y tosía mucho, por esconderse, sin abrigo, entre montes...si el regresara vendría malfamado como esos tres amenazados de las Partidas, uno de sus Garcia Mantilla o su primos Garcia de Yparraaguirre, o peninsulares como Guijarro y Ranero. Hay miedo todavía ocasionado por las quemas de las Partidas y, al que se sumarian los incendios de sospechosa procedencia en 1906 que casi destruye el Casco Urbano. Es el momento en que la muchacha visitante examinara las estructuras del pueblo y lo que puede ir conociendo porque se atreve a pregunntarlo. Hay un ambiente de reconstrucción del Pueblo de Pepino, tras el fuego de 1906.

Este es un cuento sobre «*El enredo en la confusa maraña de la idea del valor y el no haber comprendido lo problemático —lo digno de ser preguntado—, de su origen*» y, visto filosoficamente, relato sobre las razones por las que Nietzsche no alcanzó el auténtico centro de la filosofía.

El Pepino o Puerto Rico que ambos observan es uno de ruina, con una imagen de expectativa. Como vemos, para describir las habladurías de lo que se escucha en Pepino, se valdría utilizar la *ausencia de base,* a lo que sea genuino. Cheo Font y Josefa, cada uno a diferente edad, los parientes que acompañan a la niña, flotan en el aire, pues se ha derrumbado todo sentido de seguridad y lo que se ha derrumbado es España y su régimen; el futuro que esperaban tener, la existencia. «Si ninguna existencia o Dasein existiese no habría tampoco ninguna verdad, pero tampoco ninguna no-verdad». No habría sino la absoluta noche en la que, como Hegel dice, *«todas las vacas son negras o todos los gatos pardos»,* y en la que, miradas bien las cosas, ni siquiera esto último sería posible". [7]

—

Notas bibliograficas

[1] *Entrevista con Don Andrés Jaunarena,* San Sebastián, 13 de octubre de 1978. Notas y grabaciones y Entrevista **con Pedro Tomas Labayen Jaunarena,** 13 y 19 de octubre de 1978. Don Andrés rememoró cómo fue la vida de su padre (Don Pedro) tras recibir el machetazo que le cerceno la extremidad derecha hasta el antebrazo, cómo fueron sus actitudes ante la comunidad. Sus miedos, consolaciones, su evolución política y querencias. La información brindada fue incluida como parte de la monografía de historia municipal de mi autoría, **Comevacas y Tiznaos: Las partidas sediciosas en el Pepino de 1898** (Outskirts Press, Denver, Colorado, 2005). En este libro se cuenta el ataque a Don Pedro Jaunarena en las páginas 195-199.yalgo sobre la parentela. Una hermana de Don Pedro (Doña Ana) se casó con su primo Pedro José Labayen; otra (Micaella) con otro de los primos en Pepino Tomás Labayen (pág. 199).

[2] Justo Vera Trujillo., *Recordando al Padre Aponte* (en *Anuario 1996* de *Fiestas Patronales de San Sebastián),* ps. 22-23. Cito del articulo de Vera: *«… el presbítero (Aponte) no permitía que los feligreses pasaran por la sacristía porque allí estaba Jesús vivo con todo su cuerpo, con toda su alma y toda su divinidad. Tampoco permitía que los padres al asistir a las misas se llevaran a los hijos menores consigo debido a que estos interrumpían los servicios religiosos. Además ordenaba a las mujeres a usar mantillas sobre sus cabezas al entrar al templo»* (p. 23).

[3} Para conocer mas sobre este sujeto folclorizado (que es la persona de Mantillita) recomiendo leer de mi libro *El corazón del monstruo* (Outskirts Press, Denver, Colorado, 2006) Una de las historias del texto es Mantillita (ps. 60-68) y que pueden leer en el Apéndice de este libro.

Sobre ella / Josefina Yparraguirre / se explica la aversión (en sentido heideggeriao que provoca su ancestro vasco y su llegada al Pueblo en tiempos de las *Quemas de las Partidas Sediciosas* en 1898, o el periodo de los

Comevacas y Tiznaos. Sus parientes en el Pepino incluye a Hipólito García Yparraguirre, alcalde del Pepino bajo dominio español en 1893.

[4J Jorge Acevedo Guerra, *«Ética originaria; Heidegger y la psiquiatría»* (**Revista Observaciones Filosóficas,** Universidad de Chile, en:
http://www.observacionesfilosoficas.net/eticaoriginaria.html

[5] **El habitar poético: La crítica de Heidegger a los humanismos históricos** (Universidad Andrés Bello. Santiago de Chile, en: THÉMATA. *Revista de Filosofía.* Núm. 39, 2007), ps. 217-222.

[6] Incluido en la pág. 190-92, en el libro *El pueblo en sombras.*

[7] Sobre la creciente ausencia de base (Bodenlosigkeit) (S.Z., 35, p. 170), en: Pilar Fernández Beites, **Ambigüedad en Ser y tiempo: imposibilidad de la existencia propia,** en **Cuadernos de Filosofía Latinoamericana,** Nº 100, 2009). Para la familia Garcia Yparraguirre, se explica el panorama de confusión: *"Dijeron que su padre visitó el Pepino, siendo apenas un novato en la Escuela de Milicias y que, por odio y envidia hostilizante, mancillaron los nombres de Mantilla, Guijarro, Font Feliú, Martiarena, Yrigoyen, Zarratea, Jaunarena, Caballero Ayala... al buen Laurnaga-Sagardía... y éramos muchos en la pupila de ese sol quemante del odio y la violencia... Cantaron en medio de penumbras: 'A Mantilla y a Ranero, le dirás que nuestros fines, son a Guijarro coger y arrimarle a Castañer...' y también se llenaron de miedo.*

INTELECTOS DESAFIANTES, INCOMODOS

[Marcianita Echeandía, Nilita Vientós Gastón, Peregrina, la modista]

No fueron tipos pintorescos, en el sentido en que lo es *Wilson* y *Sopanda*. Ni representaron un folclor de campo o ergológico. No son comadronas ni parteras. Ni fueron mujeres de populachería que se aplauda en plazas públicas y otros corillos en boga y que suelen tomarse a risa. Sin embargo, en el espacio de empatía que ellas ganaron en la comunidad son mujeres especiales. No del tipo común y corriente. Su rol fue refulgente. Y para sus familias representaron 'incordios'. Hitos de 'incomodidad' y desafío.

Ellas fueron rebeldes e inconformistas. Esto nos recuerda a una valerosa mujer pepiniana, muy pocas veces mencionada, pero la esposa de D. Francisco Méndez Acevedo, dirigente del Comité Revolucionario *El Porvenir* de San Sebastián en 1868. ¡Ella: la irrecordada *Doña Ana Martínez Pumarejo!* fue madre de Justo, Ulpiano y Avelino, quien cuando tropas españolas se personaron a su casa por buscar como sospechosos de sedición a su esposo e hijos ella diera por única respuesta: «¡*Búsquenles en el monte, no en las faldas de las mujeres de su casa!*»

Mas vayamos con las contemporáneas, cuyo lustre fue el tesón, la independencia de carácter, la combatividad que no se espera de la hembra en las colonias, ser respondonas y no contar con el apoyo y admisión de familia y aldea.

A Nilita Vientós Gastón la mentaron como «*La Loca*», a Peregrina como «*la Bastarda*» y a Marcianita, lo menos que se dijo fue la *Mancha en la Familia* y el *Negocio*, la *Proscrita*. Este es el Pepino duro y, en la sombra, que muchos compueblanos no han querido conocer y ocultar. Donde hay ocultamiento hace mella el olvido. Pero, como dijimos ya, hay *Hechos* o *Eventos* en el acontecer de estas vidas nacidas para ser recordadas y amadas en que ellas mismas rompen coyundas y escandalizan los rincones donde se las esconde o silencia. Esto es lo que en común y principalmente han tenido las tres.

EL CASO DE MARCIANITA ECHEANDIA: Para sostener y cumplir con su proyecto de vida, son imprescindibles tres cosas y Marcianita Echeandía Font [1], Nilita Vientós y Peregrina (Font) Vda. de Thompson, tres bellas pepinianas, las tenían: un espacio vital y geografico / paisaje / ecología o patria / i.e. donde se haga posible el cumplimiento o el ir en aras de ensayar esquemas intencionales, que es lo segundo. Tercero es darles dirección ética a su proyecto básico, que es crear su libre opción, su libertad. No significa que hay camino fácil a ese destino.

En rigor, no hay proyecto válido si no se *sustenta* «*una selección entre los bienes y los males elementales que se han de preferir o sacrificar*» (J. Corominas). Sin elegir y sin desear, la vida es absurda y vacía. Nadie decidirá el uso que da a su elegir, a sus esquemas intencionales. La individualidad es lo que nos hace libres y dignos.

Como se plantearan Ortega y Gasset y Martin Heidegger, la persona con mente sana, sentido común y cuerpo sano, «adelantará (el) destino a la manera de un proyecto de vida», aunque el mundo se oponga. La colonia no es óbice. Se va tras la menta. Se desafía el problema y la barrera que surja. La amenaza que quiera cortar la raíz del ser / la propia trascendencia ya que «*ser (es) trascender*», y el proyecto de vida debe ser la prioridad y lo imprescindible.

Voy a contar el proyecto de vida de estas tres triunfadoras.

Una que, dentro de su tragedia, representaría un triunfo, pese a muchos desprecios y estigmas, porque a Marcianita le dijeron «*La Pordiosera*», «*La Desheredada*», «*La Provocadora*», «*Subversiva*», «*La Mancha*» en la familia y el negocio. «*La Desvergonzada*», «*La Traidora*», y ella teniendo un pueblo y una familia vivió como una *pariah*. Sin el derecho a visitar a su padre, a sus hermanas, porque pudo más el recelo, el maltrato de su familia *«a la hermana independentista, feminista, socialista y por quien sufre descrédito la familia»,* a que el darle la mano cuando ella necesitara, no fue deseado.

Fue una brilla estudiante. Se graduó con grados máximo como química de Farmacia y bióloga.

En la familia de Cecilio Echeandía y Marciana Font, siendo favorita / la *«reina»* / entre cinco otros de sus hermanos, incluyendo a Teresa, Sara, Getulio, Chilín y Antonio, se menosprecio su inteligencia, que del inicial prestigio con que descollara en las ciencias y en la academia. Sería la corona para una familia en la que Getulio se confería el mayor brillo y *Chilín, el Gánster,* las sombras de descrédito, como delincuente y asesino.

*

El último adiós es el texto que resume su vida e historia:

a la Dra. Marcianita Echeandía Font (1895-1968)

Last Monday, Doña Marcianita stumbled and fell down some steps at UPR… She was buried at San Sebastián, the town where she had once come by a sizable inheritance which she reportly declined, choosing instead to live at San Juan, in the center of the struggle for the 'cause', which was her other self… Fighting spirits like her own, which did honor to her warlike name, are too little with us (on all sides of the political fence) in a Puerto Rico corroded with complacency and materialism: Dimas Planas*,* **The World of Doña Marcianita** **(The San Juan Star, Friday,** *February 2, 1968)*

Para que Marcianita Echeandía viera y comprendiera la agonía, en su sentido más dramático y profundo, contemplo su otro Ser, el colectivo, el patrio; para que completara el análisis que ocupó toda su vida, hasta su muerte en 1968, se rodeó con perros y gatos pulgosos. Comió mal como ellos. También se adhirió a las protestas callejeras; sudó y se quemó con el sol en las vigilias, los piquetes y manifestaciones.

She was standard audience at concerts and lectures and at legislative hearings which might affect her 'cause'… Doña Marcianita is an ambulant ralley. Wherever she goes, The Cause finds itself an excellent mouthpiece. She reads everything and is up on everything... More than likely, Doña Marcianita accompanied the anti-mines, pro independence students out to Utuado to post bills and distribute propaganda, attacking the proposed mining explotation...

Estos seres miserables, par de perros que la escudan de perseguidores infames, par de gatos, sus felinos del alma, como su sombra, fueron fieles. La protegieron. La pasearon por las afueras de la Ciudad Universitaria. La presentaron, como un animalito más que olisquearía a las frutas desechadas en la Plaza del Mercado de Río Piedras; aprendió a hurgar entre desperdicios, a tomar una fruta para hoy; otra para la otra mañana.

Marcianita no se avorazó por nada material. En casi un decenio, no ha pedido un vaso de agua a los suyos. Si algo, al humillarse deseara, habría pedido el amor de su padre quien, por linda y distinta, la adoraba.

—No me adoró otra vez —dijo.

Otros ladraron a ladrones y, los menos, fueron opresores de su libertad.

Marcianita llegaba, siempre a pie, hasta la fonda de *El Obrero,* donde *Perico el Gordo,* compadeciéndola por saber quién fue ella, hoy una farmacéutica ambulante, sin abrigo y sin establecimiento (en otrora época, profesora en universidades de New York), le tomó algún cariño y subía el tono de su voz, con la exigencia:

—Tráigase *mingalo* para Marcianita— y, no sólo para ella. A dos perros, sus guardianes piadosos, también hay que alimentarlos.

Siempre presta a dar algún servicio, preguntaba:

—¿Algo que pueda hacer por ti, amigo mío?

A veces se tendría que pedir, como pide el limosnero, por caridad. Sufrió hasta el máximo para evitar mendigar de esa manera.

Por sufrir con las agruras, Perico se dejaba recetar por Marcianita. «Apunta. Esto lo tienes que comprar», y comenzaba a dictar lo necesario.

—Gracias, doctora.

Las sobrajas de la cocina de *El Obrero* hoy serán, como otros días, banquete para una mujer tan especial. Sobre todo, agradecida, Marcianita lo mejor de sí lo da. Lo viene dando.

No se pega como lapa para nada que no sea trascendental. Comer no es una de esas tareas que le quita el sueño. Sabe que ya es vieja. Tiende a ser parca y modesta. Anda en fachas, hoy fea, indigente, están sucios sus vestidos, pero no su alma. Le gustaría morirse; pero no dando pena.

Es la razón por la que estudia Leyes y persiste, viviendo...

Quien prohíbe que haga sombra en Pepino sus razones tendrá. Sí, temen que se acerque y participe de la riqueza de su padre, pero, ella no se va. Algo es su Ser que no lo censura ninguno.

—Algo soy... más que la pobre vieja que ven», se repite. Lo ensaya en medio del frío y su colchoneta de periódicos viejos.

—No estoy tan loca», ha llorado a solas al lado de algún gato que le presta los ojos.

Han advertido a Marcianita que robarán su herencia. Lo que su padre quiso que ella tuviera, como recuerdo, no será suyo. No espere que le ofrezcan un vaso de agua.

Ella responde: —Muchas cosas valen más que el dinero. Un poco del amor de todos ellos, los Echeandia, me sustentarían más. ¿Es mucho que lo pida?

Fue sabia hasta para administrar este amor que duele. Está agotada, pero sigue luchando.

Encarna el espíritu de la Academia, la universidad, el ateneo. Sabia es. Su presencia no falta en favor de movimientos sociales solidarios; se dio a la tarea de romper la Torre de Marfil, cuya misión intelectual fue apañada. Ella es eso: lo que reorganiza, purifica y libera. Todo y más, empero, encarnado en un espectro de harapos.

Las hojas de periódico con los que ella muellea su camastro son fieles. O dan su usanza de frazada. Con una caja de cartón, doblada en dos pedazos, Marcianita formó su colchoneta. Dormirá sobre el piso.

Un pasillo del edificio de Ciencias Naturales, dentro del campus de la UPR, viene siendo su habitáculo. Lo material de su entorno más fiel ha sido que otros seres que se llaman a sí mismos espíritus, entes de razón y sentimientos, pero no dan apoyo ni cariño al semejante.

Ahora a su familia, a la que ama, la define. La designa y la llama Patria, la Causa Nacional, el Ser-social, mitad de su alma.

A la edad que Marcianita tiene, no deja de estudiar. Asiste a la Facultad de Leyes. Sabia es. Fue sabia.

—¿Qué necesidad hay para que estudie a su edad, señora mía? Si sabe que se le negará la oportunidad de enseñar, a usted que sabe tanto, ¿por qué persiste?—, le preguntan.

Bajará una escalinata.

—¿Qué necesidad?

—Toda la necesidad; el proceso del saber es inagotable.

Económicamente, explica ella, se destruye a los individuos más fácilmente que a las sociedades. Al individuo el dinero lo alimenta. O nos separa o nos cohesiona... —y si comes mal, te mueres paulatinamente; pero, sin el estudio que es otro alimento, más nutriente, tardas menos en morirte. La economía del corazón requiere que haya el libro, tanto como el estudio crítico y espíritu dialógico, como alimento en las alacenas... ¿Y estudiar para qué? Bien... para que, sea más difícil que como persona se me destruya. Y para aprender a sonreír, estudio; y viviré para otros al defender la Causa, que es mayor que yo y mis penurias individuales.

—¿Quién hay en tu familia que pueda recibirte y no lo hace?

—Gente infiel hay mucha; no pensar como ellos es la dicha. Mi familia es toda la Patria ... A Getulio y Pedro, más pesados que un collar de melones, los enfermó el poder del colonialismo; ya no son míos; no querrán ni mi féretro», ríe; «pero que se estén en paz, ya no duraré mucho, ni voy a pedirles nada... El dinero me hizo falta, mas yo no estoy triste por eso. Tristeza da que nos falte trabajo y que se piense, en Puerto Rico, que por llegarse a mi edad, sirve una para nada... Desde 1947, las agencias de inteligencia, CIA y FBI prepararon esta faena, este destino, mi desamparo... y con el *disruption program* me han herido. La guerra sicológica desarma... la Guerra Fría comenzó, para mí, el día que me anunciaron, como leprosa. Mujer con rostro escarlata, el Miedo Rojo... y que, al regresar a Pepino, se me haya temido de ese modo duele y oír lo que dijera sobre mí Hernán Sagardía, duele más... Pasó una película de odios, *The Hollywood Ten...* ¿Quién me acusa así? ¿por qué lo hizo él? Si fui la víctima, no puedo ser a la vez la victimaria; si fui la espiada, no soy la informante, la chota, ni la *camarona...* Ese apellido me fue fiel y amado, como el recuerdo de Teresa. Lo que propalara Hernán o mis hermanos son eco de las fobias coloniales y los espejos paranoicos que patrocina el imperialismo. Lo familiar y lo querido puede ser utilizado como otro tentáculo estrangulador de la *Guerra Fría...*

Fieles son los militantes de la FUPI, —yo más fiel a ellos, mis verdaderos hijos—. Aún marchan y gritan contra el imperialismo. Los nacionalistas ya son tan pocos. El *estadolibrismo* los ha ido matando. O les ha torcido la boca para que blasfemen, mientan, o desinformen.

Marcianita colectó unos dolaritos. Ni un centavito será suyo. Son para la gasolina de varios *fupistas* que harán sus tareas de propaganda. Marcharán a Utuado. Evitarán, en lo posible, que el Imperio se quede con las Minas de Cobre y se complete la entrega de este patrimonio sagrado. Esto es más que la herencia que se insinuó que será suya, si renunciara al izquierdismo. Esto es la dicha.

—Ni van a darme nada ni lo pediré. Que no lo hagan.

—¿Qué importará? Getulio ya ha muerto. Y, ahora él, Pedro Antonio, ¿qué fortuna ofrece que ya no ha guardado para sí? Tampoco me quiso... A muchos ha bloqueado. ¡Pobres de ellos!... se morirán como yo, sólo que les dirán miserables», se consuela Marcianita.

Ella es la militante más vieja. Una independentista corajuda. Una de cuatro gatos, como dicen los anexionistas de su pueblo.

Otro comunista del Pepino, Pablito Rodríguez, ha visto a esta hermana militante y la evalúa: «(Ella) habría podido ser nacionalista-albizuísta; pero vio más lejos, se anticipó, visionariamente, a los juicios hermenéuticos sobre el fenómeno de la lucha de clases y la articulación del colonialismo».

Dice su familia: —Ella es una mancha para el negocio—. El negocio de un apellido prestigioso. Los Echeandía del Pepino la quieren lejos.

Desde 1917, Puerto Rico fue considerado un territorio federal y el *Wartime Draft* quedó vigente en 1917, por causa de la Gran Guerra y, en 1941, por causa del ataque japonés a Pearl Harbor.

—Malditos sean estos años—, ha dicho su familia. Malditas guerras. La voz de Marcianita es la que se escucha cuando grita: ¡Paz, paz y paz!

—¿A qué vienes?—, preguntan.

Marcianita: mujer más peligrosa que una piraña en el bidet. Más peligrosa que una mona con pistola. Es comunista, subversiva, pacifista, cuando menos conviene. Le lleva la contraria a todo el mundo.

—Estudió mucho, sí, pero tiene el casco como el del juey. ¡Lleno de mierda!

Vieron que la Dra. Marcianita visitó los predios que dejara a causa de su exilio voluntario en Nueva York.

II.

Había realizado sus primeros estudios de farmacia en la Universidad de Puerto Rico. Se fue a Nueva York, a fin de dar continuar un posgrado. En los Font, el amor por la química fluye por las venas.

Allá pasó catorce años. Investigó la poliomielitis. Estudió la maestría y el doctorado en Química. En la Universidad de Columbia, fue laboratorista. E hizo descripciones orgánico-moleculares de las vitaminas.

Fue sabia, genial, aún dicen.

—Es sabia, ¡sí, señor!

Y acaba de recuperarse de un mareo. Su memoria se ha ido a los días de Getulio, a los días de la Matanza de Ponce, a los días de Chilín, su hermano.

—¿A qué vienes?— repitió Getulio.

Doña Teresa Sagardía, anciana piadosa, a veces cascarrabias, típica atalaya de la rectitud victoriana, la recibió.

—Que acá no venga—, dijo Susana Echeandía, viuda de José Caballero Ayala. Que Marcianita apareciera por el Pueblo es mal augurio.

Una distancia afectiva creció. Con odio y envidia la desataron sus hermanas para que el padre dejara de quererla.

Juntas, doña Teresa y Marcianita, han recordado las palizas que a Chilín y a ella el padre les diera.

—Duras palizas a Chilín, no a mí y la gente ni supo.

—Ese fue bribón.

—Corregir es un arte; no una tarea para coerción y humillación.

—¿Has perdonado a tu padre?

—Claro. No lo dije por eso.

El silencio es un modo de hablar de Doña Teresa. Ha bajado la guardia. Marcianita no es un casco de juey, como pregonan.

—¡Qué bueno que lo hayas perdonado!

Ahora Teresa Sagardía cuenta a la visitante que Doña Sista Torres Arvelo, viuda de Pedro Benejam, murió también y su muerte fue triste. Los hijos de Toño Pavía-Conca y doña Laura Fernández se fueron a San Juan.

—Es una pena. Frustraciones políticas que han vivido... No quieren saber de este pueblo cochino».

A la más linda, inteligente, de las hijas del 'prohombre de apellido', don Cecilio, cuenta con lujo de pormenores que Pablito Rodríguez, el comunista, se paseó con una 'mujer de color' por todo el pueblo.

Marcianita no se escandaliza. Sonríe y parece gozar de la osadía.

Y Doña Teresa, para exagerar la intensidad de lo que cuenta, agrega: Pablito hizo que doña Bisa Rodríguez Rabell se echara con ella una colorida platicada. Bebieron el café de las 3:00 y a las 6:00 hasta pasteles de masa con *ketshup* y lechón asado comían mientras la negra le dio sus cátedras de antropología sobre linajes mezclados.

Doña Bisa celebró la explicaciones riendo a mandíbula batiente.

—Y se despidieron besándose las mejillas... ¡Qué horror!

Marcianita refraseó algunas cosas. Quiso que doña Teresa entienda: «Pero, ¿qué es una negra, sino otro ser humano con un poquito más de melanina y azucarado cachondeo?»

—No has entendido, Marcianita. Tenemos nuestras razones... Negros son gente que quema las haciendas por resentimiento. Hay negros malos por naturaleza y la Biblia los llama diablos de hollín».

La incredulidad de Marcianita se tradujo a unas carcajaditas que acompañó con sus meneos de cabeza.

Doña Teresa accedió a su memoria cascarrabias, yendo al módulo sensitivo que detona la amargura y las irreconciliaciones. A su hermana Tomasa, viuda de José F. Zagarramurdi Tornería le dejaron en llamas y arruinados varios caserones de su hacienda. Y lo mismo, quemarle, lo hicieron con su hermano, Sagardía Torréns, un hombre bueno. Un hombre bueno de 1898.

Concluyeron la primera fase de la plática en mutuo acuerdo. La necesidad de perdonar, aunque sea más difícil olvidar que clavarse en los rezos.

El almuerzo está listo y da gusto cuando come. Nadie quiso estar con ellos. Y dio tristeza que esté en Pepino y sola, escondida en la casa de la vieja Sagardía Torréns. Aún es más temida que en los tiempos de *The Red Scare.*

—Sé que sufres y se te acabó lo guardado.

No diría, a boca de jarro o con burla: Comes mal. Estás en la miseria; hambrienta, vieja loca. Mas es obvio: la obstruyeron. La ignoran aún. Y hay quien se alegra de verla sin trabajo, con el moco caído, pasándolas más negras que un luto. Doña Teresa se siente feliz porque Marcianita perdona. Ella es quien lo hace, no ellos.

Y no vino a pedir nada. Se irá como vino. No se le prestará un céntimo. Vino como una mujer que da el perdón de gratis. Sin cobrar por ello.

De contínuo, no como hoy, su almuerzo es más sobrio, a prisa, sin manteles ni cristalería. No almuerza ni desayuna ni cena como hoy, cuando cada detalle de protocolo fue cumplido: la posición de los cubiertos, la secuencia de los platos. De veras a doña Teresa le da gusto que venga Marcianita y la acompañe. Por ninguna otra de las hijas de Cecilio y Marciana Font, hace éstas cosas. Ni por Sara ni Teresa, ni Getulio ni Antonio, lo hizo.

Como Marcianita, hija, pocas de su cepa. A nadie vio en Pepino más fino, enérgico, noble desde su alma, ni aún en los días de Epifanio Liciaga y las hermanas Arteaga. Sólo a ella.

En otro punto hay mutuo acuerdo. Que no les gusta la persona que va y reza, se persigna y confiesa, hartándose del pan de comunión seguidamente, y se regresa a su casa con odio, envidia e impureza.

—Esa gente no nos gustan, ¿verdad, hija mía?—, insiste.

—Verdad».

—Es la gente que te hará daño... pero cuenta conmigo.

La anfitriona lo sabe.

—Desde que eras niña, Marcianita, supe tu problema: ¡exceso de entusiasmo y, sobre todo, mucha belleza para perdonarse!

No sería católica ni puritana alguien que, como Marcianita, dijo a sus hermanas que lo más rico que puede experimentarse en el cuerpo es la ropa suelta, el busto sin la apretura del *corsette,* pantaletas de seda o, al menos, ninguna, gozarse en cueros, para que una ventolera les refresque la vulva. No sería católico-puritana la niña influenciada por el Charleston, rítmica y osada, vestida con sus minifaldas en los albores del '20...

Su curiosidad lo arropaba todo. Vivía enterada por las revistas de Europa de cuanto dijera *Coco Chanel* sobre lo que es auténticamente sexy y lo exótico vs. lo burdo y vulgar. La entonces joven Marcianita sabía sobre las colecciones primaverales para vestirse e imagina esa ropa tocando la piel de cada mujer primorosa, en plena victoria y montando sobre caballos y, por lecturas locales, memorizaba la poesía de Rodríguez de Tió, las teorías de Luisa Capetillo, el pacifismo y el sufragismo de la Liga WILPF y su Marcha de 1915 en New York.

—¿Qué no has sabido tú?

Se recuerda ante el piano. En su juventud, fue una mar de alegría y había estudiado música.

En 1920, al fundarse la *Liga de Mujeres Votantes* y confirmarse una Enmienda Constitucional que concede el derecho, la hija brillante, la promesa intelectual de Cecilio, se trajo las ideas y todo lo que aprendió en la Universidad de Columbia, en New York, sobre organización de votantes, lucha anticolonial y feminismo, lo aplicaría a Puerto Rico.

—Lo que escribes en *El Imparcial* es exceso de entusiasmo, mijita—, insistió doña Teresa.

—Exceso de entusiasmo que yo llamo libertad y que se manifiesta muy temprano en la psiquis.

—Así es, así es— asiente Sagardía.

¡En la infancia, ay libertad pubertaria, te extraño! ... el primero que la observa como algo amenazante es la familia, no tú. No yo. Si no valoran esa energía que es la libertad y lo que representa, ellos serán lo que te pidan: Reprímete a ti misma; comienza a morir sin soñar, no seas independiente; no viajes, no vivas... Y yo me fugué con la libertad después de dos o tres palizas que papá me dio y castigos que pidiera mi madre, como eso de rodillas sobre el guayo y encerrarte en el cuarto por días, que son arrestos domiciliarios. Cuando en quienes has confiado que te aman sin condiciones, que son tus padres, no lo hacen y te castigan de ese modo, aprendes que tienes que soportar aún más por amor a otros y por amor a ti misma, ¿no lo cree usted? ¿No lo acordamos ya como verdad?

Contra Chilín, su hermano, las palizas fueron más continuas y se las daban a latigazos con una soga de esparto.

—¡Pero eras tan hermosa, Marcianita! Me da pena verte así, mal arreglada que hasta el guaraguao te picaría...

III.

Es el tercer peldaño que baja. Ha regresado el mareo.

Todavía es la más linda entre todas las hijas de Marciana y Cecilio. Fue tan preguntona que, en 1915, se dio cuenta que existe el sufragismo. Había una Liga Internacional de Mujeres por la Paz y unas 25,000 de las mujeres de Nueva York marcharon por las calles pidiendo el voto.

Quería estar allí, ¿y a quién decirlo? Las mujeres de Pepino están llenas de miedo.

Sus hermanas se burlan; creen que está loca... Mas ella insiste, gústele o no a todos ellos, se irá a Nueva York. Quiere estudiar más allá de su bachillerato, ser útil. Descubrir algo nuevo. Inventar algo antes de que se le vaya la vida... papando moscas en Pepino.

Un decenios antes había regresado. La curiosidad galopó dentro de sí cada vez más apasionadamente. El amor es tan importante que vino; su padre está vivo.

Las hermanas, tras sus alegres semblantes, acudieron a verla, pero quisieron como siempre que se vaya. Que desaparezca. Una sensación de impureza las infligió al paso de los días.

Vio a su padre, hosco y frío. Marcianita sintió que se mareaba. Oyó que aún idealizaba al varón patricio, con hacienda y una sociedad con relaciones pre capitalistas. La mujer debe ser, si bien coqueta, sexualmente inocente, virtuosa y obediente, que es lo principal, amén de modesta y piadosa, como la *Belle of the South*, según Don Cecilio supo por revistas de Georgia, South Carolina y New Orléans, que son mecas de jugosas plantaciones y riquísimos terratenientes.

Ha tenido que recordar sus reconvenciones. Ahora diez años después, cuando volvió el recuerdo del mareo y el calor de Pepino a las 12:00 del mediodía, Marcianita casi se *escocota* al dar ese paso, enfrentarse al padre que la esperó con el gesto ceñudo. Y le dijo: —¡No has cambiado!

De adolescente, fue peor.

—¿Cómo se atreve Marcianita? Se maquilla, llena su cara de 'totitos' sin permiso de mamá. No deja nada a la imaginación cuando se viste.

Tal parece que se anticipó al *fox-trot.* Ha bailado como una negra del puerto algodonero de Carolina del Sur. Su desenfado fue tal que el ritmo danzón de su cuerpo fue la tortura mental de sus hermanas... ¿Quién la enseñó a bailar así? ¿Las Juarbe? ¿Dónde?

... donde se remeneaba María Songo fue por allá, en El Guayabal. Lo cierto es que una vez ocasionó el escándalo entre universitarios a mediados del '20 en San Juan.

Cuando se enamoraba e hizo alguno contra ella un desplante, el varón supo que sólo en apariencia ella es frágil. Se le metió un Diablo adentro desde que se fue para la losa.

—¿Me voy o me quedo? — pregunta.

—No estés cerca de papá—, pidió Sara.

Nunca necesitó, para nada, las protecciones agresivas de Chilin. Como él exigió que se le explique por qué se cultiva una voluntad débil y sumisa en un pueblo como en el que nació.

—El pueblo nació asusta'o, o qué es?

No entiende, ni lo entendió en su adolescencia, el reproche de aquellas gentes que se aferraron al establecimiento victoriano y elitista. Este no es el Viejo Sur algodonero, idealizado por Robert E. Lee en 1830 ni la Barcelona de la que hablara Víctor Martínez Martínez. No había nada qué idealizar ni como *belles* del Sur ni como *black concubines.* No le acabó de gustar lo que ocurría en sus narices: Cheo Font que corre tras *Cirila La Yegua.* María Bejuco que da bastardos a los Echeandía...

Todavía el anexionismo colonial se fortalece a son de asesinatos, blasfemias y cobardías. Trabajan en las sombras

Marcianita, organizadora del porvenir, vivió en carne y hueso el sistema de la estrangulación, que no siempre se solapa. Viéndolo en acción, se hizo una marxista declarada. Una feminista sin escarnios ni agendas escondidas. Una independentista corajuda... pero, en su edad humana, hay 73 años de síntesis entre la dialéctica del amor trascendental y el tormento, y va a buscar a su padre, quiere verlo por última vez y se ha ido la luz por un resquicio emotivo de los huesos y, ahora para que comprenda la agonía, en su sentido dramático y profundo, se ha dividido en dos al caerse y golpearse la cabeza. Está unos peldaños más abajo. El cráneo le sangra... pero no es que muere. Cayó.

Contempla su otro Ser, el colectivo, el patrio.

Puede vivir un lapso de múltiples fragmentaciones desde los dos, a los 73 años y, al final de tal edad, sentirse completamente satisfecha. Se ha cumplido su destino entre los más honrados de la tierra, que son los que prevalecen en planos de la eternidad. Ahora puede sonreír con los ángeles, mendigos y descalzos, quienes cuidan a sus mascotas, gatos y perros abandonados y realengos que ella albergaba, desde niña, teniéndolos en viejos rancherones de la *Hacienda Echeandía*.

Ahora lo ve todo dibujándose claramente... muy, muy claro.

Han llegado algunos miembros de la FUPI. Allí, en un día lluvioso, están los fieles. Ocupará un ataúd de $60 pesos, el último de su tipo que Juanito Pana y Luis Cantántara echarán a una tumba en el Cementerio Viejo de Pepino.

Más duro fue el piso del edificio de Ciencias Naturales. Ahora tendrá una tumba con su miserable forrito de felpa. Es un espacio íntimo. Conservará los sentidos vehementes, como ahora que los oye y los ve.

Algunos creyeron que ha muerto definitivamente, sin gracia ni gloria.

Van a decir unas palabras en su nombre. Las agradecerá con corazón abierto. Se turnará Joaquín Torres Feliciano, otro poeta de la angustia Ramón Vargas, Rubén Arcelay, Pinchi Méndez, Evaristo Font, los hermanos Grillasca... sólo ellos dirán lo que Sara y Toño Echeandía no dirían, aunque están ahí. Unas de ellas, las hermanas, bajo la lluvia y los verbos encendidos, va a dar su último adiós con la mirada.

Para que completara el análisis que ocupó toda su vida, hoy en su muerte, se despidió de algunos perros llorosos. Los gatos, menos pulgosos, maullaron. Un juncaleño, presidente de la Federación de Universitarios Pro-Independencia (FUPI), Rafi Rodríguez dijo lo mismo que pensara Nilita (Vientós), Miñi Seijo y Juan Mari: *«Ella es un ángel»*.

—Entre nosotros, es una luz del faro que no se apaga ni en lo más oscuro de las borrascas».

Unos perros llorosos, los que la escudaban de perseguidores infames y unos gatos, sus felinos del alma, se unieron a un nítido sollozo. Todos ellos, como su sombra, le fueron fieles incondicionalmente.

—

Notas bibliográficas

[1] La Dra. Marcianita Echeandía Font (1885-1968). Estudió Ciencias de la Farmacia y Bioquímica en la Universidad de Georgetown, New York. Una de las investigadoras de la poliomielitis y las vitaminas. Profesora universitaria en Nueva York por 14 años y en Puerto Rico, a su regreso. Murió durante un cambio de clases, a edad avanzada en 1968, siendo estudiante de Leyes. Pionera en las luchas feministas en Puerto Rico. Cf. Carlos López Dzur: *El último adiós a Marcianita*

*

EL CASO DE MARIA PEREGRINA, LA MODISTA: He festejado esta pepiniana porque su fama ha llegado a mi generación. La modista María Peregrina Font-Thompson que fue una de las hermosas bastardas de los Font. Una colegiala que se va a New York y deja una profunda nostalgia. Tenía, al decir de los poetas y enamorados, las piernas exquisitas y busto y silueta que nombraba la elegancia de su estirpe. Fue para muchos la más linda pepiniana:

Acá, sin embargo, la bastarda... el susurro
de su clase excluyente, envidiosa, victoriana,
no vio finalmente su poder en el mundo
de la moda y la elegancia,
la hermosa Font, señalada, murmurada,
a escondidas descrita como estigma.

Con el triunfo financiero y social como modista, a ella se le abre el mundo político, artístico y profesionl y político, otras coas comienzan a cantar al Pepino que le había cerrado las puertas y con ello colocarla en riesgos de la mediocridad y el desaprovechamiento dos potenciales. Sugiero que se lea el *relato El carabalu de María Peregrina* y que se incluye en *El pueblo en sombras* (ed, citada, ps. 210-215).

EL CASO DE NILITA VIENTOS: Nilita Vientós, destacada intelectual y educadora, nacida en 1903, en San Sebastián. Fallecida en 1989.

José Benigno Vientós Lamourt fue su padre, nacido en 1889. Este siendo chico, con sus hermanos mayores (Pedro, Felipe y Francisco) participó en las partidas proletarias y anti-invasoras de 1898. José Benigno hizo pininos en el periodismo (*El Triunfo*, de 1897) y se trasladó a Cuba con su familia, una vez casado

En este poema *A Nilitta Vientós Gastón* la sola idea es homenajear a su familia y anunciarles a ellos, al estilo de una profecía divina, que ha nacido para el bien de Puerto Rico. Ciertamente, en la evocación de su infancia ninguna página será más elocuente que la que escribió ella misma entre casi una decena de libros. Su libro final es uno titulado ***El mundo de la infancia*** (1984), su autobiografía hasta la edad de doce años.

Levántate, José Benigno,
ve a buscar la arcilla a Calabazas,
al sur de Cidral y Piedras Blancas.

Madruga, Antonia Gastón,
madre bendita, y llena jarras
con aguas del Culebrinas,
flujos del Norte de Guacio,
que voy a cocer una vasija:
honra para tu pueblo.

Mi luz la sacaré *ex-nihilo* de mi aliento vibratorio
de Tiqquim; pero alguien tendrá que ir a recoger
el barro, alguien que sepa de arcilla
y tenga una fragua en Pepino.

A los ríos yo los llamo Consciencia
y los universalizo sobre el Bazo
de los montes, los fluyo

sobre los cuatro elementos
de mi cruz en los mundos; hoy elegí
tu barrio, José Benigno, sal de la sombra,
y aguas del Culebrinas, peces dulces
y amargos, peces de Marah.

Más allá de las luchas en que has estado,
más allá de los triunfos sagastinos,
más allá de arrecifes coloniales,
voy a sembrar una luz en la arcilla.
Y mujer fértil hallé en Antonia.
Y de la ostra de su útero fecundo,
se escuchará una perla,
su llanto de soprano.

Vaso de honra, tesoro, dejaré
en sus manos, alfareros.
Han de llamarla Nilita.

La tarea se ha dado, Ana Gastón.
Hazle en el plexo esplénico el Bazo
de su arrecife, hazle *kelim* / vasija de arcilla,
calabaza del alma; yo la transformo
en perla, y llenaré su corazón
de oro con mi *brajá*, doy la bendición
del amor trascendente: la hago
Honra y Tesoro, mujer que defienda
a tu pueblo y sea profeta
de hombres libres y buenos.

Coopera, Vientós Lamourt.
Este es el verdadero triunfo:
que nazca con la arcilla que me traes,
que filtro hepático para purificarla
proveas, ángel del hígado,
que el río de Ana lama la perla,

se descanse en mi espacio,
y las Palmas de mis nubes
la protejan cuando comience el parto.

Tráela al *Olam Hatikún:* voy a llenarla
de mi ley para que mi lenguaje sea
libre y ejemplar, pueblo por pueblo.

Que sea ella quien corrija las naciones,
que parte de mi corona sea,
mi vasija amada en el Caribe,
con arcilla amasada por mis alfareros,
por el Culebrinas abrazada
entre los pepinianos.

Esto si en mi poema, intuyo y declaro que. ella será un intelecto desafiante. Combativa, interesada en las causas emancipadoras y en pro de derechos civiles, humanos. Fue feminista, liberacionista y enemiga del colonialismo. Primera mujer abogado en trabajar para el Departamento de Justicia como Procuradora General Auxiliar. Ella preparó y ganó el caso legal que declaraba el español como el idioma de uso oficial en los tribunales, en 1965. Primera mujer en presidir el *Ateneo Puertorriqueño* y en utilizar la radio y la televisión para labor educativa y orientadora. Entre las pepinianos, ninguna mujer resplandeció por su inteligencia con mayores en estas tierras y en el extranjero.

——

Bibliografia y notas

[1] Von Herder, ***Ideas para una filosofía de la historia de la humanidad (1784-1791)***, loc. cit. y Ieshuda Appel: *«Parashat Vaiker: laá Humildad de Moshé»*, en **La Voz Judia,** en:
http://www.delacole.com/cgi-perl/medios/vernota.cgi?medio=lavozjudia&numero=427&nota=427-19
[2] Von Herder, op cit y E. A. Menze, et als ***Johann Gottfried von Herder: Selected Early Works, 1764-7*** (Pennsylvia, 1992).

[3] ibid. En **El perfil del Nuevo Docente** [MEDUCA-PRODE, Ciudad de Panamá, 12 de diciembre de 2005].

[4] Antonio Frontera, al citar a Méndez Cabrero en «*Pepinianos Ausentes*» (***Anuario*** 2001, San Sebastián}, p. 63.

CóMO SE BURLA A MARCELO LA DAGA

Levante el corcho y gane recoge una triste vivencia de engaño y abuso de confianza, cometida por un almacenista del Pepino, en un humilde trabajador de la Salubridad e Higiene Pública de la Municipalidad. Este fue Marcelo, aplodado como *La Daga* por una canción de vellonera popularizada por el grupo *Peñaranda* durante esos años de los '50. Los detalles siguen a continuación como parte del texto. Este es uno de los cuentos anecdoticos de **El Pueblo en sombras** (Palibrio, 2014)

Levante el corcho y gane

Más que en la radio, porque todavía hay vergüenza en las emisoras, se escucha en velloneras que una daga está perdida y que un fulano la tiene. Ese es Marcelo. La verga que le calculan mide 10 pulgadas. Le consta a su mujer, Juana La Muda, pero preguntan a él, cuando lo ven: —Marcelo, ¿donde tienes la daga?

Al parecer, no es una bribonada. Sólo un chascarrillo pueblerino. Confianza con él por parte de la gente que, en Pueblo Nuevo, Stalingrado, Tablastilla y de ahí hasta el viejo Guayabal, es pícara. La canción de Peñaranda dio el motivo. Está pegada.

Es el año de 1954. Don Marcelo, como siempre, trabaja. Duro que trabaja. Levanta drones de basura, a puro brazo y con la sola protección de unos guantes de tela, grasientos y cochinos.

Casi siempre viste de kaki, con manchas de todo desperdicio en su pantalón raído. ¡Es hombre sencillo, campesino, trigueño! Ya tiene dos nenes de su mujer, Doña Juana, quien es hermosa, tetona y con buen trasero. Ella es muda, pero es, por igual, su orgullo y su contento. Viven en un cuartucho pequeño en la barriada Stalingrado, frente a Santos González y es vecino de otra gente pobre de los callejones.

—Marcelo, ¿dónde tienes la daga? —, preguntan, choteándolo.

Dijeron que La Muda habló cuando la perforó entre los muslos.

—La vimos barrigoncita».

—Sí, parece que viene cría—, dice él.

—Entonces te habló y te lo dijo. ¿O te echó gritos?

—No dijo ná.

—¿Ni Ay?

—Ni fu, carajo—, alegó Marcelo La Daga casi riendo.

—¿Con diez pulgadas de bicho? ¡No! Esa muda algo habrá dicho.

Se acostumbró al relajo. Marcelo no se enfada. Hombre de Dios, lo ofenden y se queda callado. Es un hombre de principios y ser bueno es uno.

Otro día igual. La jodida canción «Marcelo, dáme la daga» lo tiene rechoteado.

Mas este día no se lo echarán a perder con ironías. La muda (que ha estado bebiendo un ponche vigorizante, producto de la Cervecería India), dará por seguro un hijo fuerte, bien nutrido. Van a decir adiós a la anemia y las jincheces.

El hambre siempre ha sido un enemigo de los pobres.
Este ponche es mejor que la malta, con huevos, yema y clara batidos. Todo lo tiene. Es super-nutritivo y lo anuncian en radio y televisión, según parece, con esa propaganda que dice *Levante el corcho y gane.*

Y su mujer que espera, ya lo viene probando.

—Marcelo, ¿dónde tienes la daga?

Está demasiado contento para que este burlón lo chacotée.

Con esa humilde tan suya, casi reverencialmente le responde: —Donde la tengo no te lo puedo decir ni menos enseñártela porque aquí hay gente decente y hay que respetarla.

No esperaban esa respuesta ante tantos fulanos, así que felicitaron a aquel hombre tan bueno y tan pobre como torpe de labios. Un analfabeto que no encuentra la palabra adecuada y sabia para defenderse ante los truhuanes de ocasión que nunca faltan ni en tu barrio. Mas es una verdad: ¿Quién no quiere a Marcelo La Daga, el basurero? Si él te limpia las calles, si él te barre el batey, se va silvando de tu predio. Es un hombre útil. Un ser humilde, grande de músculos, minúsculo de labia.

¡Es un alma de Dios, con un morcillo grande y prieto!

—Te veo feliz, Marcelo! —, observaron.

—Es que no lo saben. Levanté el corcho. Me pegué con la chapa.

—¡Coño! ¿Y con cuánto?

Era lo que esperaba que le preguntaban para ponerse ancho de orgullo. Se sentía rico.

—¡Con mil pesos!», respondió Marcelo.

—¡Válgame Dios! ¡Las mil vírgenes!

—Eso es tener daga pa' dar.

—¡Hoy si que habla la muda!

Y prometió que habría su cervecita para cada vecino del barrio. Sí, celebraciones. Es un dineral lo que ha ganado y le viene de perillas ahora que su mujer echa barriga por su causa de su daga. Feliz se puso Stalingrado por Marcelo.

Después de mostrar y convencer con la chapita de la suerte y cuyo corchito peló, con paciencia en su casa, utilizando una cuchilla de bolsillo, con $20 que tomó prestados, se lanzó a Mayagüez. Dicen que fletó el carro y se hizo acompañar de un guardaespaldas, porque, si le dan el dinero, vendría rico. $1,000 en aquellos tiempos serían muchos centenares de veces su sueldo.

—Voy a tener nevera—, dijo.

—Mira, con ese dineral, carro propio.

Sin embargo, esa misma tarde llegó triste. Stalingrado lo esperó, rebosante de alegría, y él vino cabizbajo, casi lloraba. Su acompañante tuvo que explicar que la chapa no era válida. Que rayó la cifra de $1,000, que se perdió un pedacito del signo $. Muchas tonterías dijeron para no honrar la promesa del concurso. Había premios de $50, de $100, de $500... y esos mil, no lo van a pagar si no traen el signo de $... Son mil dólares.

—Esto me suena a vil putada. Han de ser unos ladrones.

Casi todo Stalingrado examinó la chapa.

—Tú levantaste el corcho, Marcelo. No dejes que se burlen de tu daga.

—Es que en Mayagüez no te conocen.

—Es verdad no me conocen.

Cierto. Le dieron largas porque su muda de ropa estaba pintorreteada con una mancha de plátano. Lo vieron prieto y pensaron: —Seguro que no se baña—. Le hicieron creer que olia jidiondo a sobaco prieto porque como lo vieron más negro que la noche, pensaron 'este es un jodio cocolo que no se baña ni en los aguaceros. En verdad, que la suerte y las gratas bendiciones no se aplican al pobre.

—El mil y el signo están claritos. El concurso no termina hasta diciembre—, aseguró el barrio en pleno.

La noticia del engaño también corrió como celaje. Marcelo levantó el corcho y no pagaron su premio.

Reanimado por la solidaridad y esas ideas que ilusionan de pronto, Marcelo se fue directamente al distribuidor local del ponche. Un almacenista regional, si se quiere, de productos de India Incorporated. Felipe López Lugo le dijo: —Estoy para servirte, Marcelo.

—Gané y no me pagaron», dijo el pobre negro basurero.

—¿Te hallaste la tapa en los desperdicios?

—No, señor. Compré los ponches porque mi mujer está esperando.

—Entiendo.

Don Felipe examinó la chapa de metal. Usó una lupa. Hizo sus alardes de zorro viejo y concluyó: «¡Es una pena! La cifra de mil indica el premio, pero los concursos tienen sus reglas. La Cervecería tiene sus expertos y sus asesores. Un premio se concede en acorde a ciertas normas y son rigurosas. Deben cumplirse. Si no validaron la tapita del producto el problema es grave... Vamos a hacer una cosa, Marcelo. Te voy a dar $150 por la tapa. Voy a arriesgarme a que pierda ese adelanto que he de darte; voy a ver si lo cobro en tu nombre; pero, por de pronto, me voy al intento, pierda o gane. Sé que tú necesitas e hicíste ya planes con el premio».

Rumbo a Stalingrado, se fue el hombre. Hipotecó la tapa. No va contento del todo, pero dice: —Algo es algo.

Alguien se encabronó en el bar de Millán: —¡Coño! ¿La vendiste? Tanta bicho para'o y tan pendejo. La Daga, ¿qué has hecho?

Entonces, pagó al colillo de borrachines unas cervezas, así los tendría contentos.

Al paso de los días, quien estaba feliz fue el comerciante López Lugo. Chiflaba de puro contento. Daba los buenos días. Había cobrado unos $1,000 la misma tarde que vio llegar con rumbo a su almacén al pobre Marcelo.

Al verlo tan contento, se dio un momento y dijo al camionero: —Espérame un minuto—, pues, estuvo en tareas de recogido. Colocó un dron de basura, a mano, a flor de tierra. Se quitó las guantes mugrientos y entró al establecimiento.

Don Felipe fingió que no oyó su grito. Y lo dejó con la mano extendida. No quiso saludarlo.

—¡Ay, qué pena, Marcelo! Lo supe hoy, por voz de mi abogado. La tapita no sirve. No se pudo validar. No cumplió con las reglas que te dije. En fin que perdí los $150 que te dí, pero no te preocupes. No te los estoy cobrando. Sólo te digo para que lo sepas.

—Lo siento, don Felipe.

—¿Ya lo has gastado?

—No, no es eso, pero casi...

Todo se sabe, al fin. Dijeron que Pepino es un pueblo afortunado. El premio mayor ya fue cobrado.

El más suertudo de los pepinianos llegó a la empresa India. Ante ejecutivos de la promoción «*Levante el Corcho y Gane y Sea Feliz*», fue trajeado. Es hombre blanco, respetable y eficaz al dar explicaciones.

Aludió al poder de sus asesores legales. Tiene abogados que puede consultar, si es necesario y, además, al cobrar va de por medio su prestigio como hombre de empresa, almacenista y distribuidor de sus marcas. Por casi todo el centro-oeste de la Isla, él es conocido. Dizque que pagó más de $350 por la tapita de un ponche. Planteó, conclusivamente, que la validez de la cifra bajo el corcho, acorde a las reglas del concurso, es incuestionable.

—Vengo a cobrar el premio—, dijo Don Felipe.

Ya no hubo remilgos. La frase clave fue mis abogados.

Diciembre 2005

TODAS LAS MAñAS DE LA SOBREVIVENCIA
DE SOPANDA, EL COJITO

Este cuento, como otros que ofrezco en el libro, más que ser ficciones —son mis observaciones sobre la gente más humilde que puebla nuestras calles y barriadas. Es mucho más elegante designarles como *tipos pueblerinos,* o en algún grado pintorescos, si osamos escarbar en su folclor urbano y en sus mañosos esfuerzos de sobrevivencia o lucha por la vida. Torpe es que los menospreciemos. Los tiempos del trato déspota o racismo homofóbico suelen quedar atrás. Los primeros que se educan en una serie de *political correctness* de su ética vital con ellos. No quieren ser pordioseros ni estorbar a nadie. Tratan de ser útiles y serviciales en la medida que pueden y aquellos quienes atestiguamos a estos individuos no queremos ser ingratos. Lo menos que podemos hacer para reciprocar es agradecerles que no sean agresivos. Que no se presten a ser explotados ni laboral ni sexualmente. Que tengan el mínimo de ética que inspira la empatía.

Una cosa que me ha gustado de **Sopanda,** que es uno de los personajes callejeros (aunque ya se le ve poco porque han agravado sus dificultades para caminar, a esta edad de su vida), es que siempre ha querido, o ser policía o manejar un vehiculo para ofrecer algún tipo de servicio.

El fue uno de los incansables andariegos que exhibió su cojera desde niño. Prácticamente, mi generación creció viéndolo deambular y preguntándose todo lo que este cuento interroga y cuestiona: ¿Habrá ido a la escuela alguna vez? ¿Qué educación tuvo? ¿Qué coeficiente de inteligencia tendra?

A más trato de entender, especular con su vida, algunos mis sutiles problemas con que se compete la filosofía y la problemática de la *Cura* / el *Cuidado* / el *vérselas* con la vida, que hace la hermenéutiva de Heidegger, se me desbordan. Sopanda

313

ha sido, en mi pensar, el mejor ejemplo de un concepto que ya discutimso: la vivencia del amañamiento.

Lean este cuento: el mañoso Sopanda les espera:

A Cosme Santiago Acevedo

Survival is man's fundamental physical need. And self-esteem is man's fundamental psychological need. Mental health depends on a loyalty to honesty: **Frank R. Wallace**

¿Habrá ido a la escuela Sopanda? No. Dicen que, desde niño, fue tonto y mejor que no fuese. Ocupará un asiento en el salón que más provechoso sería para otro cognitivamente dotado. A él habrá que colgarlo. Ese niño se juzgó académicamente como uno carente de futuro. Tenerlo en la escuela sería una pérdida de tiempo. Un gasto. Además se burlarán de él. Es cojo, negro, incómodo. Estorbará la disciplina. Será una distracción en clases. El es inconfundible.

Niños, como él, requieren de escuelas con programas especiales.

Bueno, hagamos un borrón de lo que no se hizo. Sopanda sigue siendo sopanda. Anda por ahí.

Se le quiere.

Quien lo observa, aproximándose afectivamente a él, verificará que cada vez está más malcriado. Refunfuña. Amenaza. Hace gestos obscenos. Su vocabulario es profano. Lo bueno es que hay, no siempre, pero hay, quien ha querido ayudarlo. El pueblo ya le ríe las gracias. Si mendiga, algo se ofrecerá para que siga velloneando. Han ido a su casa a saber con quién y cómo vive.

Siempre se ha sabido que es pobre. Y que tiene muchos pies para tan pocos zapatos. Sin embargo, Sopanda prefiere andar descalzo. El se cree, si no el chófer, él en sí mismo una pieza del auto. Con un juguete viejo, inventó su volante. Su carrocería defectuosa, con el poco de imaginación con que alucine, será equipo de lujo. Por de pronto, falló la suspensión. Sopandea. Falta una correa que lo sostenga parejo o una viga que pueda reforzar y nivelar la caja de su carruaje óseo.

A él no lo podrán echar a un lado, escardarlo y echar al yonque. Es mucho rajadiablo y ser simbionte para que en el pueblo se le diga un estorbo.

Hay en el Pueblo muchos como él, vainazas, bobos, perezosos y, como él, se valen. Se dan a querer en la generalidad trascendental del clamor público. Todo el mundo quiere un lugar. Culpa no tienen por haber nacido.

Créanlo o no. Desde que se inventó un auto imaginario, a Sopanda se lo puede encontrar en Mayagüez o San Juan y donde quiera es él mismo. Al volante lo gira, toma sus curvas, se estaciona. El se ha inventado el drama. Maneja así, descalzo y con la llanta desinflada, por las calles de los pueblos.

Quizás con esa tontería, con sus ridiculeces, ganó la simpatía. Se hizo viejo con la edad mental del retraso.

En realidad, yo, espíritu colectivo, *Das Man / el Don Nadie* no quiero juzgarlo. De algún modo, lo quiero. Lo tolero. No puedo escarbar sus pensamientos. No sé dilucidar a fondos sus emociones. Como todos, lo convertí en personaje; pero, algo ya sé acerca de Sopanda: la primacía de sus emociones sobre lo real. Cuando lo veo manejando lo invisible, o dirigiendo el tránsito, sé que pide el control de su vida. Herramientas de control en sus propias manos.

Obviamente, ya que han pasado los años, Sopanda está bellaco. Ya necesita sus puñetas, o una novia. Por sus gestos, señas de mano o miraditas de rajadiablo, adivino que él libra su batalla para comerse algo. Habla demasiado torpemente para que se sepa si insulta o se interesa en el diálogo. Más que piropos aprendió groserías; habla explícita de una emoción que grita sus rescoldos. Sabe algo que a veces olvidamos.

¡Hasta el más tonto quiere ser amado, admitido, respetado! Y él, más que ignorante: es feo, caretón, rechoncho. Es un ser, sistemáticamente devaluado. Es un ser de Tiké, determinado en la necesidad, pese a su fuerza.

No quisiera él que ninguno usurpe el valor de lo que desea, piensa, siente, imagina o requiere. Sopanda quiere más de la vida que lo que ha recibido. Mucho más. Injusto es que si algo ha recibido, la lástima lo inspira. No hay que decírselo de este modo. Lo intuye, lo vaticina, lo presiente. El es místico en el feo sentido de los que carecen de realidades integradas y son incapaces de discernir entre realidad y mito, hecho escueto y ficción elaborada, verdad y mentira.

Sabe que los desprecios más perfectamente consumados no se dicen con palabras. Y él no tiene el control. No maneja si no un carro de embuste. No puede asegurar a nadie que lo espera el futuro. La única manera de quedar querido, en medio de la estructura de interpretación de su mundo, es mintiendo. Ser un personaje. Darse a querer y él percibirlo es que se acepten sus roles deficientes, reírle las gracias como hasta el momento se ha hecho.

Es mejor decirle, Oye Sopanda, que saber su nombre y que él empiece a enjuiciar sus apellidos, su familia, su pobreza, el maldito momento en que lo echaron al mundo. No deseará esa memoria. El no dirá, por ser cierto, mi situación es buena, ha tenido un valor aunque lo desconozco, tengo el control.

Sopanda no es tan estúpido como uno cree. Razonar es un mecanismo de sobrevivencia, aunque él no tenga mecanismo tal plenamente adiestrado. En La Plaza, echando el plante, bien bañado, se le van los ojitos por las niñas. Ha dicho que se enamorado.

—¿Qué puede hacer él ahora—, me pregunto.

Yo, el espíritu colectivo, lo he visto en su lento, pero progresivo aprendizaje. ¿Qué? ¿Acaso no tiene ojos para ver las hermosas adolescentes de la escuela? ¡Escuelas que él no ha pisado, o quizás sí, por otras razones (que no son conocimiento)! Comentaron, entonces, que Sopanda se quiso casar con *La Boba*. Que se pelea con Wilson el Loco por *La Vaca*. Y no es cierto. Quisiera más. —No más que eso mereces—, dijeron. El quisiera ser libre de cualquier control de grupo; pero lo hicieron sentirse culpable de su atrevimiento, su emoción y su anhelo.

—¿Cómo que enamorado? ¿Quién va a querer a un cojo, feo y tonto?

—Si te casas con La Boba, Món te da trabajo—, le dijeron.

Por tal razón, se animó.

El, que es una vainaza, tendría familia y viviría productivamente de un trabajo. Le llamarían *señor*. Tendría un estatus.

—¿Trabajo? Esta no es la mini-Alcadía de Piro, mijo.

—¿Pa' qué tú sirves, Sopanda, si eres un santo petardo?

En su aventura locaria, fracasado ese intento reinvindicatorio, adoptó el personaje de un chofer o de un guardia de tránsito. Ya no es quien maneja un carro imaginario ni el que frena, sopandeando. Está en la calle. En una realidad muy pueblerina y concreta y, según él, desempeñando un trabajo. Esto no lo imagina. Dirije el tránsito.

Las muchachas van a verlo. Se atreverán a cercarse, como él a los carros. Dar un chispo de su pícaro coqueteo.

—¿Me vas a dar un tíquet, Sopanda?», le preguntó una muchacha.

—Te digo después que te voy a dar—, contestó. («¡El bicho!», farfullá entre dientes). El no sabe escribir ni es muy aguzado, pero, linda o fea, que no venga ninguna a burlarse de él.

El no se habrá parado jamás ante un pizarrón verde ni habrá escrito con tiza su nombre; pero los ojos grandes que tiene han aprendido a mirar las colegialas y él puede relamerse de gusto, pero no tenerlas.

Sabrá que de ellas sacará una sonrisa de lástima. O quizás una carcajada cuando crea él que divierte. El quisiera ser visto como alguien diferente. Dentro de un automóvil, a más nuevo y lujoso, mejor. Al menos, le hubiese gustado ser chófer, dueño de un auto. Si cojear es su destino, él lo sabe: ¡es mejor ocultarse, moverse en un auto, no tener que caminar!

Yo, el espíritu colectivo del Don Nadie que lo mira, sé que él piensa que cojear es una falta de plenitud. Es anormal. Cojear estigmatiza. Condena. Se es menos hombre, se vale menos. Y él no es tan tonto. Lo sabe, está en el fastidio de ese sentimiento. Está mortificado y por eso ha dado el paso lógico mental ante esa carencia. Sopanda es rebelde. Ya adulto, ambicioso y amargo, no es un niño inocente que no fue a la escuela, que no sabe otra cosa que interferir con el tránsito.

Ayer lo ví, uniformado de azul. Un sueño / *fake-reality* vivenciado. ¡Si pudiera ganar aún más autoridad, si al fin pudiera él ser aceptado, si la gente admitiera, sin lugar a dudas: Sopanda, eres productivo. Tienes empleo, ¿cuánto te pagan? Tendrá él que echar muchos pitasos para que se le respete. O ponerse en medio de la calle, atajar con su cuerpo la marcha de los coches. ¿Cree él que de veras organiza ese flujo o está ridiculeando? ¿Qué tal si levantara multas? ¿Qué tal si lo desobedecen? ¿Es verdadero un policía armado si es un revólver de goma lo que mete en la baqueta en su costado? Por más loco que lo crean, por más aceptación cariñosa que busque de la gente, por más autoridad que quiera para sí, en aras de tener auto-estima y certidumbre, él sabe que su vida es un embuste traicionero. Jamás ha querido ser un pordiosero. La limosna es poco cuando la ambición es grande. La caridad insulta cuando el dolor es injusto. Nunca admitirá que siendo así, ser sopandeado, se paga y se atenúa su sufrimiento.

Si alguno le pasara un auto por encima, él quiere que se le pague como nuevo. Se va cansando del sopapo existenciario y de ser sopista para la limosna de los días. Ya, con símbolos de sus egodistonías, lo cantó claro: quiero aceptación y coche nuevo; quiero autoridad y mis deseos saciados. Los rebeldes piden ésto como mínimo.

¿A quién decir que es de tal forma como él siente?

—A tí, Mon Román, ladrón. Mira que no me díste trabajo.

Contra el Alcalde de La Pava, aprendió a echar diabladas. Sopanda se ha *politizado*. Repite lo que escuchara en las radioemisoras. Los políticos no sirven para otra cosas que robar y el chanchullo. Lo dijo Piri Márquez, siendo de La Pava.

Y, después que la queja llegara a la Alcaldía, se le citó a rendir cuentas. Van a neutralizarlo.

—¡Sopanda, ayer mismo mi esposa y yo pensábamos en tí! ¡Tenemos un regalito por ahí porque supimos que cumplíste años!—, le dijo el Alcalde.

—¡No, yo no cumplí años! —, aclaró.

—Lo que importa es que, cariñosamente, te recordamos. Sabemos que nos ayudas con el tránsito de la municipalidad; pero, si me dijeron que haces campaña en contra mía.

Le trajeron un sobre con el sello oficial del municipio. Hay $25 dentro.

Al fin se va contento. Callará por otro rato.

Mas Sopanda tiene una sorpresa preparada. En una ocasión dio resultado. Va tirarse de un carro. Reflexiona, en silencio, quién puede ser la víctima del golpe.

Su plan es fingir un accidente tras pedir que lo lleven a su casa porque está cansado. Quien sabe si, con esta ganancia fraudulenta, se retire de ser guardia sin sueldo. Van a cuidarlo, médicamente atendido. Dirá que él resbaló por causa de un frenazo. Que la puerta no había cerrado bien. Que él se estuvo durmiendo. Que salió del vehículo y cayó al pavimento. Que le duelen los huesos. Que ha sido un accidente. Que ojalá se hubiera muerto para no sufrir tanto...   —Van a pagarme como nuevo—, sonríe mientras maneja ese coche irreal que se inventó desde niño.

El va delante el volante. Ahora no hay peligro.

18 de noviembre de 2005

COMO LORO GUILLE LLEGO A SABER TANTO

A Loro Guillé —que jamás llegó a vivir ni en campo ni pueblo en una *casa grande* y con biblioteca, como la que describe Arana Soto que fue la suya— le habría gustado una. Devoraríra la biblioteca como el médico Don Salvador hizo, antes de llegar esos niveles de estudio en la Sorbona.

Loro Guillé fue tan sutil para llegar, por su cuenta, a la misma asociación que Heidegger cuando vincula la seguridad espiritual con la casa grande. No una choza. Los profetas reiteran que Jesús prepara morada grande. Si el cuerpo es envase de espititu, la casa grandes es biblioteca: —ca*sa / lenguaje / habla / residencia del Ser*—como la *casa del lenguaje* de Heidegger, o la casa del espacio empático del relato de Arana Soto y lo que llama la verdadera *'Casa Grande',* porque vistas las quemas del 1898 por campesinos airados o los alzados, incendios de casas haciendas como las acontecidas en el Pepino que muchas ves Arana evoca, la única que no se quema por la ira popular es la casa de las virtudes de los puertorriqueños buenos: «*la casa grande de la hospitalidad y de la sencillez, de la nobleza y la honradez; el secreto estaba en el amplio recinto de la cortesía y las buenas costumbres; el secreto estaba, en fin, en un vasto templo de las virtudes de la raza*» [1]

Esta sería la *ética originaria* que en algún momento se perdió en los campos pepinianos cuando creció a expensas de la pauperización de los jibaros una burguesía cafetalera, hacendataria y comercial, que se vio a si misma como dueña única de «*lo grande, lo alto, lo espacioso, … el movimiento, la acción, la aventura, el hallazgo... las carreras a caballo por sabanas y caminos reales… la caza del martinete a la orilla del río y la pesca de la charca y la buruquena bajo las grandes piedras… era el guayma y la pomarrosa; era el nido y el pichón*» (ibíd.).

—¿Y cómo fue posible que surgiera ese estallido de violencia? ¿tal envanecimiento que los campesinos pobres optaron por destruirlo con fuego en 1898?

Esta fue la pregunta con que yo probé a este sabio Don Pancho Guillé cuando aun vivía y transmití la sensación de un hombre cuerdo, con las neuronas de su memoria, en flor de funcionamiento y su respuesta fue una que aludía a las diferencias de dieta y de valores del rico y el pobre: el hambre es un pan tan escaso que no sacia; más bien, evita que tengas casa, salud o educacion, algo asi me dijo...

Pero la falta de pan, desde su niñez, no ha quitado de si los estimulos de tener una biblioteca esencia dentro de su corazón, como en una *casa grande.* Lo que tiene inmenso como un palacio es un cerebro que lo inspira a saber y leer vorazmente...

Este es el cuento de **El pueblo en sombras** con que lo recuerdo y lo titule, **Loro Guillé.** [2]

•

Guillé es el clarín andante de mi pueblo. Juglar de la broza con rima, la poesía predecible, el pensamiento débil. ¡Ya es un joven viejo por lo mucho que sabe! y ha sido, por cuatro décadas, el cronista oral de la pasión y el bochinche. Uno que todo lo sabe y, con ingenio de palabras y gestos, lo dice. Repite como loro las novedades y el misterio, el escándalo y el ensueño, lo procaz y lo sublime. Dicen que lee y lee y come poco. El Quijote hizo lo mismo y terminó loquincho.

Sobre Guillé se dijo que se cayó del coy. Que fue un niño-promesa, sabio malogrado por el hambre, la miseria de los '20 le marcó la infancia. La *Depresión del '30* lo embrolló en dares y tomares, reventándolo en Pueblo Nuevo y, años más tarde, como parto de los montes, nació el filósofo de la guerra, la que observó desde lejos, leyéndola en la prensa, poco a poco, día con día.

También es teórico, a puñetas, por la soltería. Con las niñas, se vuelve un caramelo. Solía rimar versos propios, o decir los ajenos. Aprendió a estar solo, a leer a oscuras, con el quinqué por testigo, a soportar burlas y aguantar el miedo.

Guillé nació para algunas proezas que jamás se cuajaron. Y es que una tuerca floja le vibró en la mollera, lo mismo que al Quijote y no se educó para otro arte que el que produjo a hombres buenos, gente pobre, abrumada, mas noble...

El periódico de ayer le da su alimento. Es su Arbol de la Ciencia y del Conocimiento. De sus frutos, con sus lecturas, muerde el Mal y peca. Y si del Bien muerde, nada sucede. Y él cae, vegeta, desespera muchas veces, pero se levanta y anda para un lado y para el otro. Baja a los bares de Millán; se mete a conversar con las mujeres, borrachos y vecinos. Conversar únicamente. No bebe. Se le ve en el Guayabal, en Norzagaray, en los rumbos del Caserío Méndez Liciaga. Siempre va y viene.

El quiso ser alguien, hallar su auditorio y su respeto. Y no pudo. No ha sido culpa suya. Lo entendió, lo presiente. En el fondo, sabe que habla solo. Que el círculo que lo rodea, a sus espaldas, se ríe, pocos son los que oyen. Muchos son los que miran, sin oírlo, pero que con él se divierten.

Dentro de sí, como sangre, circula la tinta. Fluye en sus venas desesperadamente. Cada dato que lo obsede y lo nutre baja por su gaznate como bolo digestivo. Guillé defeca en la letrina un mojón de palabras, excrementos editoriales de argumentos incomprensibles. Es una crónica orgánica, el Pepino viviente.

Guillé desayuna sus noticias. Las masca y traga, a veces con el corazón vacío. Y sale a la calle con virtud enunciativa, va y lo declara todo. Su misión es sumar su voz a la vocinglería.

¿Qué otro remedio le queda?

No es que Pepino sea un pueblo palesiano, donde nada ocurra en términos empíricos. Al menos, nada trascendente es común en ningún lado. Vivir, sobreviviendo, es desgastarse cotidiano en la Nada. El lo sabe. Algo, si profundo, ser-epocal adviniente, lo tiene clavado a sí como su puñalada. Todo su pueblo, él incluído y cada pueblo, como dice Muñoz en su campañas, quiere comer más que lo come, dormir con menos estrés, soñar con menos tropiezo. Y aún así, tal victoria no se gana tan fácilmente. No ha sido posible todavía.

Guillé, quien sueña muy en grande con justicia, porque él vive la guerra de sus días, aún con más enormes fieras que las fieras del mundo que se matan, ha desarrollado su sentimiento anti-nazi, solidario, pacifista y, como socialista primitivo, su lógica no tiene parangón con los ideologemas que desinforman al pueblo. El va más lejos que esos socialistas de Padró Quiles y Don Nito, Alcalde de *La Mogolla,* que a punto está de ir preso.

A Guillé le dijeron visionario, pero utilizaron la palabra más idiota y cochina al decirlo:

—Mijito, tú estás loco, bendito.

La rutina de Guillé es simpre la misma. Sale de la botica La Central. En la mañana, se lee todos los diarios hasta que siente el hambre que cruje como bestia depredante y se lanza en pos de su bocado. La agonía comienza al mediodía y sus tripas la declaran como un editorial de los instintos. Se llena de harina hasta los ojos como si fuera un molino. Esconde sus chistecitos en su camisa de remiendos grises, tan raída. Y al fin, nervioso, discreto, sale con el periódico más viejo, El Imparcial, bajo el brazo.

A veces, se siente temeroso de que Luis Vélez irrumpa en su camino, cagándose en Dios y echando sus garatas, sólo porque se fue a Nueva York, se hizo gánster y se llenó de billetes para jactarse en grande, a su regreso, frente a gente humilde como Guillé, o los bodeguitas Adames y tantos otros. Gente buena de los ventorrillos y el campo.

A Guillé, Luis Vélez lo pondría como chupa si lo viera, jactancioso, le compraría las hambres atrasadas y el bostezo. Le daría un precio a su vida de gran disparatero, o soñador, cagón, palurdo. Así es uno y el otro, tan distintos.

—¿Cuánto vale que cierres ese pico, Toño Loro? ¿Cuánto dices tú que vale tu silencio, o cuánto recoges en limonsas al día cuando echas tus embustes a la calle?

Sólo a él el juglar teme. El sí, poniéndolo de espaldas a la pared, es capaz de humillarlo hasta lo indecible. La alternativa es tan simple. Hacer que él responda, con el pueblo por testigo, si es un mataperro o un cobarde, un hablantín, idiota embustero o un ser auténtico y valiente.

Ahora tendrá que compartir con el mundo lo que extrajo al clavar sus ojos sobre las páginas y fotografías. Ha mordido con dientes filosos una que otra noticia intrigante del diario y, aunque ya ha pasado el fragor de la política, en su Pepino violento, apasionado, ganó la Pava, la esperanza del pobre, y él es feliz, aunque está triste en el alma. La injusticia sigue como voraz incendio. No hay ninguno que la apague.

—¡Nito no mató a nadie! Fue su hermano Felino—, dijo.

—Cállate, Loro. No te metas en líos.

Nito Cortés había sido el primero y único alcalde socialista del Pueblo. Fue irónico. Para ganar, su partido, el Socialista, se alió a la burguesía republicana, no ya la barbosista, sino la de García Méndez que, siendo del Pepino, era como un demonio infernal, según él dijo. Aquella absurda caldera, La Mogolla, hambreaba al pueblo, al obreraje de los cañaverales y fue como fiambrera de espejismos, oasis fantasmales en la arena. Una olla podrida de lamentos que, al llegar Fey al poder después de Cayo Estrada, dijo: «Hay que olvidarla. Exorcizarla. Hay que crear un nuevo mundo, así como Rabell, el unionista, creó su Pueblo Nuevo».

Para dar continuidad a banquetes de su novelería, Toño Guillé formó su pailita de curiosos frente a La Popular de Jalisco. ¡Qué difícil tarea: hallar las gentes ávidas y sensibles al conocimiento! ¡Gentes con quienes él discutiera, al explorar sus méritos, la propuesta soviética, la creación de las Naciones Unidas, después que la Liga de Naciones se fue a jurtas!

Guillé se pronunció por la paz y el socialismo fabiano del tipo que discernía Nemesio R. Canales y una vieja puta que llamaron Clementina Urrutia, o La Zorra, y que anduvo con Gerardo Forest cuando vivía en Pepino, y regresó sin él por el 1900.

Que, en diálogo multilateral, se evitaran otras guerras mundiales, ¡eso sí que él lo diría con alarde, a boca llena, corazón en plenitud! ¡Algún día será tal la noticia, la primera nueva de sus gozos! Eso sí que lo divulgará en Pueblo Nuevo, más ahora que a su barriada la llaman Stalingrado.

Visualizó esa utopía, con clamor profundo, como si fuera un marxista estalinista declarado. Y no lo era.

También, en la Navidad de 1944, por las esquinas de la plaza, maduró su tema sobre el posible Reino de Dios en la Tierra, el reino de la paz concertada por las Naciones Unidas, aún cuando la disolución de la Liga de Naciones parecía desmentirlo. Un año después se conoció el discurso de Churchill sobre la Cortina de Hierro. ¡Como a mierdas trataron a los comunistas que dieron diez millones de vidas en la Guerra recién acabada!

De pronto, tras las sentencias de Nuremberg, las ejecuciones de nazis asesinos y el *Plan Marshall* (que costaría 11 billones de dólares en aquellos tiempos de bostezos enormes), los rusos se transformaron, por juegos de sucia propaganda, en enemigos, y Guillé meditaba en estas cosas, noche y día. Sin embargo, en Pepino, en su desfavor, como si ésto lo desautorizara para dar opiniones, se le dijo:

—¡Cállate; tú no sabes un coño de la guerra!

Ciertamente, él no era veterano, jamás cursó la elemental. Guillé no debía lanzarse a esos abismos, donde se viste en camisa de once varas aún aquel que es educado y ducho en el debate.

—¿Qué tanto dices, Loro? —, le preguntó Cucán Oronoz. Supo él, Comisionado del Servicio de Reclutamiento Militar en esos años, que

Guillé no decía ser patriota y buen americano; tirar la bomba atómica fue como bombardear a San Juan en el '98. Agresión desproporcionada. Abuso.

En adición, Truman propuso una doctrina contra la expansión del comunismo. ¡Ya está buscando pleitos, ya está en plan de condena y aspavientos! Paralelamente, el miedo a la bombas atómicas, como aquellas lanzadas sobre el Japón, se esparcía como el fantasma más horrífico, aún más que el mismo comunismo. Guillé fue el terco que dijo: las pasiones son más terribles que las bombas; la muchas prohibiciones son las formas de regir de los tiranos.

A juicio suyo, las élites británicas son las promotoras de las rebeliones del mundo. Es la nación bélica y colonialista, por antonomasia y no hay dos de su talla. Ella, la Nueva Albión, Babilonia de Occidente, todo lo corrompe y prostituye. Orden y Ley han alegado para imperar por la fuerza y quedarse con el Africa y Oriente. A la civilización, si es que la han representado, dieron su precio de esclavitud y sangre; ¿pero quién, sí, quién se atreverá a cavilar sobre estas cosas con El Loro, ese loco desbraguetado de las calles?

A él sí inspira terror el Holocausto. Impugna las colonias inglesas en el Africa y los planes de forjar un nuevo rumbo armamentista, el arsenal atómico. Si no hay que temer a estas cosas es necesario que lo expliquen. Que se aproxime un sabio y lo persuada. Que se inicie un debate sobre el asunto de inmediato.

Es bueno que lo sepan. El no es Don Simplicio, el tonto.

Sin embargo.... no fue tomado en serio ni aún siendo niño. Cuando aprendió a leer, como milagro, solo, nadie hubo que le dijera: ¡Hay madera en tí, eres prodigioso, me sorprendes, Toño!

Todavía no se comprenden sus miedos ni sus desesperanzas; pero él ni se casó, se morirá solo, medio admirado, a medias querido...

Cuando Cucán dictó que 'Guillé está loco' fue como si hablara el Papa *ex-cathedra,* se repitió: el Loco loro, memoria tiene de elefante, criterio de mosquito y lengua de loro.

El Dr. Franco lo miraba con ternura, casi incrédulamente, cuando lo oyera discutir cada artículo del Armisticio. Otros lo fisgonearon hasta exponer sus hurtos en *La Central.* Guillé creyó que nadie lo había visto cuando se llevaba los diarios de la botica de Manolo, sin permiso; pero, eso sí, los diarios viejos, los que ya habrían de parar al cesto de basura.

—¿De veras lees tú? ¿O es que repites lo que oyes de Pepe Franco o Geñito, el maestro—?, preguntaron.

Se le había visto que devoraba *El Mundo*, sentado en un banco de la Plaza Baldorioty, pero, eso no es malo… él es Toño, loritonto, pazguato, moscamuerta, boquirroto… hoy casi pordiosero, porque no conoció realmente un trabajo, a no ser su pensamiento filosófico, sus lecturas y, aún versos y memorias de gentes de otros tiempos. Ser un juglar ya es algo.

—¿Sabes mucho, Guillé?

Es la enciclopedia viviente de lo inútil, de lo histórico y errátil, de los siglos utópicos y los sueños paganos.

—No. Nada. Es mejor no saber que estar triste.

Lo observan de arriba a abajo, como a valepoco de alma. Hay días cuando, a falta de baño, bocado y sueño, a Toñito Guillé se le ve más macilento que de costumbre. ¡Da hasta lástima verlo!

Es vecino de ese noble Pueblo Nuevo, lleno de locos, putarracas, borrachines, ex-alzados e incendiarios de principios de siglo. No es que todos sean así; pero ese barrio ha sufrido.

—Es uno de los nuestros.

Entre los pocos interesados en oírle, siempre prevalecía la misma preocupación:

—¿A quién del pueblo se menciona en la gacetas?

Hoy es uno de los días en que sonará su clarín a los cuatro vientos. Y puede que su estómago vacío conozca una serenata de sabores y aromas de cocina. Le van a dar de comer hasta que engorde como puerco. Le van a dar monedas y hartar los bolsillos como nunca. Lo van a festejar y agradecerle. En la prensa, se menciona a muchos pepinianos. Se menciona a Juncal y Culebrinas. Pepino está en el mapa social, en las burundangas del evento comentado.

¡Coño, en la prensa nacional está Pepino!

Diez años le dieron al Alcalde. El va a cumplir como si fuera el asesino y autor intelectual de las conspiraciones.

Los nombres saltaron ya de las galeras. Fueron impresos en tinta, a fin de que se perpetúen en la historia, sin olvido. En la pista de una página, bailaron orgiásticamente los ojitos pequeños de Guillé y se asomaran a su boca, apurados, los nombres esperados. Los dijo. Una página de *El Imparcial* nombró a los pepinianos. Sí. Joaquín Oronoz, el ex-Alcalde republicano, dijo: —Con Nito se ha cometido una injusticia sin nombre… Tan pronto se instale Piñero en Fortaleza voy a verlo. Vamos a pelear contra la Pava».

Es periódico de ayer. No importa. Al fin, se dice: —Han condenado a Juan Evangelista Cortés. La Pava se ha salido con la suya. El nuevo Alcalde, Cayo Estrada, tiene el apoyo de Muñoz y dijo: —¡Hundan a esos hijodeputas de La Mogolla! Que ya el pobre de los campos no está solo. ¡Que sirva esa condena de escarmiento!

En la mañana irá por otros ejemplares, leerá de ese articulazo que dice La Crisis del Pepino y la Violencia. Se agrega que «continuará». Es una serie. Guillé se agenciará la edición sabatina de *El Mundo* que, por igual, promete más detalles sobre lo que Norteamérica y Rusia han propuesto para el mundo, siendo que ya se comprende que Alemania es el monstruo más perverso de la tierra y esconde sus crímenes. Niega que haya tenido campos de exterminio, pero como moscas se cuentan los cadáveres de gitanos, eslovacos y judíos.

Dos días después Guillé el Loro diserta. Se enfermó por no hallar los periódicos del sábado. No salió a la calle por no haberse alimentado. No quería fallar a la pailita que ya por él preguntaban:

—¿Qué es lo nuevo sobre la guerra con los nazis, Guillé?

—¿A quién del Pepino se menciona en El Mundo?

—¿A quién mataron hoy que no sabemos?

Ya está frente al Café Plaza. El llama la atención a la clientela que, de las traperas de Ney Hernández, se desplaza a los comercios contiguos de Andrés Velázquez y Jovito Hernández. Al fondo, se distingue *Laurnaga & Sucesores* y, en los altos, Vasconia.

—¿Qué tanto dices? —, le preguntó Luis Hernández, el piragüero.

Leyó que los Nazis esconden la evidencia de sus campos de exterminio. Que casi medio millón de judíos húngaros fueron trasladados a Auschwitz y que los rusos, proponentes de la Unión de Naciones, una vez que la Liga se termine, han liberado a Maidanek. Es que, Guillé con sus cuentos, creyó que Don Nito se consuela con la sugerencia de llamar a unas parcelas Stalingrado en el seno del mismo Pueblo Nuevo.

—Pero, Loro, ¿a quién le importa eso?

En los cálculos que maneja, por cientos de artículos que ya ha leído, Guillé afirmó que las matanzas judías en Odessa, Kiev, Riga y Vilna, suman 128,000 vidas. Están matando a gitanos y polacos, van a seguir los negros y los puertorriqueños: es lo que piensa; y luego, echarán la roña al feo, al pobre y al enfermo.

—Pero, Loro, ¿a quién importa eso? Muerto el perro, se acaba la rabia.

Durante la mañana, Guillé leyó del periódico de ayer, abandonado sobre el taburete en la botica (y precisamente lo escuchó, en exclusiva, desde la noche misma, por labios de Geñito López y Don Manolo): A diez años de prisión se condenó a Don Nito. Se le rajó don Ernesto

Ramos Antonini. El Alcalde ni mandó a matar ni lo ordenó a nadie, como han dicho; pero, por los incidentes de Juncal y Culebrinas, la muerte también se mudó al Pueblo del Pepino. Cayeron el 22 de octubre, de ese año de 1944, Efraín Sosa, Nicolás Quintana, Martin Ramírez Santiago, Eduviges Font y Miguel Polilla.

—Son las pasiones, son las pasiones—, concluyó al referise a los motivos políticos. El pistolerismo es tan español que, por herencia, aún lo practican en Pepino. Entre correligionarios de *La Mogolla* y *la Pava* se madrugaron los tiros.

Guillé diserta sobre los asuntos internacionales:

De los acuerdos de la Conferencia de Bretton Woods, resultará el Fondo Monetario Internacional y un Banco Mundial. Europa en ruinas por la guerra será reconstruída. Hay esperanza, amigos míos. No hay tal cosa como el Fin del Mundo y el Apocalípsis.

¡Ya le perdieron el respeto!

No termina. Va para largo el discurso.

Guillé se volvió filósofo y no le gusta a esa gente que sólo da tiempo de su tiempo si se habla sobre los crímenes locales.

—Guillé, ya estás crecido, parejero; ya repites a Pepe.

—¡Yo creo que tú ni lees! Todo lo inventas, tonto.

Y lo dejaron solo y huyeron.

Tranquilo, amistoso, cordial, la atención del vecino requiere... ya han pasado otros veinte años y está viejo, tardo y lento, con el pelo canoso y barbas semi negruzcas. ¿Y qué costará a usted que él lo detenga brevemente y le obligue a dar su limosna de tiempo, su miguita en monedas? Seguramente si va con prisa, insistirá de todos modos. El andará sobre los pasos suyos. Le hará sombra. Será como un perro que olisquea su generosidad.

—Queda en usted, señor, un mínimo de curiosidad por el conocimiento?

—¿Qué quieres, Guillé?

... entonces, explicó que un día (y no lejano) habrá paz en la tierra. El temor, el hambre y la opresión, serán herencias del olvido. Asuntos del pasado. En San Francisco, se crearon las Naciones Unidas, una organización que será el comienzo de la paz y la comprensión entre los pueblos.

El buen Guillé lo había leído.

Tenía mucha hambre, pero estaba muy feliz ese día. Todo su corazón estaba en ese pensamiento.

_____

Bibliografia y notas

[1] Dr. Salvador Arana Soto, **La Casa Grande**, en: **Anuario** 1996, p. 14].

{2] Incluído en el libro de cuentos **'El corazón del monstruo';** [Outskirt Press, Denver, 2000], ps. 69-75.

APENDICES

CRONOLOGIA HISTORICA MINIMA PERTINENTE A TIPOLOGIA PUEBLERINA

1752-1800: Economía de Pepino se basa en el cultivo de viandas, frutas y crianza de cerdos, cabros y aves.. Se comienza un ciclo cafetalero entre 1810 a 1830.

1815: Arriban al Pepino numerosos inmigrantes, con capital y mano de obra esclava que dejará un impacto cultural, étnico y político social, una visión de clase que los primeros colonos no tenían, ya que eran esencialmente criadores de ganado vacuno y agricultores de pequeñas parcelas. Se enfatiza la siembra de caña.

1823: Se funda la primera escuela primaria. Hay alguna conciencia de ideas liberales y democráticas frente al monarquismo.

1829: Población local sobre pasa los 9,000 habitantes.

1846: Hay dos escuelas. Cien viviendas de madera y van desapafreciendo los *bohíos* de pajas en pueblo y campo. Una cultura de molienda cañera y de trapiches de madera florece para la elaboración de melao. También se cultiva café, algodón y frutos menores.

1868: Joaquín Sosías, ventorillero español, se comporta como delator del Movimiento Revolucionario en Lares y en calidad de soplón se le recordará hasta su muerte.

1871: Casinos recreativos para la clase blanca y pudiente. Miguel R. Cancio Vendrell, fundó la Sociedad Literaria-Teatral *Lazo de Unión,* con su colega J. A. Franco Soto. Cancio Vendrell seria el precursor del primer hospital fundado en Pepino y, en los decenios de 20 y 30, se le prestigiaba comio el médico-forense mas destacado en la isla,

1873: Fin de la esclavitud.

- Pablo Emilio Rodriguez Cabrero publica en San Juan la revista sagirica *Don Simplicio*. Exiliado a la isla de Saint Thomas.

1880: Maquinaria de vapor para tahona / molinos / sustituye la fuerza motriz de los bueyes.

1892 a 1895: *Círculos de Amigos* y de Estudios para promocionar la conciencia obrera, liberal y anarquista. Un poco más tarde visita San Juan clandestinamente Gerardo Forest Vélez, pepiniano *mambí* que lograra el grado de coronel en el Ejército Revolucionario Cubano. Trae un plan de lucha armada que Muñoz Rivera rechaza y que sólo Luis Rodríguez Cabrero oye, al tiempo que lo hospeda en su casa, a riesgo de presidio por las autoridades peninsulares del Gobierno Central..

1896: Tramo de ferrocarril de Añasco a Lares. Llega hasta el barrio Altozano.

1896: Fundación de la *Farmacia Rabell*

1897: Primer periódico local, el semanario *El Culebrinas,* da paso a la primera generación de periodistas y gacetilleros: Pedro R. de Diego, Juan Torres Reyes, José Vidal Cardona, Segismundo Torres Avilés.

- Peninsulares impopulares y ultraconservadores en la época: Antonio Pavía Conca, nacido en 1861, residente en la Calle Betances, esposo de Laura Hernández González, Juan Coll y Grau, casado con Carmen Mislán Huertas, José M. Caballero Ayala (n. 1872), residente en Calle Miraflores y casado con Susana Echeandía Vélez (n. 1865). Durante el periodo de los Comevacas y Tiznaos, fueron familias amenazadsas de muerte mediante *coplas revolucionarias..*

1899: Luis Rodríguez Cabrero (1864-1915), autor del sainete *El Pepino en faldetas*, se involucra en la *Liga de Patriotas* de Eugenio María de Hostos y colabora con su órgano político, *El Terruño*. En el *Casino de San Sebastián,* Rodríguez Cabrero y Jerónimo Bonilla Cuevas estrena la obra.

- El huracán San Ciprián destruye el 80% de los cafetales.

- Enseñanza privada y nocturna con maestros tales como D. Lolo Acosta y Félix Colón.

1906: Quema en Caso Urbano y en Guayabal.

1908 al 1991: Clínica médica del Dr. José a. Franco Soto.

- Fuego arrasa el Casco urbano.

- Don Manuel Rivera a Negroni, alcalde de 1910 a 1924. Bajo su administración se fundó la *Barriada Pueblo Nuevo* y se instaló el servicio de energía eléctrica.
- Escuelitas rurales en Perchas: *La Lord* y *Escuela Baldomro Roig*.

1910: En gestiones para organizar el Capítulo No. 52 de la *Respetable Logia Redención* para estos años se movilizaban Miguel R. Cancio Jr., José Ménde Cardona, Miguel de Jesús, Elpidio H. Rivera y Gerardo Pérez. La nueva Logia estaba bajo la jurisdicción de la *Gran Logia Soberana* de San Juan, que presidía como Gran Maestro el Dr. W. F. Lippitt. Los documentos de la Logia revelan que muchos de los miembros han sido masones en otras, como la «Sol Naciente», No. 15., de Aguadilla y los miembros asociados provienen de pueblos diversos: Arecibo, Añasco, Camuy, Mayagüez, Hatillo, Río Grande, Ciales, Lares y nativos de San Sebastián. En 1912, ya contaba con 35 miembros, entre ellos, Eleuterio Bottari, nativo de Italialia. Entre los miembros que piden ingreso en el año 1911 se hallaban el isabeluno José Angel Mislán Huertas (n. en 1856), el comerciante local José Cristino Pérez (n. 1885), el maestro de rural Práxedes Salas Serrano (de 48 años y nativo de Pepino), Ramón Roura Rodríguez, oficista, nativo de Ciales. Dos policías Facundo Ortaga Carrero (n. 1887) y Alfonso Gautier, de 32 años de edad, también peticonan ingreso y aún son 'profanos'.

En julio de 1911, piden su iniciación con masones en la Logia Redención, o afiliación al capítulo local, Luis Antonio Domenech y Acosta, comerciante de 41 años de edad, procedente de Hatillo, el farmacéutico lareño Pablo Cabán, de 30 años, el agricultor Carlos Ubiñas, natural de Aguadilla y de 53 años de edad. El alcalde de entonces en Pepino, Manuel Rivera Negrony, genía el grado de Aprendiz de La Logia Conciliación de Mayagüez. Tambkén solicitan afiliación el añasqueño Juan Pesante Monagas, herrero ya adscrito a la *Logia Adelphia*, el mayagüezano Leonardo Recio Artieri, jefe de la Policía Insular en el Distrito y también masón de Adelphia, de donde también procede el añasqueño y futuro Alcalde del Pepino, Antonio Sagardía Torréns.

Al estudiar documentos de *Redención* y activos masones de 1919, 1921 al 1929, sorprenderá la cantidad de apellidos de familias locales que fueron logieras y para mencionar a estos designados «respetables de la lista de miembros encontranos: Francisco Ballester Cruz, Anacleto Arvelo, José A. Anglada, Francisco Aldahondo, Juan Almeyda, Juan y Fidel Alberty, José Oscar Alers, Salvador Gayá Domenech, Manuel V. Rodríguez Román (Primer Diáacono), Juan Tejera Lorenzo (Ecónomo), Eugenio Ruiz Quiles y Juan B. Cardona (Guardas del Templo), Francisco Latorre Ramos (Primer Experto), Ramón A. Rodríguez Cancio Cores, Pablo F. Latorre (Porta-Estandarte), Lcdo. Rafael Rivera Zayas (Diputado ante la *Gran Logia Soberana de Puerto Rico*), Antonio Bosques, Juan Vissepó, Roque Vélez, Joaquin Oronoz, Jr., Fermín Sagardía, Arturo Babilonia,Luis E. y Luis A. Domenech, Manuel y Andrés Méndez Liciaga (Grado 18 en la Masonería Simbólica), Juan A. y Pablo A. Medina, Ramón A. Medina, Fidel T. Méndez, Laurentino Domenech, Manuel Rosado Ríos, Telésforo Cruz, Eugenio, Gerardo, José S. y José Cristino Pérez Traverso (Ecónomo, tras la renuncia de Juan Tejera), Pedro Echeandía Vientós, Emilio Ruiz, Gumersindo Ríos, Policarpo Domenech, Fidel T. Méndez, Juan Ferrari, Buenaventura Esteves y Elpidio H. Rivera (Secretario de la Logia), Martin Lopez, Afredo Font, Ulpiano Paoli, José A. Castañer, exmiembro de la *Logia Jepthté* del *Gran Oriente* Español y otros

Aunque nunca perteneció a la masonería local, el exrepresentante a la Cámara de Representantes (1933-36) por el Distrito #23 por la Unión Republiacana anexionista, Agustín E. Font Echeandía fue Venerable Maestro de la *Logia Aurora* de Ponce.

Es importante indicar que esta logia pepiniana como su matriz, la *Gran Logia Soberana de Puerto Rico* responde a lo que José Antonio Ayala, en su libro, ***La Masonería de Obediencia Española en Puerto Rico en el Siglo XIX***. refiere a un carácter esencialmente filantrópico. Las logias españolas en la Isla, especialmente enfatizaron la donación de dinero para ayudar a enfermos y menesterosos, y organizar las actividades en apoyo a la educación. No entraron en controversias con la Iglesia Católica que en periodos previos al Siglo XX perseguía a sus miembros. Y un comú lema fue *Salud, Felicidad, Unión.* Distinto a su estilo confrontatiovo y pro-independencia y libearalismo, n el siglo en que se organizan ya no tienen los contenidos que las hizo temibles y sujetas a censura.

[Ver además: José Antonio Ayala, *La Masonería de Obediencia Española en Puerto Rico en el Siglo XIX* (Murcia: Universidad de Murcia, 1991). y *La Masonería de Obediencia Española Ante el Conflicto Colonial Puertorriqueño, **Cuadernos de Investigación Histórica Brocar 17*** (1991) 21-36. José Antonio Ayala, *La Masonería de Obediencia Española en Puerto Rico en el Siglo XX* (Murcia: Universidad de Murcia, 1993). ***La Conjunción Masónica-Librepensadora-Protestante Contra la Iglesia Católica. El Caso de Puerto Rico (1898-1925).***]

1914: El *Partido Unión de Puerto Rico* es organizado en Pepino, organizado por Joaquín Oronoz Rodón, su presidente, y Ramón Pedro Quiles.

- La firma arquitectónica Etienne Totti & Torres construye la Casa de Doña Bisa / o Rabell Cabrero, ubicada en la Calle Muñoz Rivera #16 que, según la asesora municipal de San Sebastián, Arquitecta e historiadora Yaiza Arvelo, toma la idea de un viaje de la familia a Europa. La construcción se materializa tras la familia recibir una cuantiosa herencia. Entonces, se edifica lo que es considerada la *«única villa paladiana en Puerto Rico… cuyo estilo arquitectónico, a la A. Paladio, destacan elementos del orden clásico como las columnas, frontones, cornisas, molduras, las lozas, las muertas y ventanas de madera, con cristales de colores que recuerdan su contenido criolllo».* La misma se construye con cuatro niveles y sofre cuatro lotes de terrenos en que existieron residencias criollas de madera que para 1908 fueron arrasadas por un fuego.

- En la tercera generación de descendientes de los Rodríguez Cabrero, sobrevieron seis de los ocho hijos del matrimonio de Manuel Agustín Rodríguez Rabell, hermano de Doña Bisa, y María del Mar Martínez de los Ríos, hoy originadores de nietos y gtataranietos.
- Pablo Emilio Rodriguez Rabell casado con Dolores Garcia

Méndez

1918: Efectos del *Red Scare* / El *Peligro Rojo* en Puerto Ricc

* Terremoto ocasionó daños a la Iglesia Católica, la Casa Alcaldía y la Escuela Whitter.

* Muerte en La Habana, Cuba, del patriota pepiniano Gerardo Forest Vélez (1859-1918), quien recibió un título en Farmacia en 1879, y en la guerra mambí contra España obtuvo el rango de Coronel.

1920: El pepiniano Manuel Pavía Fernández, médico graduado en la Universidad de Loyola en 1917, es electo Representante a la Cámara (1920 a 1924) por la *Alianza Puertorriqueña*.

1922: Muere Avelino Méndez Martínez el 20 de diciembre. Nacido en Moca, patriota de ideas avanzadas, considerado uno de los líderes intelectuales de las Partidas Sediciosas. Su hijo mayor, Andrés Méndez Liciaga, diría sobre él que atendía el clamor de los necesitados, *«escuchaba sus demandas y remediaba en parte sus necesidades»*, pues, estuvo guiado por un *«corazón abierto al bien, a la justicia y la caridad»* (**Boceto histórico del Pepino,** 1924). Rehusó la Alcaldía Municipal de Pepino al pedido del Capitán Brackford el 19 de septiembre de 1898.

1925-1929: Periodo alcaldicio de Antonio Sagardia Torrens. Agricultor, ex tesorero y Director Escolar, antes de ser Alcalde. Sufrió en 1898 en sus propiedades. Construyó una gran parte del Acueducto que da servicio a la municipalidad.

1928: *Huracán San Felipe* arrasó con la industria cafetalera en Pepino.

* El ciclón destruyó la hacienda *La Taza de Oro* de Guacio, propiedad de Don Pedro Cardona Vázquez, de origen mallorquin. Este sembraba café, vegetales y viandas.

* Muere Narciso Rabell Cabrero, exAlcalde, Director Escolar y paleontólogo pepiniano.

* 1928-29: Período de *Turbas Republicanas, El Corral de Electores* (para robo del voto) y asesinatos polticos. Reincidencia del *caciquismo.*

* El Dr. Pavía Fernández es electo Alcalde interino de San Juan en 1929.

* Efectos de la *Depresión económica*

* Llega a Pepino el Cura Aponte. Su influencia 'religiosa' se extiende a 1968.

1932: Otro huracán, *San Ciprián,* arrasa con cafetales y fincas de frutos menores.

«En aquel entonces, las carretas de bueyes son el medio de transportación. Las calles eran caminos vecinales que cuando caía un chubasco o aguacero se convertían en ríos de bajes o, peor aún, fangales. En aquella época, la vida era muy dura» **(Testimonio de Horacio Hernández,** 1995, desde Altadena, California). [1]

- Gobierno de la *Alianza Puertorriqueña*

- En 1933, muere Getulio Echeandia Vélez, casado con Trinidad Echevarria. Toma el mando el amando Manuel Méndez Liciaga.

1936: Se construye el primer Asilo de Ancianitos / o *Casa Coll* en la Barriada Pueblo Nuevo.

- Y se funda la primera Iglesia Pentecostal por Ramón Rodríguez Velázquez.

1938: Bernardo Puyí Méndez contribuye a organizar el Partido Popular que, en Pepino, sus bases ya han sido fundadas por Severo Arana Casañas, Agustín Vélez Cabán y otros. La lucha del PPD para ganar su espacio político fue muy dura y violenta. Se dieron hasta crímenes.

- Se construye el primer hospital municipal. Dedicado a su fundador, Miguel R. Cancio Vendrell, quien muere en 1941.
- Nito Cortés en la vida poltica y administrativa del Pepino. Alcalde de 1940 a 1944.

- En 1942, hay por primera vez Escuela Superior Pública en Pepino, gracias a las gestiones del legislador coalicionista José Padró Quiles y un alcalde socialista, Juan Evangelista 'Nito' Cortes, a quien procede el primero del Partido Popular Democrático, Arcadio Estrada Linares (1945-1956). De esta primera escuela superior publica fue Directora Asociada, Mariana Robles de Cardona,, de 1943 a 1945.

1944: Encarcelamiento de César G. Torres Rodríguez. Nacionalista y poeta pepiniano que resiste el ingreso al Servicio Militar Obligatorio y participar en la Segunda Guerra Mundial. Cumple prisión en Lewisburg, Pennsylvania y Danbury, Connecticut.

- Intensa emigración de pepinianos a Perth Amboy, New Jersey.
- Cierra la *Academia Santa Rita* (fundada por el Padre Aponte en 1935 como institución religiosa de paga). Ya, desde 1942, hay la misma enseñanza gratuita. **1956:** Huracán Santa Clara.

1949-1950: Un educador y poeta pepiniano, Jerónimo Ramírez de Arellano, se convierte en el pionero del periodismo radial, con su programa *Ecos del Pepino* en WABA Radio. Fue también el primer antólogo de poetas, escritores, músicos y letristas de su generación y de las que dejaron testimonio escrito en el siglo XIX.

1950: Utilizando sus conocimientos y una experiencia, acumulada desde 1937 a 1938 como profesor de Física y Electricidad en el CAAM, y en la superintendencia de construcción de líneas de transmisión de energía eléctrica, un talentoso ingeniero de Pepino (Julio Oms González) inventó un sistema que aceleró la electrificación rural de la isla entera y sólo sirviéndose de un helicóptero. Al este pepiniano, amante del campo, se le dedicó el Edificio Local de la Autoridad de Energía Eléctrica, a su muerte en 1990. Tenía 81 años de edad.

- Año de la Revuelta Nacionalisra.
- La *Ciudad Luz* o *Fundación Rossi* se establece en las cercanías del Salto de Collazo, tras la llegada de la reverenda Rossi, quien esta influida por las ideas de la Nueva Era.
- La *Guerra de Corea* se inicia el 25 de junio. Y se reclutan decenas

de pepinianos.

- En 1951, hay establecida en Pepino una bandas musical de excelente orden, hasta 1954, se sucedieton entre sus dirigentes los Maestros Juan F. Acosta y Lorenzo Feijoó, más tarde en el decenio del '60, Don Toño Vega.
- Destacados miembros de la Banda Musical en el decenio de 1950 fueron: Luis Hernández, Cristóbal Acevedo,A ntonio Frontera («Chomo»), Tito Nieves, Héctor Arvelo, Julio Sosa, Felipe Iturrino, Richard y Puro Juarbe, Evelinda Fred, Pablo Cortés, Luis Alicea, Otilio Fuentes (el zapatero), Eliuo Gómez, Lily Jiménez, Juan Bautista López, Tato Nieves, Andrés Vázquez («Cubita»), Eloín Torres, Severiano Méndez y Bismarck Hernández, Ramón Hernández («Monchito») y otros
- Se establece, en 1955, la *Asociación de Pepinianos Ausentes* en el área metropolitana de San Juan.

1956: Huracán Santa Clara.
- Se inaugura el *Caserío Andrés Méndez Liciaga*. Su construcción resolvió la necesidad de viviendas tras el huracán ya acaecido.
- Hay 5,000 pepinianos supliendo su *mano de obra* en Perth Amboy, tras la Guerra de Corea. Allá los *pepinianos ausentes*, muy destacados por sus aportes a la Ciudad incluyen al poeta Juan Roure Marrero, Matías Heriberto Rodríguez, William Rosa, Agustín Cubano, Santos Torres y Pedro Jiménez
- Desde mediados de los '50, también Chicago estaría recibiendo migración del Pepino y, en tal ciudad, destacándose Julio Cardona Jiménez, Luis Gutiérrez, Jim Pérez y Luis A. Sosa.
- Renuncia el Alcalde incumnbente Estrada Linares durante su tercer término. Mudó el edificio de la Alcaldia.

1957: Lencho Colón, residente entonces del Callejón de Guillo El Soco, asesina a Lolo Nunez, de Tablastilla, padre de 4 hijos, de 4 cuchilladas en la Loma de Stalingrado.

1960: Las ideas de la *Escuela Magnético Espiritual* de la *Comuna Universal* y de las doctrinas de Joaquín Trincado coinciden en las reuniones promocionales y actividad poética de un grupo de pepinianos que incluye a Evaristo Font, Luis Brignoni Ortiz, Ramón Vargas Pérez,

Héctor Soto Vera y otros.

- Apogeo de la caña (1960-1968). Cierre de Central Soller de Cibao.
- Gerardo Navas, educador, pinta el mural de la Biblioteca de la antigua escueka superior.
- Muere el 5 de septiembre el Juez Eduardo Benítez Negrón, quien abriera su bufete de abogado en 1920 en Pepino y fuese miembro de la Asamblea Constituyente que creara el Estado Libre Asociado, junto a Bernardo Méndez Jiménez, alias *Puyi*. Hoy la Biblioteca Municipal lleva su nombre.

1962: Reynaldo Cardona Arocho organiza los *Guantes Dorados* en Pepino. Un atleta completo como boxeador peso mosca, jabalinista y levantador de pesas, donde fue campeón nacional.

- Organizan el *Centro Culttural Luis Rodriguez Cabrero*
- En un *Club de Pepinianos Unidos* confraternizan entre otros: Héctor Cortes, Manolin Acevdo, Junior Ruiz, Antonio Henson, Héctor Feliciano,, Nolo Acevedo, Heliodoro Ruiz, Otilio Fuents y el Lcdo. José Cruz Vargas.

1963: Muere el educador Julio Cancel Fagundo, primer bachiller graduado como maestro que tuvo San Sebastián en el sistema de instrucción publica y padre de una respetable familia de 14 hijos, en su mayor parte, profesionales.

- Se organizó en Pepino el *Movimiento Pro Independencia Puertoriquñeo* por Evaristo Font González, José Pérez Candelario y otros.

1965-1971: La comunidad de San Sebastián vuelve a experimentar el luto por los soldados fallecidos en la Guerra de Vietnam, después de la previa Guerra de Corea. Este grupo de pepinianos muertos en combate en Sur Vietnam incluyen a William Jiménez Acevedo, Joel González Vélez, Omar Lebrón Domenech, Rigoberto Torres López, Miguel de Jesús Vera y el PFC de la Marina, todos los demás son especialista 4 y 5 del ARMY y murieron bajo fuego hostil, con la excepción Wiiliam Jiménez Acevedo.

- Primera radioemisora pepiniana, WFBA, hoy *Radio Raíces*

(WLRP). La WFBA fue fundada por Félix Bonet y Enrique Almeyda Rosado.

- Fundación del capítulo local del Partido Socialista Puertorriqueño (1969) a iniciativa de Rubén Arcelay Medina, Manuel («Neco») Vázquez Nieves, Eladio Montalvo y Marciano Avilés Roig.

1968: El Ing. Aníbal Nieves Nieves funda en San Juan el *EDP College* y en 1978 crea un recinto en Pepino, convirtiéndolo en la primera institución universitaria en Pepino. Aníbal Nieves posee un doctorado en Administración Comercial y Sistemas de Información Computarizada e hizo estudios en el CAAM, la Universidad Century en California y la Universidad de Harvard.

- Entierro de Marcianita Echeanía Font.
- Ramón Román Hernández, alias *Món,* asume como Alcalde para 1968 a 1972. Fue reelecto para 3 términos consecutivos hasta 1988 cuando fue derrotado por Silverio Salas Quintana / *Yeyo, el barbero.* El hoy fallecido Román fue un terrateniente cañero.
- Muere exAlcalde Arcadio Estrada en febrero de 1971

1972: Se establece una fábrica de gabinetes de cocina por iniciativa de Luis Enrique Santiago y José J. Cardona.

1973: Muere el Dr. Manuel Pavía Fernández el 23 de agosto de ese año.

1974: Huelga de Maestros en Pepino con arrestos de respetada relevancia en la comunidad, incluyendo a Nelson Rivera, Luis E. Santiago, Manuel Vázquez, Noel Alarcón y Widilia Ellis.

1976-1980: Administracion del Alcalde Carmelo Méndez López

- Arturo Soto Cardona, pepiniano, destaca como el *«mejor narrador beisbolero»* de la localidad y voz inclusive de *Los Patrulleros.*

1977: Se reanuda del *Festival de la Novilla,* a un ano de reorganizada la asociación del *Club Artrusa.*

1982: *Primer Festival de la Hamaca*

1983: Don Andrés Velázquez Hernández, conocido gallero, deportista y exasambleísta municipal, fallece el 25 de noviembre de ese año. Hoy una de nuestras calles lleva su nombre

1984: Adrministracion de Mon Román Hernández.
- Primera transmsión de WRSS (Radio San Sebastián)
- Desrrollo telefonía rural

1986: El periodista pepiniano Luis Torres Negrón, entonces jefe de noticias del Canal 11 de TV, destaca en la investigación y cobertura del encubrimiento y *Matanza del Cerro Maravilla.*

1991: Hijo de Tinito, el *Rey del Güiro* (Justino Núñez Pérez) de la Barrida Pueblo Nuevo es nombrado Juez por el Gobernador Rafael Hernández Colon. Ángel Justino Núñez Vélez, antes trabajo como maestro en Pepino y Las Marias y se graduo de abogado en la UPR en 1983.

- **1991**-al presente: Iniciativa cultural ***Revista Maguey*** por Laura Castro y Ramon Soto Rios (f.)

1994: El Dr. Tomás Morales Cardona, catedrático aniversario en la rama medica, es uno de los pepinanos que diera batalla contra la explotación de las Minas de Cobre en la región Utuado, Lares y Adjunta. El se doctoro en Neurofisiologia de la Universidad de Marsella (Francia)

1997: Cierra la ***Central La Plata*** de San Sebastian.

2001-2004: Los miembros prominentes del Partido Nuevo Progresista y de la Legislatura Municipal durante este periodo, cuando es Alcalde el Hon. Justo Medina Esteves, son: Zaida Pérez Méndez, Justino Acevedo, Juan Núñez Márquez, Víctor Ramos González, Isabelita Carril González, Juan A. Vélez Santiago, Carmen D. Jiménez Cuevas, Luis F. Guzmán Ruiz, Erica Rosado Velázquez, Enrique Ruiz Gerena, Giovanni Ferrante Cruz. El presidente saliente de tal Legislatura Municipal fue Ramón Nieves Vélez.

2007: Fallece, a la edad de 92 años, el conocido comercfiante Don Jesús Vera Medina, alias *Don Chú*. Su hijo Angel Vera Maury estatableció en

Pepino una exitosa tienda de efectos escolares en la Calle Ruiz Belvis, con la razón social *«Las Variedades»*.

*

INDICE ALFABETICO DE TIPOS Y PERSONAJES

Sobre el autor

Carlos López Dzur, nacido en San Sebastián del Pepino (Puerto Rico), es un poeta, novelista, bloguero e historiador de la Generación del '70. Pertenece al Círculo de Poetas (de la Casa del Poeta de San Juan), con cuya editorial publicó dos libros. Recibió el Premio la «Lira» del Centro Cultural Luis Rodríguez Cabrero de su pueblo natal. Ganó el Certamen Literario Chicano de la Universidad de California, Irvine, en 1986. En esa institución obtuvo un Doctorado en Filosofía contemporánea y se desempeñó como profesor auxiliar. En la Universidad de Puerto Rico (Río Piedras) y San Diego State University completó su de B. A y Maestría en Historia Hispanoamericana. Cultiva los géneros de novela, cuento, poesía y ensayo investigativo.

En este libro se identifica, describe, clasifica y se festeja a gente / tipificada, incomprendida y vulnerables a las humillaciones / que, empero, ha adquirido el cariño de sus compueblanos, gozan de popularidad o aceptación. No siempre las memoria y anecdotarios de los Tipos folclóricos, populares y pueblerinos, se toman en cuenta y se ofrece en libros o en la historia cultural oficial. Son los hijos / acaso herederos / de los límites impuestos por estructuras de crisis social, rezagos y miseria.

López Dzur hace una aproximación novedosa al tema utilizando conceptos heideggerianos, antropológicos y sociales, para valorar qué es lo que vemos en ellos que admiramos o de plano azuza la curiosidad vecinal. López utiliza criterios que van desde la empatía a las inteligencias múltiples (Gadner, Krznaric), y con tales herramientas explica cómo logran sobrevivir e inspirar a la generación que los atestigua y absorbe de su folclor social alguna enseñanza de sana convivencia.

Nos habla sobre el espacio empático que les hizo creaadores pioneros, como clase trabajadora más humilde, de alguna novedad. U oficio con actividad edificante. O cualidades con que se dan opciones en la sociedad no les ofrece nada.

Investiga a los campesinos que son la reserva moral-folclórica del jíbaro y abunda sobre la vida de los que son populares, devela su ternura y complejidades. Para explicar el por qué del estudio, trae a la atención del lector a casi un centenares de estos sujetos, de pueblo y campo, y algunas de las chistosas anécdotas que dejan como muestra de su tonalidad emocional y virtudes de autenticidad y sacrificio. Sus apodos es lo primero que habla por ellos y del siglo pasado al presente son muchos. Con el libro, se nos familiariiza con personajes que van de Mantillita, La Beata, Chencho el Abejón, Pelo E' Rata, Guillé el Loro, Ana La Boba, Rita la Pordiosera, Cirila y Sandalio La Yegua, Chiviricui, así como antiguos faroleros, aguadores, zapateros y limpiabotas...

*

Para comprar copias de este libro puede comuicarse con el autor:

Carlos López Dzur
baudelaire1998@yahoo.com

Caribbean Towers, Apt. 621
Avenida Ponce de Leon # 670
Miramar, Puerto Rico 00908